추월의 시대

추월의 시대

세대론과 색깔론에 가려진
한국 사회의 성장기

김시우, 백승호, 양승훈, 임경빈, 하헌기, 한윤형 지음

메디치

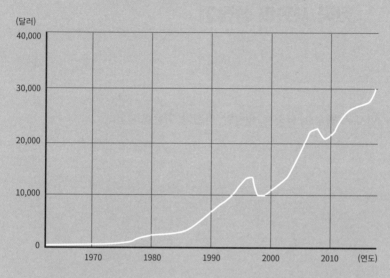

우리나라 1인당 국민총소득의 변화(통계청)

(달러)

40,000

30,000

20,000

10,000

0

1970　　1980　　1990　　2000　　2010　　(연도)

한국의 경제성장은 1960년대부터 1980년대까지 개발연대 30년 동안만 기적인 게 아니었다. 21세기 이후 성장세로만 봐도 2020년의 한국은 2000년 즈음의 한국에 비해 1인당 GNI로는 3배, GDP로는 4배 규모에 해당한다.

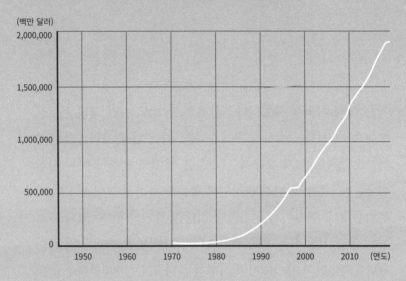

우리나라 국내총생산의 증가(한국은행)

(백만 달러)

일반적인 관점으로 봤을 때는 '같은 나라'라고 말할 수 없는 수준이다. 그러나 사람의 기억은 본인이 젊은 시절을 중심으로 구성되기 마련인지라, 상당수 한국 사회 시민들은 아직 한국이란 나라의 덩치가 얼마나 커졌는지 인지하지 못하고 있다.

더 좋은 세상을 위한 제언

저는 올해 서른세 살입니다. 몇 년 전만 해도 이런 책의 서문을 쓰는 나 자신을 상상하지 못했습니다. 저는 한국 사회에서 통상적으로 청년들에게 요구하는 것들을 제대로 갖추지 못한 사람이었는데, 지난 몇 년간 극적인 경험들을 하면서 삶이 완전히 바뀌었습니다. 이것이 누군가에게 희망의 증거가 될 수 있다고 보지는 않습니다. 저는 운이 좋았으니까요. 하지만 제게 그런 운이 왔다는 건, 한국 사회에서 아직까지는 나 같은 1980년대생도 역동성으로 인한 기회를 부여받을 수 있다는 사실을 보여주는 것 같습니다. 나 같은 사람이 더 늘어나도록, 그리고 1990년대와 2000년대에 태어난 후배들에게도 그런 기회가 생기도록 뭐라도 해야겠다고 생각했습니다.

지금 한국 사회를 바라보면 거대 정당 2개를 지지하는 시민들이 마치 '정치적 내전' 상태처럼 분열되어 있습니다. 2개 정파를 지지하는 덩어리들 내부도 자세히 들여다보면 사분오열이 되어 있습니다. 유튜브와 같은 뉴미디어 매체는 그런 이들에게 제각기 '자기가 원하는 세상'을 살 수 있는 정보를 알고리즘으로 배달하고 있습니다. 지금도 문제이지만 미래가 더 걱정입니다.

지금까지는 한국 사회가 추격자였기 때문에 그래도 큰 문제가 없었습니다. 선진국의 무엇과 무엇을 좇아가야 했으니 거기에 깃발을 꽂으면 정치와 담론이 현실을 파악하지 못해도 큰 폐해가 발생하지 않았습니다. 일관성은 중요하지 않았습니다. 오히려 우리가 고속 추격자였던 시절에는 현실이 너무 빨리 변했기 때문에 일관성을 중시한 사람들이 금방 더 이상한 얘기를 하게 됐습니다. 그래서 사람들은 변화하는 현실을 망각하면서 앞으로 나아갔고, 정치인과 먹물의 시대 진단이 어제와 달라도 굳이 탓하지 않았습니다.

이제부터는 달라질 것입니다. 한국 사회가 사실상 선진국에 대한 추격을 완료하고 추월 단계에 진입했기 때문입니다. 물론 앞으로도 각 선진국에서 우리보다 잘 작동하고 있는 부문을 참조하여 대안을 검토할 것입니다. 그러나 과거와는 달리 이제 한국도 갖춰진 제도가 많기 때문에 단지 그것을 복사해서 붙여놓는 것만으로는 예전만큼 효과를 얻기 어려울 것입니다. 그런 태도를 견지한다면 예전에 없었던 파행이 늘어날 가능성이 높습니다.

그래서 '새로운 단계로 진입한 한국 사회의 발전을 위한 새로운 사회비평 방식'이 필요하다고 생각했습니다. 저는 한국 사회의 역량 자체는 대단하다고 생각합니다. 그러나 짧게나마 정치권에 있었던 사람으로서, 그 대단한 한국 사회의 역량을 정치권과 담론이 전혀 따라가지 못하고 있다는 느낌을 계속 받았습니다. 저희의 생각을 '맹목적인 낙관론'과 구별하기 위해 '현명한 낙관론'이라 칭해도 좋겠습니다. 낙관론이어야 하는 이유는 지금까지 한국 사회에 만연했던 비관론이 '선진국의 이상형과 한국 사회의 모자람을 대비해 각성을 촉구하는 것'이었기 때문입니다. 몸이 웃자란 한국 사회는 이제 그런 식으로 진단해서는 문제를 해결할 수 없습니다. 우리의 몸이 어떤 방식으로 자라났는지, 성과를 먼저 진단하고 본인의 체형과 체질에 걸맞은 해법을 도출해내야 합니다.

최근 여러 가지 이유로 사회문제가 된 의료정책을 예로 들어보겠습니다. 한국의 의료체계는 어떤 의미에서는 세계 최고 수준입니다. 하지만 한편으로는 부족한 부분들이 분명히 있습니다. 이에 대해 아직도 보수는 '미국식 영리의료'를 도입해서 해결하자고 하고, 진보는 '유럽식 주치의제'를 도입해서 해결하자고 합니다. 하지만 한국의 의료체계는 나름대로 발달한 방식으로 절묘한 균형을 이루고 있기 때문에 그런 식으로 접근해서는 해법을 찾기 어려울 것입니다.

한국 사회는 객관적으로 자긍심이 상승하는 길로 나아가고 있습니다. 하지만 현시점에서 그러한 분위기가 체감되는 것은 아닙니다. 먼저 코로나19로 인해 내수경제에 큰 어려움이 있고, 정치적 갈등도 극심하기 때문입니다. 코로나19는 다른 나라와 비교했을 때 고통이 상대적으로 덜하고 결국 한국 사회에 기회가 될 거라고 생각합니다. 지금 고통을 겪고 있는 서민들에게 이런 사실을 납득시키기는 어려울 것이나, 시간이 지날수록 이 사실을 깨닫는 사람도 더 늘어날 것입니다.

한국 사회의 정치적 갈등은 기본적으로 모든 문제의 책임을 상대 당파에 떠넘기는 것인데, 최근에는 도가 지나친 듯합니다. 비판자들은 전 지구적 현상이라 볼 수 있는 뉴미디어 문제와 양

추월의 시대

극화 문제 등을 특정 당파와 특정 세대의 책임으로 떠넘기고 있습니다. 그런 작업에도 일말의 의미는 있겠으나 한국 사회의 전망을 제시하는 문제에서 충분한 비평은 아니라고 생각합니다.

지금의 정국은 어떤 의미에선 1980년대 초반을 연상케 합니다. 당시 한국 사회는 암울한 군부독재 시기가 연장됐다는 점과는 별도로 경제성장의 측면에서 질적으로 다른 국면으로 진입하고 있었는데, 사람들은 그 사실을 명확하게 알지 못했습니다. 사회운동 세력은 '외채망국론'이라 하여 한국 경제가 한순간에 주저앉게 되는 시나리오를 학습했습니다. 생활인들은 그 말을 다 믿지는 않았지만 우리가 잘 가고 있는 것인지 불안해했습니다. 8퍼센트의 성장률이 발표되어도 정부의 통계가 왜곡됐을 거라고 의심했습니다. 오늘날에도 사회 일각에서 '망국론'과 '민주주의의 죽음'이 논의되고 있습니다. 1980년대의 사회운동 세력이 한국 경제의 성장을 믿지 못했던 것처럼, 2020년의 보수파 일각에선 한국 사회와 민주주의의 성숙을 믿지 못하고 있습니다. 심지어 방역정책과 독감백신에 대해서도 최소한의 신뢰가 없어 음모론이 횡행합니다. 저희는 현재 한국 사회에 만연한 담론적 비관론은 '성장통'도 아니며 '너무 급속히 성장한 나 자신을 객관적으로 바라보지 못하는 문화지체'에 해당한다고 생각합니다. 한국 사회에는 여전히 여러 문제들이 있지만 적어도 이 '문화지체'는 벗어던져야 사회문제 해결에 도움이 되는 비평이 가능할 것입니다.

책의 주요 내용은 다음과 같습니다.

〈프롤로그: 열등감 이후의 한국 사회, 어디로 갈 것인가?〉에서는 한국 사회가 선진국에도 눌리지 않는 위치에 이르렀다는 사실을 조망하고, 기존의 정치적 내전을 극복하는 '80을 위한 정치'가 필요하다는 주장을 담았습니다.

〈1장 포퓰리즘과 피드백 사회: 한국 사회의 독특한 진화 방식〉은 한국에서는 거의 정치적 욕설처럼 사용되고 있는 포퓰리즘이 엘리트 정치보다 잘 기능할 수 있다는 도발적인 주장을 담고 있습니다. 미국은 상위 1퍼센트, 유럽과 일본은 상위 10퍼센트가 탁월한 역량을 발휘하는데, 한국은 그 아래 중간층의 역량이 탁월하기에 그들에게 키를 맡겨야 한다는 한윤형 작가의 통찰을 살펴볼 것입니다. 거기에 한국 사회의 특성을 '피드백 사회'로 파악한 양승훈 교수의 통찰을 덧대어, 한국 사회의 '빨리빨리' 문화의 핵심을 다른 방식으로 파악하고, 이것이 '책임 있는 포퓰리즘'의 조건이라고 분석했습니다. 이 과정에서 한국의 산업화와 민주화의 성과가 드러나고 포개졌습니다.

〈2장 중도파의 나라: 산업화 세력과 민주화 세력의 대립 속에 가려졌던 것〉은 1980년대부터 지금까지 한국 현대사의 정치적 사건들을 관통하면서 그 사건들을 가능하게 한 잊혀진 주체를 탐색합니다. 임경빈 작가와 한윤형 작가가 공들여 만들었습니다.

〈3장 뉴라이트: 역사의 백년전쟁과 자학사관〉은 뉴라이트뿐 아니라 인터넷 일각의 역사적 혐한 정서까지 함께 다뤘습니다. 뉴라이트 관련해서 한윤형 작가가 그간 축적해온 자료를 바탕으로, 김시우 크리에이터와 협력해서 만들었습니다.

추월의 시대

〈4장 뉴노멀: 한국의 청년세대는 어떤 생각을 하는가?〉는 양승훈 교수가 총괄 작업한 온라인 여론조사 작업을 기반으로 했습니다. 일반적인 정치 성향의 여론조사와는 매우 다른 방식의 문항 설계를 하고 답을 받은 결과물입니다. 읽어보시면 통념과는 다른 결과에 놀라실 겁니다.

〈보론: 저출산 문제는 어떻게 볼 것인가?〉에서는 한국 사회와 청년세대가 당면한 크나큰 문제인 저출산 문제에 관한 짧은 논의를 담았습니다. 백승호 작가와 임경빈 작가의 통찰을 중심으로 작업했습니다.

〈5장 '86'세대 전쟁: 기득권 규탄을 넘어서〉에는 저희 팀의 오랜 토의 결과가 집약되어 있으며, 저 역시 정치권에서 겪은 것들을 나누면서 참여했습니다. 세대론을 기득권 타파론으로 봐서는 문제 해결에 도움이 되지 않는다고 여겼습니다. 산업화 세력과 민주화 세력의 공로를 동시에 인정하고 그들이 자연스럽게 퇴장하도록 도와야 한다고 제언했습니다.

〈6장 포스트코로나 시대: 추격의 시대에서 추월의 시대로〉는 유튜브 채널 헬마우스팀이 작년 12월 말부터 유튜브 세상에서 분투한 코로나19 관련 콘텐츠들을 바탕으로 했습니다. '133개국 중국인 입국 금지'라는 기사가 '가짜 뉴스'였다는 사실을 지적해낸 임경빈 작가의 작업을 포함하여, 너무 숨 가쁘게 지나쳐서 이제는 제대로 기억나지 않는 국면국면의 긴장감과 한국 방역 당국의 성과를 함께 볼 수 있습니다.

〈7장 '선망국'의 역설: 한국, 매를 먼저 맞고 미래로 가다〉는 백승호 작가가 《허프포스트코리아》 에디터 시절 작성한 기사를 토대로 하여, 양승훈 교수의 산업정책에 대한 논평을 추가해서 만들었습니다. '선망국'이라는 단어는 인류학자 조한혜정 선생님이 제시한 개념입니다. 이 책에서는 한국 사회가 변화의 조류를 먼저 극적으로 수용한 것이 여타 선진국들보다 장점으로 작용할 수 있다는 취지로 활용했습니다.

〈8장 공정의 재정의: 공채공화국을 타파하라〉는 말 그대로 공채 영역을 줄여나가는 것이 한국 사회에 가장 필요한 구조개혁이라는 파격적인 주장을 담고 있습니다. 이 역시 저희 팀의 오랜 토의 결과의 집약이며, 특히 백승호 작가가 노래처럼 부르던 제안입니다. '비정규직의 정규직화'라는 진보파의 해법과 '시험 선발의 능력주의'라는 보수파의 해법을 넘어서자는 주장이 얼마나 타당성 있는지를 직접 평가해주십시오.

〈9장 기적의 재구성: 한국은 하루아침에 이루어지지 않았다〉는 양승훈 교수와 한윤형 작가가 함께 작업하면서 한국 산업화의 성공 원인을 특정 인물, 시기, 세대에 국한하지 않고 역사적으로 탐색해보려고 한 결과물입니다. 선행 연구들을 조합한 것이기는 하지만 이러한 조합은 흔치 않은 것입니다.

〈10장 한국은 아직도 약소국인가?〉에서는 한윤형 작가가 조금 욕심을 부려 한국의 전근대사까지 동원해서 분석해 한국의 문화적 특질이 어떻게 현대사회에 장점으로 작용할 수 있는지를 적어보았습니다. 그리고 미·중 대결 시대라는 한국으로서는 고통스러운 위기의 국면이, 역설적으로 '북한의 친미국가화'라는 목표를 달성할 수 있는 기회일 수도 있다는 전망까지 나아갔습니다.

〈에필로그: '단순한 비관론'에서 '현명한 낙관론'으로〉는 이 책에서 보여준 한국 사회를 바라보는 태도를 '현명한 낙관론'이라는 말로 정리하였습니다.

이 책의 내용에도 조금씩 영향을 준, 시끄러운 유튜브 채널을 위한 법률자문을 도맡아준 박기태 변호사와 초벌 편집을 담당해준 송명훈 PD님에게도 고마움을 전하고 싶습니다. 초고를 보고 그림 자료가 될 만한 통계 자료를 제공해준 황종섭 선배, 경제정책 관련해서 표현을 다듬어주고 책 구성에도 의견을 제시해준 유준경 선배, 책에 도움이 되는 날카로운 코멘트를 해준 이석현 선배와 이성희 선배, 진행되는 원고에 대해 극찬하면서 격려해주신 《1미터 개인의 간격》의 홍대선 작가에게도 감사의 말씀을 드립니다. 만화라는 매체의 특성 탓에 본문에 인용하지 못했지만 《시사IN》 연재만화와 《본격 한중일 세계사》를 통해 언제나 저희 팀에 영감과 통찰을 주시는 굽시니스트 작가에게도 감사의 말씀을 드립니다. 따지고 보면 그들 역시 저희와 동년배입니다. 제게 공동체를 대하는 시각과 정치권의 실무를 가르쳐준 유인태 전 국회사무총장님과 김성회 열린민주당 대변인님께도 감사를 드립니다. 두 분께는 최근의 활동에 대해 많은 격려를 받았습니다. 4장 내용의 기본이 된 여론조사 보고서를 기고문 형태로 수용해주신 《시사IN》(664호, 2020년 6월 11일 자)에게도 감사의 말씀을 드립니다. 저자들의 지나친 욕심을 제어해준 메디치미디어에도 감사의 말씀을 드립니다. 덕분에 책이 조금이나마 얇아질 수 있었습니다.

고령화가 진행되면서 현재 한국 사회의 평균 연령은 42.6세입니다. 1981년생부터 1989년생까지 포진한 저자들 중에 아무도 이 나이에 도달한 사람이 없습니다. 예전에는 30대가 되면 엄연한 어른 취급을 받았지만 지금은 전혀 그런 분위기가 아닙니다.

그러나 한 사회가 생물학적으로 늙어간다고 해서 새로운 세계관의 혁신마저 거부된다면 그 사회의 문화지체는 감당하기 어려울 정도가 될 것입니다. 조금 무리를 해서라도 후세대의 입장에서 기술한 '한국 사회의 발전기'를 통해 한국 사회의 고질적인 정치적 내전 상황을 좀 더 높은 고지에서 조망하여 해소해보고자 노력했습니다. 어느 세대도 배제하거나 쉬이 타자화하지 않는 새로운 역사관, 그리고 정치의식을 나름대로 기술해보고자 했습니다. 우리 세대, 또 후속 세대가 이 책을 통해 한국 사회를 향해 좀 더 적극적으로 발언하기를 바랍니다. 물론 그 발언에는 이 책의 기술에 대한 비판과 논박 역시 포함됩니다.

먼저 저희가 이런 책을 쓸 수 있게 해주신 한국의 모든 기성세대 선배님들에게 존경과 감사를 표합니다. 그다음 과업으로는 저희 또래를 향해 말을 걸어보고 싶습니다.

청소년기에 부모님과 함께 드라마 〈제3공화국〉과 〈제4공화국〉을 봤고, 성인이 되어서는 잠깐이라도 한국 사회의 진보적 담론의 세례를 맛보았던 제 또래들, 서로를 용납하지 않는 두 담론이 모두 우리 삶의 구성물이라는 사실을 어렴풋이나마 느끼고 살아왔을 모든 동년배들에게 이 책을 바칩니다.

2020년 12월,
새로운소통연구소장 하헌기(헬마우스 채널 하CP) 올림

열등감 이후의 한국 사회,
어디로 갈 것인가?

바야흐로 한국 사회의 '열등감 극복 정국'이다. 이러한 흐름은 2019년 여름 일본 아베 신조 정부가 일으킨 무역분쟁에서부터 시작됐다. 이어서 2020년 2월 영화 〈기생충〉(2019)의 아카데미 주요 4개 부문 석권이라는 얼떨떨한 성취를 충분히 즐기기도 전에, 전 세계적인 코로나19 팬데믹 국면에서 대한민국이 국제사회의 모범으로 솟아오르는 광경을 모두가 목도하는 지경에 이르렀다.

많은 사람들이 아직 이러한 사실을 인정하지 못하고 그저 '국뽕'이라고 폄하한다. 전반적으로 한국인들이 국가에 대한 자부심을 세련되게 표현하는 데 익숙하지 못한 것도 사실이다. 하지만 지금 눈앞에서 벌어지는 모든 사태를 그렇게 흘겨보는 태도로 부정하는 이들은 추세선을 전혀 보지 못하고 있다. 한국 사회가 세계인들의 관심과 평판에서 하나의 거대한 벽을 찢어발기고 뛰쳐나왔다는 사실을 애써 부정하고 있는 것이다.

그러나 이러한 부정과 무지 역시 오래가지는 못할 일이다. 한국 사회에 대한 외신의 관심도 결코 일시적이거나 일회적인 것이 아니라 다양한 각도로 한국 사회의 성취와 현실을 분석하기 시작했다. 이제 겨우 시작점에 놓여 있는 그 약간의 작업들만 봐도 각계의 담론들이 한국 사회를 정당하게 평가하는 데 실패했다는 사실이 드러난다. 오랫동안 한국 사회가 '선진국 따라잡기'라는 과제에만 몰두하면서 담론 역시 성취보다 결함을 중심으로 이루어졌다. 우리는 언제나 선진국이라는 표준에 견주어 우리의 결함을 들춘 다음 그것을 고쳐야 한다고 결론짓는 데 익숙하다. 산업정책은 주로 미국과 독일, 복지정책은 북유럽, 재난대처는 일본을 따라야 하는 표준으로 여겨왔다. 우리의 성취를 바탕으로 선진국의 결함을 발견하는 작업은 전혀 익숙하지 않다. 재난 대처에 있어서 일본의 문제점을 지적하는 근래의 상황들 역시 어색하기는 마찬가지다.

**발전한 한국 사회,
복원력을 발휘하기
시작하다**

　　　　　　　　　　　한국인들의 열등감 극복 징후는 이미 최근 몇 년간 대중문화 텍스트에서도 드러나고 있었다. 이를테면 불과 10여 년 전인 2007년에 아시아권을 겨냥해 제작된 대형 '한류' 콘텐츠 프로젝트가 드라마 〈태왕사신기〉였다면, 2018년에 나온 것은 드라마 〈미스터 션샤인〉이라는 점을 들 수 있다. 두 작품은 여러모로 대비되는 면이 있지만, 가장 극적인 차이는 소재 자체다. 〈태왕사신기〉가 환상적 고대의 '영광의 시기'를 다뤘다면, 〈미스터 션샤인〉은 한국사에서 가장 음울한 시기를 소환했다. 이러한 변화가 하나의 돌출이 아니었다는 사실은 2017년에 개봉한 영화 〈남한산성〉을 통해 짐작해볼 수 있다. 〈남한산성〉은 전근대 조선왕조에서는 가장 수치스러운 역사였던 병자호란을 정면으로 다뤘기 때문이다.

두 작품이 아직 마음에 차지 않거나 수치스러운 역사에 과한 분칠을 했다고 여기는 관점도 있을 것이다. 하지만 한국이란 나라를 의인화해서 생각해본다면 자신의 역사, 특히 근현대사에 입은 상처를 회복하는 복원력을 발휘하고 있다고 봐야 한다.

한국 사회는 이제 충분히 자긍심을 가질 만한 성취를 거두었다. 먼저 경제력 측면에서 볼 때 대한민국은 전근대 시기 국토의 절반만으로 2018년 기준 GDP(국내총생산) 1조 7천억 달러를 상회하며 세계 10위에 올랐다. 그 위 국가들의 면면을 보면 대부분 제국주의 시대 열강의 한 축이었다. 1980년대에 동유럽 국가들을 넘어섰던 한국은 2010년대엔 남유럽 국가들을 추월하고 있다. 남유럽에서 마지막으로 한국보다 잘사는 나라로 남아 있는 것이 이탈리아 정도다. 한국을 식민 통치했던 일본이 5조 달러로 여전히 3배 규모이지만 인구 격차 역시 2배 반 정도다.

민주주의의 진전 역시 확연하다. GDP처럼 순위로 논할 것은 아니지만 특히 2016년 대통령 탄핵 촛불시위 이후에는 한국의 민주주의가 더 높게 평가받고 있다. 최근 주요 서구 선진국에서도 제2차세계대전 이후 형성된 질서가 흔들리는 것을 감안하면 '젊은 민주주의 국가'인 한국의 사정이 더 나아 보일 정도다.

국력 측정의 전통적 도구인 군사력으로 봐도 마찬가지다. 각국의 군사력을 비교하는 지표인 '글로벌파이어파워(GFP) 세계 군사력 랭킹'이 집계한 2020년 군사력 순위에서 한국은 138개국 중 6위를 기록했다. 미국, 러시아, 중국, 인도, 일본 다음 순위였다. 2019년에는 7위였다. 북한은 2019년 18위에서 7계단 내려간 25위였다.

열등감 극복의 세대 차이와
1980년대생의 특수성

요즘엔 과거 선진국에 대한 동경과 열등감을 벗어던지는 것에서도 현격한 세대 격차를 느낀다. 특히 1980년대생을 기준으로 살펴보면 1970년대생과 1990년대생의 시각차가 확연하다. 1970년대생은 미국, 일본, 유럽 등의 선진국을 표준으로 삼고 따라잡는 데 주력했다. 종사하는 업종에 따라, '좌익/우익' 또는 '보수/진보' 같은 이분법적 정치 성향에 따라 지지하는 국가가 미국이냐, 일본이냐, 혹은 유럽 어느 나라냐의 차이가 있을 뿐이었다. 그들은 학업이나 사회생활에서 선진국을 본떠 한국 사회를 조형하려고 했다.

반면 1990년대생들은 1980년대생이 한때 가졌던 홍콩 대중문화에 대한 향수, 일본 대중문화에 대한 열패감이 전혀 없다. 오히려 이들은 민주주의 정치로는 일본보다 우월하다는 의식을 가지고 있다.

따라서 최근 한일 무역분쟁 과정에서 전 국민적으로 형성된 일본 상품 및 관광 불매운동에 동참한 10대와 20대의 느낌과 결집의 감정은 1980년대까지 태어난 사람들의 그것과는 사뭇 다른 것이었다. 우리 세대까지는 그런 결집의 배경에 열등감과 분노가 분명히 있었다. 하지만 지금의 10대, 20대는 꿀릴 것이 전혀 없거나 적어도 대등하다고 믿었던 대상이 우리를 멸시한다고 느꼈을 때 응징에 나선 측면이 강했던 듯하다. 그들에게 일본은 겁날 것 없는 대상이었고, 카메라나 플레이스테이션처럼 몇몇 특수한 취미를 가지고 있지 않은 한 생활에서 일본 제품을 몰아내는 것은 모바일 게임보다 쉬우면서 나름 짜릿한 실천이었을 것이다.

이렇게 전후좌우를 고찰해볼 때 1980년대생들은 기성세대의 열등감을 이해할 수 있는 마지막 세대이자, 본인들이 개발도상국에서 태어나 선진국에 진입했음을 명확하게 인지한 마지막 세대가 될 가능성이 높다.

또한 1980년대생들은 선배 세대가 서로의 성과를 내세우며 인정 투쟁을 하는 산업화와 민주화 모두의 수혜를 뚜렷하게 받고 자란 첫 세대이기도 하다. 한국 경제성장의 기반은 허술한 것이라는 좌파적 비판과, 한국 민주주의는 엉터리이며 감정적인 것이라는 우파적 비판이 1980년대생들의 성장기 내내 충돌했다. 하지만 그들은 양쪽의 극단적인 주장을 단순하게 수용할 수 없었던 다양한 경험의 퇴적 속에서 성장했다. 산업화의 물적 기반과 민주화의 공기 속에서 살아온 것이다. 그래서 1980년대생들은 비록 개발도상국에서 태어났음에도 산업화와 민주화가 모두 위대한 성취라는 사실을 의심할 수 없었다. 이러한 배경 때문에 1980년대생만의 특수성이 생겨났다.

열등감 이후의 한국 사회,
'80을 위한 정치'가
필요하다

그동안 한국 사회에서 '열폭은 나의 힘'이었다. 한국 사회는 집단적으로 누군가를, 어딘가를 따라잡기에 골몰했다. 활동 영역과 정치 성향에 상관없이 빠른 속도로 따라잡기 위해 희생하며 덩치를 불렸다. 그렇게 덩치가 커지면서 우리도 함께 전진했다. 우파가 선진국을 따라잡기 위해 국가와 재벌의 덩치를 불렸다면, 좌파는 국가와 재벌에 대항하기 위해 반대 세력의 덩치를 불려야 했다. 그러면서 서로 상대방의 덩치가 문제라고 비판했다. 한쪽에서는 국가 개입을 줄이고 재벌을 해체하라고 비판하는가 하면, 다른 한편에서는 경직된 노동조합이나 운동 세력의 집단주의를 비판했다. 서로를 향해 1퍼센트를 대변하는 정치라고, 10퍼센트를 대변하는 정치라고 비난했다.

결과적으로 양 세력의 상호 비판은 현실에 어긋났다고 볼 수 있다. 그들이 '1'을 대변했든 '10'을 대변했든 한국 사회가 따라잡기를 통해 산업화와 민주화를 이루면서 결과적으로는 모든 시민('100')의 삶이 향상되는 결과를 낳았기 때문이다. 하지만 따라잡기 국면이 끝났다면 양 세력의 상호 비판은 현실이 될 수 있다. 이제부터는 낙수효과 유의 기존 우파식 경제정책만으로는 그야말로 '1'만을 대변하게 될 것이며, 변화된 시대를 반영하지 않은 기존의 진보적 노동정책과 복지정책을 추가하는 것만으로는 '10'에게만 과실을 나눠주는 결과를 초래할 수 있다.

이제는 따라잡기 이후의 과제, 열등감으로 구성되었던 자의식을 자긍심으로 바꾸는 작업을 할 때다. 그것은 단순히 우리의 성과를 과시하는 '정신승리'의 차원이 아니다. 열등감이 자긍심으로 바뀌기 위해서는 실제로 많은 사람들이 존중받고 자기통제력을 가져야 한다. 내 노력이 내 삶을 향상시킬 수 있다거나, 그것이 어렵다면 정치적 선택을 통해 국가나 사회가 본인의 삶을 도울 수 있다는 믿음이 필요하다. 지금까지는 따라잡기를 하느라 사회적 의사 결정에서 소외되었던 '80~90'을 위한 정치를 해야 한다. 민주주의는 본래 인민의 자기 지배를 의미한다. 따라잡기에 가장 성공한 국가가 그다음 과제인 행복을 향해 나아가는 데 필요한 것은 이런 성취가 누구의 공로인가를 두고 다투는 것이 아니다. 우리 사회의 '80'을 위한 정치 변혁을 통해 그 성취의 공로자들에게 자긍심을 돌려줘야 한다.

'종북세력'과
'친일파'의 정치를 넘어

'종북세력'과 '친일파'의 정치, 좀 더 적나라하게 말한다면 '빨갱이'와 '토착왜구'의 정치를 넘어서야 한다. 본인들이 승승장구해온 그 과거가 완전히 변했다는 사실을 전혀 인정하지 못하고, 심지어 현재의 대한민국을 민주화 이전의 세상으로 되돌리려는 의도마저 엿보이는 이들이 부여잡는 단어가 '종북세력'과 '빨갱이'다. 이런 식으로 상대를 비난하는 정치 지형도는 우선적으로 타파되어야 한다. 하지만 미래로 가자는 의도였다는 사람들이 '친일파'와 '토착왜구'를 말하

추월의 시대

는 지형도 역시 넘어설 필요가 있다. 왜냐하면 이것 역시 '열등감에 의한 열정'을 이용하는 정치구도이기 때문이다. 상대 당파는 물론 그들을 지지하는 국민들조차 너무나 쉽게 타자화하고 배척해왔던 정치구도이며 담론 지형이기도 하다. 아예 열등감 자체를 몰랐던 후속 세대는 그런 행태에 대해서도 구태를 느낄 것이다.

기존의 관습적이고 낙후한 지형을 넘어서기 위한 움직임은 열등감이 아닌 자긍심으로, 한국 사회의 성과를 뚜렷하게 인식하는 이들로부터 시작되어야 할 것이다. 1980년대생과 1990년대생이 함께 한국 사회의 '80'과 '90'을 대의하기 위한 정치 지형을 형성해야 하고, 그렇게 될 것이다.

지금 한국 사회는 2개의 당파가 거의 모든 영역에서 첨예하게 대립하고 있다. 상당수 중도파들은 두 당파의 세계관이나 역사관에 동의하지 않지만, 상황과 논점에 따라 부유할 뿐 본인들의 관점을 정립하지는 못했다. 따라서 단지 실용적 정책을 말하는 것만으로는 부족하다. 2개의 세계관과 역사적 관점을 종합할 필요가 있다. 바로 산업화 세대와 민주화 세대의 유산을 모두 이어받은 1980년대생 이후 후속 세대의 관점에서 말이다.

우리는 지금 한국 사회에서 펼쳐지는 '정치적 내전' 상황을 횡단하기 위해 여러 논의들을 검토할 것이다. 그다음에는 청년 세대를 포함해 '80'을 대의하기 위한 정책적 검토도 소홀히 하지 않을 것이다. 한 반의 학생들이 30명이라고 할 때 보수 담론이나 진보 담론 어느 쪽에도 관심을 두지 않는 6~25등의 청년들이 어떤 방식으로 자라날 것인지에 대한 문제이다. 보수 담론은 1~5등의 엘리트를 잘 키우면 그들이 모두를 먹여 살릴 거라고 주장하고, 진보 담론은 26~30등에 머물러 있는 이들의 삶을 밀어 올리는 일에 주목한다. 둘 다 필요한 일이지만 그 중간은 비어 있다. 우리는 그 문제의식을 머릿속에 깊숙이 담고 기존의 담론들을 해부하며 새로운 길을 모색하려고 했다. 한국 사회의 발전된 모습을 즐기면서, 열등감 이후의 한국 사회를 진지하게 고민하는 더 많은 독자들과의 만남을 고대한다.

2020년 12월,
새로운소통연구소 소속 저자 일동

차례

펴내며
더 좋은 세상을 위한 제언   6

프롤로그
열등감 이후의 한국 사회, 어디로 갈 것인가?   16

1장   포퓰리즘과 피드백 사회: 한국 사회의 독특한 진화 방식   29
      저자 노트/임경빈: '종편 부역자'에서 '시사 유튜버'에 이르기까지   58

2장   중도파의 나라: 산업화 세력과 민주화 세력의 대립 속에 가려졌던 것   65

3장   뉴라이트: 역사의 백년전쟁과 자학사관   89
      저자 노트/김시우: 사람들은 왜 유튜브를 볼까?   111

4장   뉴노멀: 한국의 청년세대는 어떤 생각을 하는가?   117
      보론: 저출산 문제는 어떻게 볼 것인가?   136

5장   '86'세대 전쟁: 기득권 규탄을 넘어서   151
      저자 노트/한윤형: 만나지 않을 것 같았던 것들이 서로 만나기까지   183

6장   포스트코로나 시대: 추격의 시대에서 추월의 시대로   189

7장   '선망국'의 역설: 한국, 매를 먼저 맞고 미래로 가다   215

8장   공정의 재정의: 공채공화국을 타파하라   245

저자 노트/백승호: 때로는 어떤 억울함에서 출발해 문제를 인식하기도 한다   268

9장   기적의 재구성: 한국은 하루아침에 이루어지지 않았다   275

저자 노트/양승훈: 경제성장 기적의 재해석, 누구의 덕일까?   311

10장 한국은 아직도 약소국인가?   317

에필로그
'단순한 비관론'에서 '현명한 낙관론'으로   359

추천의 말   366

주   378

한국 사회의 독특한
진화 방식

　　　　　　　　2016년 가을, 박근혜 정부의
권력이 갑작스럽게 붕괴됐다. 박근혜 정부는 사태를 제대로 받
아들이지 못했다. 탄핵이 결정된 마지막 순간까지 찬성과 반대
여론은 80 대 15를 유지했다.

　이 80퍼센트라는 숫자는 무엇을 의미하는 것일까? 흔히 한
국인들은 정서적이고 극단적이라고 비판한다. 우리 스스로도 그
렇게 말하는 경우가 있다. 이런 시각으로 보면 박근혜 정부 붕괴
는 감정의 폭풍이 절차와 과정이라는 합리적 정치 행위를 파괴해
버린 사건이라고 할 수 있다. 한국 사회와 한국인들을 경멸하지
않는 선에서 그런 입장을 견지하는 사람으로는 1982년부터 수십
년간 한국에 거주한 외신기자 마이클 브린을 꼽을 수 있다. 《한
국, 한국인》(2018)에서 그는 박근혜 전 대통령의 탄핵에 대해 '민
심이란 이름의 야수'가 '너는 나 외에 다른 신들을 네게 두지 말
라'는 계율을 어긴 정치인을 심판한 과정으로 묘사했다. 한국 민
주주의가 미국처럼 법에 기초했다면 워터게이트 사건처럼 2년 여

의 시간이 걸려 박근혜가 임기를 채울 수 있었겠으나, 민심, 그 집단적인 영혼, 한국 사회에서는 누구라도 순종해야 할 어떤 것인 그 '야수'의 발흥에 당국과 공식적인 절차도 순응했다는 것이다.[1]

일리는 있는 말이다. 그러나 그의 관점은 적어도 2016년과 2017년을 살아온 한국인들의 방식은 아니다. 한국 유권자들은 통치 능력이 없는 것으로 폭로된 통치자를 절차에 맞춰 엄밀하게 물러나도록 하는 데 1~2년이 넘는 시간을 허비할 의사가 없었다. 그리고 따져보면 절차를 지키지 않은 것도 아니다. 모든 절차가 한국적인 방식으로 작동했다. 시민들의 너무나도 강력하고 비상한 요구에 선거 때도 아닌 시국에 국회의원이 시민들 눈치를 보는 초유의 사태가 발생했다. 국회에서 탄핵안이 가결되었고 헌법재판소가 탄핵을 인용했다. 절차는 모든 방면에서 올바른 방식으로 작동했다. 국회는 재판정이 아니었고, 헌법재판소의 탄핵심판 역시 엄밀한 의미의 재판정과는 거리가 있는 일종의 정치적 판단을 내리는 과정이었다.

자기 판단을 뒤집을 수 있는
'책임 있는 포퓰리즘'

비록 독재자의 딸이지만 6공화국 헌법이 보증하는 민주적 정당성을 지니는 대통령으로 통치를 하다가, 역시 헌법이 보증한 권력기관들의 판단(국회와 헌법재판소 등)에 의해 붕괴한 박근혜 정권의 사례가 우리 민주주의의 부족을 보여주는 것은 아니었다. 사회학자 이철승 교수는 그의 역작인 《불평등의 세대》(2019)에서 동아시아 유교 국가의 윤리

체계에선 권력자의 수행 성과에 대한 항상적인 평가(성과가 있어야 '왕'이며, 성과가 없을 때는 '왕'으로서의 정당성을 상실하게 된다)가 존재한다고 날카롭게 지적했다.[2] 그는 중국의 명멸했던 왕조들과 한국의 군부정권들을 예시로 들면서 이 '유교적 정당성론'을 설명했지만, 한편으로 중국만큼 빈번하게 왕조 교체가 이뤄지지 않았던 한국의 전근대사에선 '성과의 정당성'뿐만 아니라 정통성 역시 중요한 문제였다. 그 정통성이 과거엔 왕통이었다면, 민주주의 사회에선 선거의 정당성 및 헌법기관들의 판단이 될 것이다. 따라서 박근혜 정권이 탄핵당한 사건은 오히려 동아시아 유교사회의 일원이면서, 그 문맥 안에서 나름의 고유성까지 가지고 있었던 한국 사회가 민주주의를 수용한 하나의 경로를 보여주었다고 보는 것이 더 적절하다. 박근혜 전 대통령의 아버지는 그것이 무엇인지도 정의하지 못한 채 '한국적 민주주의'를 논했지만, 그 한국적 민주주의가 정말로 자라나서 박근혜 정부를 무너뜨린 것이다.

　말하자면 박근혜 전 대통령의 탄핵은 거의 80퍼센트에 달하는 한국 유권자의 정무적 판단의 총합이었으며, 그것을 헌법 내 권력기관들이 수용한 결과였다. 그리고 80퍼센트라는 수치가 가지는 함의는 적지 않다. 박근혜 전 대통령은 유권자의 70퍼센트 이상이 투표한 대선에서 과반의 득표율로 당선됐다. 유권자의 35퍼센트 정도는 박근혜 전 대통령을 찍은 것이다. 탄핵 찬성과 반대가 80 대 15라는 것은 박근혜 전 대통령을 찍은 유권자의 35퍼센트 가운데 절반 정도가 자기 판단을 철회했다는 의미다. 흔히 비교되는 미국 닉슨 대통령 탄핵도 마지막 순간까지 찬성 여론은 70퍼센트를 넘지 못했다.

　'최순실 사태'로 표면화된 박근혜 정권의 전방위적 부정부패와 무능을 목도한 한국의 유권자들은 광화문 촛불시위와 여론 정치를 통해 당파성을 넘어섰다. 2012년에 박근혜를 '찍었던' 유권자의 절반이 지지를 철회함으로써 탄핵이 가능했다. 그런 의미에서 한국을 '책임 있는 포퓰리즘' 사회라고 표현할 수 있다. 자기 판단을 고집하지 않고 아닌 것 같으면 뒤집는다는 것이다.

오히려 무책임했던
한국의 엘리트 정치

　　　　　　이처럼 한국의 포퓰리즘은 오히려 책임감이 있는 반면 엘리트 정치는 지나치게 무책임하다고 볼 수 있다. 이것은 단순히 애국심 결핍의 문제가 아니다. 한국은 엘리트들도 2개의 당파로 분열되어 있다. 그리고 상대 당파는 '매국'이며 본인들의 당파만이 '애국'이라는 강한 확신을 가지고 있으므로 국익을 위한 어떠한 타협도 불가능한 것이다.

　어떤 의미에서 1876년 강화도조약부터 1910년 망국까지의 과정도 무책임한 엘리트 정치의 산물이었다고 볼 수 있다. 애초에 조선왕조는 서세동점 시대에 적응하는 것부터 에도시대 일본보다 크게 뒤처져 있었다. 그런데도 급박한 시기에 급진개화파, 온건개화파, 근왕파, 그리고 위정척사파 등은 일본이 메이지유신 이후 그랬던 것처럼 국익을 위해 단합하지 못했다. 그들은 일본의 엘리트들처럼 국가적 위기 상황에서 뭉치지 못했고 그 책임을 상대방에게 떠넘기기 바빴다.

'일이 잘못된 책임은 무조건 상대 당파에 있다'는 식의 태도는 오늘날 '북한의 핵은 누구의 책임인가?'란 질문에 대해 대북 교류협력파와 강경파가 서로에게 쏟아내는 날 선 비난에서도 똑같이 발견된다. 이런 점들을 고려해볼 때 민주주의 정치체제는 한국인들에게 축복이라고 볼 수 있다. 국가를 위해서도 단결하지 못하는 엘리트 집단의 치명적인 단점을 극복할 수 있는 유일한 정치체제이기 때문이다. 한국 사회에서 엘리트 집단의 80퍼센트가 단결하는 일은 일어나지 않겠지만, 시민의 70~80퍼센트가 정무적 판단으로 단결할 수는 있기 때문이다.

한국의 민주주의가 어떻게 작동하는지 좀 더 명확하게 파악하기 위해서 다음과 같은 사유 실험을 생각해볼 수 있다. 각 국가의 상위 1퍼센트의 역량을 비교한다면 어떻게 될까? 아마도 미국이 압도적인 우위를 점할 것이다. 미국은 엘리트 집단의 역량이 타국에 비해 강력하지만 대다수 시민들은 별생각 없이 사는 것처럼 보인다. 코로나19 정국에서 미국 시민들에게 마스크를 쓰도록 하는 것은 동아시아는 물론 유럽에 비해서도 어려운 일이었다. 그러나 대규모 자선활동과 사회공헌을 하면서 백신 개발을 지원하고 자국의 코로나19 대응을 혹평하는 등 사회적 발언도 거침없이 하는 빌 게이츠와 같은 부자를 보유한 나라도 미국밖에 없다. 새로운 전염병에 대한 백신 개발에 가장 크게 공헌하는 곳은 아마도 미국의 제약업계일 것이다.

정신 바짝 차리고 사는
이들의 비율이
너무 높은 사회

그렇다면 상위 10퍼센트의 역량을 비교한다면 어떨까? 일본이나 유럽이 우위를 보일 것이다. 이들은 미국처럼 극단적인 엘리트 집단 편향성을 보이지는 않지만, 잘 교육받은 이들이 사회 곳곳에 포진되어 그 나라를 그럭저럭 합리적으로 운영하고 있는 것으로 보인다. 그러나 역시 상당수 시민들은 별생각 없이 살아가는 듯하다. 평범한 시민들이 크나큰 경쟁에 대한 압박을 받지 않고 별생각 없이 살 수 있다는 것은 한국인들에게 부러운 일이다.

그러면 20퍼센트, 아니면 30퍼센트를 비교한다면 어떻게 될까? 이때부터는 한국이 앞서 나가기 시작할 것이다. 한국 사회는 정신을 바짝 차리고 사는 사람의 비율이 지나치게 높다. 그만큼 피곤한 사회다. 서로 아득바득 경쟁하며 싸우다가 헛힘만 쓰고 아무도 이득을 보지 못하는 '헛똑똑이의 역설' 같은 상황이 왕왕 펼쳐지기도 한다. 그러한 단점에도 불구하고 상당수 시민들이 교육을 중시하고 열심히 살아보려고 한다는 사실 자체는 한국 사회의 큰 경쟁력이다. 한국 사회가 다른 사회보다 더 나은 성취를 할 수 있는 이유는 사실상 이것밖에 없다.

한국 사회가 코로나19 대응에서 다른 사회보다 우위를 점할 수 있었던 것 역시 중앙집권적이고 효율적인 국가 동원 체계와 그것을 기꺼이 받아들인 대다수 시민들의 교육수준과 판단 능력에 있었다. 어떤 사건이 터질 때마다 온 국민이 해당 분야의 전문가가 된다는 한국 사회의 특성은 종종 자조의 대상이 되기도 하지만, 코로나19 사태에서는 확실히 경쟁력이 있었다.

온 국민이 '코로나19 방역 상식'을 숙지하는 과정에서 일부 부정확한 정보들이 섞이기도 했다. 이번 코로나19 정국에서는 한국 사회의 모든 시민들이 팬데믹(pandemic, 전염병의 세계적 대유행을 뜻하며, 세계보건기구WHO의 전염병 경보 단계 중 최고 위험 등급에 해당한다)의 의미를 알게 됨과 동시에 전 지구적으로 인포데믹infodemic에 대한 경계가 높아졌다. 인포데믹이란 '정보information'와 '전염병endemic'의 합성어로, 미디어나 인터넷 등을 통해 허위 정보가 전염병과 같이 급속하게 퍼져나가는 현상을 의미한다. 우리말로 쉽게 풀이하면 '가짜 뉴스의 범람으로 괴담이 유포되어 정부 정책이 먹히지 않는 상태'라고 할 수 있다.

가짜 뉴스나 괴담에 대한 피로감이 커지고 서로 상대편 당파가 그것을 생산한다고 티격태격한 것과는 별개로 해외 학자들의 분석에 따르면 코로나19 정국에서 한국 사회의 인포데믹 문제가 다른 나라에 비해 심각하지 않았던 것으로 나타났다. 이 연구는 전광훈 목사가 이끄는 사랑제일교회와 '아스팔트 우파'들이 "정부가 코로나19를 핑계로 정권에 저항하는 국민들을 병원에 수용한다", "보건소에 가면 사랑제일교회 신도 등 반정부 세력들을 일부러 확진 판정 내린다"라는 얼토당토않은 가짜 뉴스 공세를 펼치기 전에 이루어진 것이기는 하다. 그러나 한국 사회의 코로나19 관련 가짜 뉴스가 다른 나라에 비해 심각하지 않은 것은 분명해 보인다. 전광훈 목사와 '아스팔트 우파' 그룹의 주장은 정부와 시민들이 공들여 세운 방역망을 극히 일각에서 흔들

추월의 시대

어놓았을 뿐이다.

전문가 집단을
우습게 보는 이유?

다른 나라에서는 코로나19와 관련해 훨씬 더 심각한 가짜 뉴스가 퍼졌다. 코로나19는 단순한 감기이며 집에 격리하려는 것은 정부의 음모라고 주장하면서 '노마스크' 시위가 벌어졌고, 5G 통신망을 통해 전염된다는 낭설이 돌아서 시민들이 기지국을 부쉈으며, 중국인들이 마스크 대용으로 휴지를 싹쓸이할 거란 공포에 휴지 사재기가 발생했다. 아시아인들을 감염원으로 여겨 차별하고 배척하고 때리기도 했다. 미국의 의약학술지 〈미국 열대의학 및 위생 저널〉의 보고에 따르면 2020년 1~3월에만 코로나19 관련 거짓 정보로 세계에서 800명이 사망했다고 한다. 메탄올이나 손세정제를 먹으면 코로나19를 없앨 수 있다고 믿은 것이 주원인이었다.[3]

한국 사회에서 정신을 바짝 차리고 사는 이들의 비율이 왜 이렇게 높은 것인지, 상당수 시민들이 왜 교육을 중시하며 열심히 살아보려고 하는 것인지를 묻는다면 몇 가지 원인을 꼽아볼 수 있다. 극단적인 여름 무더위와 겨울 추위 같은 기후 조건, 전근대 시기 내내 중원 왕조와 북방 유목민족 사이(근세 이후에는 중국과 일본)에 끼어서 살았던 지정학적 지옥이라는 조건, 조선왕조의 성리학 근본주의가 배태한 주지주의에 대한 강박 등이다. 그 이유들을 하나하나 분석해보는 것 자체로 흥미로운 일이다. 그러나 정치적인 차원에서 중요한 것은 이유보다 사실 자체다. 한국은 반드시 그러한 조건들을 활용해야만 하는 사회다.

이러한 특성 때문에 한국의 시민들이 자국의 엘리트들을 아주 우습게 보는 것도 당연하다. 한국 사회의 시민들은 선진국들과는 달리 자국의 엘리트 계층과 '평범한 시민인 나'의 역량 차이가 거의 없다는 것을 안다. 엘리트 정치가 지극히 무책임하다는 것도 알고 있다. 전 국민이 '코로나19 방역 상식'을 숙지하고 있을 때 의사협회는 특정 정치 성향에 경도되어 정부를 향해 연일 '중국인 입국 금지' 성명을 남발했다. 심지어 독감백신에 대한 공포를 부추기는 기묘한 상황까지 벌어졌다. 전문가의 판단을 들어보려고 해도 의사협회와 감염학회, 역학회의 이야기가 저마다 다르니 결국 시민 한 명 한 명이 스스로 공부해가면서 찾아야 한다.

이 경우 전문가의 말을 믿지 못하겠다는 것은 반지성주의가 아니라 오히려 한국 사회에서 살아남기 위한 자질 중 하나가 된다. 물론 한국 사회에도 현대의학과 의사를 믿지 못하여 사이비 대체의학에 경도되는 사람들이 있다. 하지만 어느 나라든 이런 사람들은 있게 마련이다. 이러한 반과학주의자들은 지금 말하는 한국 시민 특유의 '전문가 경시'와는 결이 다른 사람들이다. 대부분의 한국인들은 반과학주의자가 아니며, 건강 문제에 관한 한 본인을 진료하는 의사의 조언을 경청한다. 설령 의사의 조언을 의심하더라도 현대의학 자체를 불신하는 것은 아니다. 다만 본인을 진료한 의사의 역량에 의구심이 생겼거나 다른 의사에게 진료를 받아 교차 검증을 하고자 하는 합리적 선택의 소산이다. 그렇게 평소에는 의사의 말을 그럭저럭 신뢰하는 수많은 시민들이 특정한 시기 의사협회의 성명서에 대해서는 이렇게 판단한다. '이건 과학이 아니라 정치잖아.' 그리고 의사협회 회장의 정치 성향이 어떠한지를 검색해서 찾아본 후 그들의 성명서에 대한 판단을 끝낼 것이다.

그렇기에 한국 사회에는 엘리트 정치가 아니라 오히려 포퓰리즘이 필요한 것인지도 모른다. 제각기 본인이 옳다고 믿는 것에 골몰하여 투쟁하는 한국인의 특질이 단점이 아니라 장점이 되려면 무책임한 엘리트 정치에서 벗어나 책임 있는 포퓰리즘으로 갈 수밖에 없기 때문이다. 그리고 '책임 있는 포퓰리즘'이 어떻게 가능한 것인지를 물을 때 우리는 '피드백 사회'라는 현상을 검토하게 된다.

세월호 참사가 가져온 우울

오랫동안 한국 사회의 '빨리빨리' 문화는 고속성장의 원동력이면서도 언젠가는 극복해야 하는 악습으로 여겨졌다. 이 책의 공저자이자 1980년대생 문화연구자 양승훈 교수는 '빨리빨리' 문화의 핵심을 '피드백'으로 재정의하면서 발상의 전환을 촉구한다. "한국 사람들이 싫어하는 것은 느릿느릿한 것이 아니다. 정확히 말하면 '답답한' 것을 싫어한다"[4]면서 그는 '빨리빨리'의 문제가 속도 자체라기보다 피드백이라는 점을 지적한다.

빠른 피드백을 요구하는 사람들과, 피드백을 빠르게 해야만 하는 세상을 어떤 사람들은 어질어질하고 피곤하다고 한다. 덜컹덜컹

시행착오를 겪으며 피드백을 통해 고쳐갈 거면, 애초에 찬찬히 잘 만드는 게 낫지 않냐는 말도 한다. 그런데 이런 문화와 행동양식을 맘먹는다고 쉽게 바꿀 수 있긴 한 걸까? 외려 피드백 사회의 특징들에 맞게끔 일하는 방식, 경영 방식, 정치가 기민하게 대응해왔기 때문에 여기까지 한국 사회가 잘 온 거 아닌가 싶기도 하다. 산업계에서 한국이 제품 애프터서비스(A/S)의 최고 선진국이 되고, 신제품을 실험할 최고의 '테스트 베드'가 된 이유이기도 하다. 이따금 관점을 달리해 보는 것도 필요하다.[5]

문제는 '빨리빨리'의 최대 단점이 한국 사회 고유의 문제 중 하나였던 안전불감증과도 연결된다는 데 있다. 한국은 성취한 부에 비해 산업재해가 지나치게 많은 나라 중 하나다. 〈매일 김용균이 있었다〉는 2019년 11월, 사망 노동자들의 이름으로 신문 1면을 빼곡히 채워 넣은 《경향신문》의 산업재해 르포 기사 제목이다. 불안한 노동 현장을 명시적으로 드러내 사회적 반향을 불러일으킨 기사의 제목은 취재 도중 한 취재원에게서 터져 나온 "사실은 매일 김용균이 있었고, 매해 세월호가 있었다"는 말에서 영감을 얻었다고 한다.

2014년 4월에 있었던 세월호 참사는 후세에 한국 사회의 방향을 바꾼 사건으로 기록될 것이다. 한국 사회 시민 모두에게 '우리는 어디로 가고 있는가? 이 방향이 맞는 것일까?'라는 의문을 품게 한 사건임은 분명해 보인다. 세월호 참사는 왜 한국의 기성세대들을 우울하게 했던 것일까?

추월의 시대

세월호 참사 이후 고향 친구들과 모임을 갖는데, "우리가 공범이다"라는 얘기들을 해서 놀란 일이 있다. 대구에 사는 평범한 50대 가장들이었는데, "우리라고 선장이랑 달랐겠냐", "우리라고 배에 과적하는 것 막고 불법 증축하는 걸 막을 수 있었겠냐"라고 너나없이 한탄하는 거다. 이걸 보면서 세월호가 엄마들한테는 '굉장한 슬픔'으로 다가왔지만 아빠들한테는 '굉장한 죄책감'으로 다가왔구나, 싶기도 했다. 그렇게 부정과 비리에 눈감은 게 자기 한 몸 때문이었나? 아니다. 다 자식들을 위해 참은 거라 생각하며 살았을 텐데 그 자식이 죽어버렸으니, 가장 핵심적인 알리바이가 처참하게 사라져버렸으니…….[6]

정신분석가 이승욱의 강연 내용에서 알 수 있듯이, 기성세대에게 세월호 참사가 충격이었던 것은 한국 사회가 고속 성장한 방식이 초래한 파탄이라고 여겼기 때문이다. 그리고 이 초유의 사태를 두고 그들은 두 패로 나뉘었다. 지금까지의 삶을 돌이켜보고 앞으로는 다른 삶을 살아야 한다는 이들과, 이쯤에서 묻어두고 산 사람은 살아야 한다는 이들로 말이다.

세월호 참사 이후 '빨리빨리'의 사회는 전혀 다른 피드백을 요구받게 됐다. 이제는 우리가 안전과 존엄의 문제도 해결해야 한다는 것이었다. 그것도 뜸 들이지 말고 '빨리빨리' 말이다. 2014년 세월호 참사 이후 즉각적으로 나온 탄식의 구호가 "이게 나라냐"였으며, 이에 대한 지난 2017년 대통령 선거에서 문재인 선거운동본부의 대답이 "이게 나라다"였다. 한국의 정치권은 '빨리빨리'의 폐해를 극복하는 일조차 '빨리빨리' 할 것을 요구받았다. 지난 대선의 결과도 시민의 요청에 '피드백'을 한 정치 세력이 선택받은 것이었다.

통념과는 달리 한국 사회에서 세월호 참사 이후 발생한 분화를 '빨리빨리' 사회의 파산, 그 기조가 맞닥트린 막다른 골목이라고만 이해하는 것은 적절하지 않다. 얼핏 생각하면 '빨리빨리' 해서 참사가 생겼는데 그 구조를 어떻게 '빨리빨리' 해결할 수 있는지 이해되지 않을 수 있다. 그러나 이 문제는 양승훈 교수의 지적처럼 '빨리빨리'의 핵심을 속도가 아닌 피드백으로 바꾸면 이해된다. '속도를 조금 늦춰서라도 인명을 소중하게 여겨주세요'라는 요청에 빨리빨리 피드백을 한 정치 세력이 선택을 받았기 때문이다.

'빨리빨리' 사회의 파산?
어쩌면 방향 전환이었다

아직 전근대를 벗어던진 지 얼마 되지 않은 한국 사회에서, 특히 기성세대에게 이 피드백의 핵심은 '(내) 아이에게 무엇을 물려줄 것인가'로 요약될 수 있다. 그래서 막강한 실천력을 보여주었다. 내 아이가 살아갈 세상은 적어도 내가 살아온 세상보다 나아야 한다는 것이 그들의 생각이다. 흥미롭게도 이런 인식은 산업화 시대의 아버지들이 소소한 부정을 정당화하기 위해 스스로에게 거는 주문이었다.

영화 〈범죄와의 전쟁〉(2011)에서 최익현(최민식 분)은 무도인이라는 이유로 '밤일'(조폭 일)을 주저하는 매제(마동석 분)에게 다음과 같이 일갈한다. "야 이 이기적인 새끼야. 니 새끼도 니처럼 살도록 놔둘래? 적어도 니 새끼는, 남한테 아쉬운 소리는 안 하고 폼 나게 살아야 할 거 아니가!"

이제 그 주문은 반대 방향으로 작동할 수밖에 없다. '내 아이에게 더 나은 세상을 물려주고 싶은 마음'이, 산업화 세력이 만든 세상을 일정 부분 부정하는 역설적 상황에 부닥친 것이다. 특히 세월호 참사 당시 깊은 충격을 받은 3040세대 학부모들은 이러한 세상을 자녀에게 물려주지 않기로 결심한 사람들이다.

이와 달리 세월호 사건은 묻어두고 산 사람은 살아야 한다는 생각의 핵심은 이런 것이다. "한국 사회 성공의 핵심은 속도다. 그 속도를 늦추자고 하면 모든 것이 무너지고 우리는 과거의 가난한 삶으로 돌아가야 한다. 그러니 당신이 아무리 슬퍼도, 그것이 안타까운 일이라 하더라도 우리는 속도를 늦출 수 없다. 우리는 이 길을 돌이킬 수 없다."

'세월호 참사는 그저 해상교통사고에 불과하며 국가나 대통령에게 책임을 물을 수 없다'는 태도도 단순히 공감 능력의 부재가 아니라 살아오면서 축적한 경험적 판단일 것이다. 건설 하청업체를 운영하는 소규모 자영업자들은 본인이 잠시라도 수주와 일을 멈출 수 없는 이유에 대해 이렇게 말하곤 한다. "페달을 멈추면 쓰러진다." 기성세대의 관점에서 3040세대 학부모의 결심은 페달을 멈추면 쓰러진다는 사실을 모르는 애송이들의 순진한 생각으로 비쳐질지 모른다.

한국의 기성세대는 그들이 페달을 멈추지 않고 계속 밟아온 그 수십 년간의 경제성장의 집적이 한국 사회를 얼마나 높은 위치까지 끌어올렸는지 제대로 이해하지 못했다. 3040세대 학부모의 개심은 오늘날의 관점에서는 놀랍게도 '실현할 수 있는 일'의 범주에 있었던 것이다. 한국의 경제성장은 1990년대에는 미국 경제학자 폴 크루그먼이 '땔감을 한꺼번에 많이 던져 넣어서 이루어진 것'이라고 논평할 정도로 많은 이들에게 확신을 주지 못했다. 1970년대 한국이라면 크루그먼의 논평이 적절하다. 1997년까지도 유효할 수 있다. 솔로우 성장 모형에서 볼 법한, 자본과 노동을 빠른 시간 내에 생산, 재투입, 재생산하는 모델로 한국의 경제성장을 바라본 것이다. 그러나 21세기에도 계속해서 진행된 한국의 경제성장은 개도국형 성장이라고 평가할 수 없다. 혁신과 질적 개선이 부수적인 부분이 아니기 때문이다.

그동안 자본과 노동의 비약적인 투입으로 이루어진 양적 성장이 산업현장의 정확성 부족과 안전성 문제를 초래했다면, 그 문제들은 피드백을 통해 보강하는 방식으로 최적점을 찾을 수 있다. 이미 대한민국은 속도를 유지하면서 자세를 바꿀 만한 충분한 운동 능력, 즉 그만한 경제력을 갖고 있기 때문이다.

2014년의 세월호 참사에서 2017년 대통령 선거에 이르기까지 한국 사회에는 안전과 존엄의 문제에 관한 새로운 합의가 자라났다. 이것을 거부하는 기존의 합의가 무엇이었는지 검토하려면, 2016년 박근혜 정부 시기 '개·돼지' 발언으로 파면된 나향욱 전 교육부 정책기획관의 발언을 다시 한 번 돌아볼 필요가 있다.

우리의 관심사는 널리 회람되어 공분을 일으킨 '민중은 개·돼지'라는 발언이 아니었다. 오히려 그 뒷부분이었다. "개·돼지로 보고 먹고살게만 해주면 된다." 그는 기자들과 함께 역사교과서 국정화, 공무원 정책실명제 얘기를 나누던 중 '신분제' 얘기를 시작했다고 한다.

"역사교과서 국정화 문제든 공무원 정책실명제든 먹고사는 문제는 아니다." 찬성하든 반대하든 대중이 그렇게까지 격렬하게 저항할 문제는 아니라는 얘기다. 부동산 문제, 교육 문제, 최저임금 인상 및 자영업자 생계 문제 등과 비교해본다면 확실히 그렇다. 그는 어차피 이런 사안에 대한 대중의 지지는 일관성도 없고 예측할 수도 없는 것이니, 평소에 먹고살게만 해준다면 정권의 소신대로 정책을 통과시켜도 결과적으로 지지를 확보할 수 있다는 견해를 피력한 것으로 보인다. 그러나 이 논의에서 우리가 주목해야 할 것은 그다음 발언이었다. 기자들이 '구의역 참사'를 예로 들어 항의하자 나온 발언이었다.

'개·돼지'라도
'먹고살게'는 해준다더니

'구의역 참사'란 2016년 5월, 구의역 내선순환 승강장에서 시설관리 협력업체 직원인 김군(당시 19세)이 홀로 스크린도어 뒤편에서 수리를 하다가 달려오던 열차와 도어 사이에 끼어 사망한 사건이다. 당시 사회적으로 큰 반향을 일으켰고 진보 언론에서는 '위험의 외주화' 논의가 활발하게 이루어졌다. 기자들과의 대화에서 이 사건이 거론되자 나 전 기획관은 "그게 어떻게 내 자식처럼 생각되나. 그게 자기 자식 일처럼 생각이 되나.……그렇게 말하는 건 위선이다"라고 답했다.

방금 '먹고살게만 해주면 된다'고 했는데 사람이 죽어버렸다. 그러자 나 전 기획관은 '선'을 그은 것이다. 구의역 참사가 발생하는 세계는 고위공무원인 본인이나 기자들의 세계와는 다른 영역이며, 그 '선'을 넘어 공감하는 것을 '위선'이라고 규정했다. 여기서 그는 '먹고사는 문제를 해결'해주는 것과, '모든 이의 생명을 소중히 여기는 것'을 분리해버린 한국 사회 기성세대의 무의식을 대변했다. 그랬기에 그의 발언은 구의역 참사의 원인과는 별도로 비판의 대상이 됐다.

한국 사람들이 '먹고사는 문제'에 무척 민감하다는 것은 굳이 말할 필요도 없다. 삶의 문제를 종종 '먹는 것'에 비유하는 언어 습관은 전근대부터 먹는 문제를 매우 중시했기 때문이다. 야근 중 저녁 식사를 제안할 때도 "이것도 다 먹고살자고 하는 일인데"라고 말한다. 이에 대해 '먹고사니즘'이라는 재미있는 표현도 생겨났고, 십수 년 전 사회비평가 박권일은 바로 이 '먹고사니즘'이 한국 사회의 시대정신이라고 논평한 바 있다.[7]

그러나 우리는 '먹고사니즘'에 대해 지나치게 냉소적일 필요는 없을지도 모르겠다. 비록 현대사회에서는 탈정치적이라는 비난을 들을 수 있을지언정, 전근대사회에서는 나름의 민본주의를 통해 성립한 이념으로 우리의 머릿속에 뿌리박혀 있기 때문이다.

예전에는 '먹고사는 문제'와 '생명'이 분리될 수 없었다. 생산력이 현저히 부족했던 전근대에는 '먹게' 해주지 못하면 금방 '굶어 죽는' 상황이 될 정도로 두 문제가 긴밀하게 연결됐다. 그러므로 '먹고사는 문제'와 '생명'의 분리는 근대 이후의 일이다. 그리고 결국 그 기원은 박정희 시대로 거슬러 올라간다. 해방 직후의 좌우 갈등이나 한국전쟁에서도 수많은 사람이 죽었지만

추월의 시대

'먹고사는 문제'와 '생명'이 분리된 것은 아니었다.

박정희가 강제로 구축했던
그 피드백의 구조

박정희 전 대통령이 지금의 '피드백 사회'를 구성한 장본인 중 하나라는 사실은 놀랍지도 않다. 박정희가 한국인의 심성에 전혀 없던 것을 강제로 주입하는 데 성공했다는 식의 허탈한 '영웅 신화'로 빠지지만 않으면 된다. 다만 그가 초기 단계에서 피드백을 '강제로' 했다는 것 또한 엄연한 사실이다. 아시아에서 어떤 나라는 경제성장에 성공하고, 어떤 나라는 실패한 이유가 무엇인지를 심층 분석한 아시아 경제 전문가 조 스터드웰이 《아시아의 힘》(2016, 원작은 2013)에서 묘사한 모습을 들여다보자. 대다수 개발도상국 독재자들은 반체제 인사들만 가두었지만, 박정희는 말을 듣게 하고 싶은 기업인도 가뒀다고 한다. 그는 기업인들에게 국가 건설, 주로 제조업 부문의 투자에 동참할 것을 요구했다. 말귀를 알아듣지 못한 기업인들은 경험이 없다면서 발을 빼려 했지만 용납되지 않았다. '경험이 없다'고 하면 약간의 시간을 더 주고 심한 질책을 통해 동참을 요구했다.[8] 모두가 반강제적으로, 그리고 애국심을 가지고 그 '피드백'의 굴레에 합류해야 했다.

이때 피드백과 속도전은 한몸이었다. 오원철은 그들이 수행한 '전투'의 핵심을 자신의 저술 《박정희는 어떻게 경제강국 만들었나—불굴의 도전 한강의 기적》(2006)에서 속도감 있게 설명한다. 1964년에 1억 달러 수출을 하며 1단계가 시작되었고, 거기가 등산으로 치면 베이스캠프다. 3억 달러 수출 돌파를 제1캠프, 10억 달러 돌파를 제2캠프, 100억 달러 돌파를 제3캠프라고 한다. 제3캠프에서 정상을 정복하는 것이 선진국의 길이라는 것이다.[9] 공군 소령 출신 관료인 오원철은 박정희 집권 18년 동안 상공부와 청와대에서 근무하며 주요 산업정책의 입안자이자 집행자, 그리고 가장 영향력 있는 경제정책 수립가로 평가받았다. 그의 책은 대통령 앞에서 브리핑한 방식으로 구성되어 있다. 그의 서술을 따르면 서구 유럽의 산업혁명에 약 200년이 걸렸고, 마지막으로 일본이 메이지유신 이후 산업혁명에 뛰어들었다. 후진국으로서 산업혁명에 성공한 사례가 없는데 한국은 30년 만에 산업혁명을 완수했다는 서술에는 자부심이 뚜렷하다.[10] 그 자부심 자체는 긍정할 수밖에 없다. 실제로 위대한 성공 사례이기 때문이다.

이 피드백과 속도전 과정에서 일어난 분리에 대해 생각해보자. 그 시절 '먹고사는 문제'와 '생명'이 분리되고 생명의 문제는 망각된 상징적인 사건으로 경부고속도로 준공을 꼽을 수 있다. 경부고속도로 준공은 한국 산업화의 역사에서 신화이자 개발독재 시절 성과의 상징으로 여겨진다. 또한 속도전과 같은 공사 과정에서 많은 인명이 희생된 대표적인 사례이기도 하다. 통치 권력은 준공비에서 77명의 희생자를 기렸지만 비공식적으로는 수백 명의 희생자가 나왔다고 한다.

박정희 그룹의 세계관에서 희생자들은 일종의 '전사자'들이 아니었나 싶다. 오원철의 책에는 부산~대구 구간 고속도로 개통식을 마치고 난 후 공사 중에 희생된 산업역군들의 넋을 위로하기 위해 박정희가 준비해온 술을 도로에 뿌리는 사진이 있다. 그들을 전사자로 추존할 때 비로소 '속도전의 희생'을 정당화할 수 있었을 것이다. 하지만 다치고 죽은 사람을 하나하나 정확하게 파악하고 배상까지 하는 것과는 거리가 멀었다. 심지어 산업화 현장에서 발생한 '비유적 전사자'뿐 아니라 실제 '전사자'인 경우도 그랬다.

지금까지 남아 있는 헌법 29조 2항에는 "군인, 군무원, 경찰 공무원 기타 법률이 정하는 자가 전투, 훈련 등 직무집행과 관련하여 받은 손해에 대하여는 법률이 정하는 보상 외에 국가 또는 공공단체에 공무원의 직무상 불법행위로 인한 배상은 청구할 수 없다"라고 적혀 있다. 흔히 '이중배상금지 조항'이라고 한다. 3공화국 시절 베트남전쟁 파병에서 죽거나 다친 장병들에 대해 국가가 충분히 배상할 수 없어서 국가가 정한 보상금 외엔 배상을 청구하지 못한다는 취지로 만든 것이다. 원래는 법률 조항이었고 당시에 위헌법률심판권을 가지고 있었던 대법원이 그 조항에 대해 위헌 결정을 내렸다. 그러자 아예 유신헌법에 넣어 위헌의 소지를 없앴는데, 아직까지 남아 천안함 전몰 장병들에 대한 배상을 가로막는 장애물이 되고 있다.

베트남전쟁 파병에서의 죽음과 부상은 해방 직후 일어난 한국전쟁에 비해 훨씬 더 경제적 문제와 긴밀히 연결되어 있었다. 다른 나라에 비해 군인들에게 주어진 급료와 배상금이 충분하지는 않을지라도 한국 경제 부흥의 발판이 됐다. 그런 면에서 볼 때 경부고속도로 준공의 희생자와 마찬가지로 경제성장에 가려진 희생이었다. 파병 당시에야 나라의 형편이 어려워서 충분히 보상할 수 없었다고 강변할 수는 있다. 그러나 산업화 세력은 나라가 더 부유해졌을 때 희생한 개개인들을 찾아내어 기려주지는 않았다.

'먹고사는 문제'와
분리된 '생명'을 통합한 것은
민주화 세력

희생자를 기리는 작업을 시작한 것은 민주화 세력이었다. 예를 들어 현존하는 국방부 유해발굴감식단은 김대중 정부 때 한시적 사업으로 시작하여 노무현 정부 때 영속기관으로 자리 잡았다. 2000년에 한국전쟁 50주년 기념사업의 일환으로 육군본부 잠정조직에 의한 한시적 사업으로 시작됐던 유해발굴감식 작업은 2007년에 사업 주체를 육군에서 국방부로 전환하고 유해발굴감식단을 창설하면서 확장했다. 지난 20여 년 동안 총 1만 1,579구의 유해를 발굴했고, 그중 국군 1만 237구, 유엔군 13구, 북한군 725구, 중국군 604구였다(2018년까지 집계). 중국군 유해는 2014년에서 2015년에 걸쳐 505구가 송환됐고, 2016년에는 한·미 전사자 유해 최초 상호 봉환 행사를 하기도 했다. 한국전쟁 유해 발굴로부터 시작된 사업은 2015년 베트남 정부에 베트남전 실종자 유해 발굴 협력을 받아내기도 했다. 국방부 유해발굴감식단은 이명박 정부와 박근혜 정부에서도 꾸준히 활동했다. 민주정부 집권 기간 동안 사회는 조금씩 변해갔고 그 물꼬는 바꿀 수가 없었던 셈이다.

민주화 세력이 전사자를 기리는 과정은 산업화 과정에서 절실하게 '먹고사는 문제'를 해결하기 위해 뒤로 미뤄두었던 '생명'의 문제를 복원하는 과정에서 이루어졌다. '애국'이라는 보수적 가치에서 가장 숭고한 죽음인 한국전쟁 희생자부터 시작된 것도 우연은 아닐 것이다. '전사자'를 기리고 줄여나가려는 노력은 각종 사회적 '참사자'로 확장되었고, 종국에는 '산업재해자'에 이르렀다.

물론 변화를 두려워하는 이들의 심정도 이해할 수는 있다. 우리의 산업화는 속도전이었으며 '먹고사는 문제'를 위해 죽음의 위험을 감내해야 했다. '먹고사는 문제'와 '생명'을 분리한 채 오륙십여 년을 살아온 것이다. 한국 사회의 산업화는 그 분리에서 일어난 위대한 승리였으니, 그걸 뒤집자는 '개심'의 제안에 저항하는 이들이 생기는 것도 당연했다.

하지만 앞서 말했듯이 기존의 합의를 거부하는 새로운 합의, 안전과 존엄도 해결해야 한다는 합의로의 이행 역시 돌이킬 수 없다. 속도를 늦출 경우 한국 사회가 지금까지 누적해온 발전이 반세기 전으로 돌아갈 것이라는 엄포는 납득할 수 없다. '페달을 멈추면 쓰러진다'고 믿는 사람들에게 우리는 이제 더 이상 자전거를 타고 있는 것이 아님을 알려줘야 한다. 여전히 자전거를 타는 것과 마찬가지인 취약계층에게는 페달을 잠깐 멈출 수 있도록 사회적 안전망을 제공해야 한다. 이것은 더 이상 돌이킬 수 없는 새로운 합의다. 그 함의를 깨닫지 못하고 맹목적으로 과거로 돌아가려는 정치 세력은 70~80퍼센트의 유권자에게서 멀어지게 될 것이다.

민주당 정부에도 부족한 부분은 있다. 민주화 세력은 생명의 문제를 '먹고사는 문제'에 통합하는 과업에 대해 '전사자'로부터 '참사자'로까지는 수월하게 범위를 확대해왔다. 2019년 고성-속초 산불 사건에 대한 소방대원들의 신속한 대응, 같은 해 헝가리 유람선 침몰 사고에 대한 적절한 대응은 '세월호 참사'를 비판하면서 집권한 정부의 문제의식을 잘 보여주었다. 그러나 세월호 참사가 국민들을 우울하게 만든 그 지점, 한국 산업화 전략의 성공 요인이었던 속도전으로 인한 참사, 산업재해 문제에 대해서는 상대적으로 머뭇거려왔다고 볼 수 있다. 2020년 코로나19 팬데믹 이후 국민들의 삶을 지탱하는 데 크나큰 공로가 있었던 택배기사들이 연이어 자살하는 현실은 새로운 도전 과제를 던진다. 경비원 등 감정노동자들의 '갑질'에 의한 자살 사건에 대한 여론에서 보듯이, 국민들은 세월호 참사를 통해 이끌어낸 합의를 사회 전체에 확장하기를 요구하고 있다. 이 요구 조건에 충분히 '피드백'하지 않는다면 민주당 정부도 새로운 도전에 직면하게 될 것이다.

한국식 민주주의가 일본을 결정적으로 추월하다

기성세대에게 안전과 존엄이 자녀들을 위한 문제였다면, 1020세대에게는 바로 본인들의 문제였다. 그 사이에 끼인 1980년대생들은 아이를 낳을지 말지를 고민할 것이다. 세월호 참사 이전에 발생했지만 이후에 세상에 알려진 윤 일병 폭행 사망 사건도 있었다. 2014년 당시 현장의 교육자들은 10대들이 세월호 참사만큼이나 윤 일병 사건에 동요했다고 전한다. 그들에게는 한국 사회가 시민들의 죽음에 무심하다는 사실이 본인의 턱밑을 죄어오는 문제였다.

21세기 들어 네 번째로 대중적으로 확산된 광화문 광장 촛불집회이자 촛불혁명이라고까지 일컫는 2016년의 사건은 청년 세대에게 본인들의 사회참여가 세상을 바꿀 수도 있겠다는 희망을 주었다(이전 세 번의 집회들은 2002년 미군 장갑차 여중생 사상 사건, 2004년 대통령 탄핵, 2008년 미국산 쇠고기 수입 논란에 의해서 촉발됐다). 세월호 참사 이후 개심한 3040세대 학부모와 윤 일병 사건까지 당사자의 것으로 받아들인 1020세대는 힘을 합쳐서 한국 사회를 이전으로 돌아갈 수 없는 궤도에 올려놓았다. 2016년의 광장은 촛불로 가득했고, 2017년에 헌법재판소의 대통령 탄핵 인용으로 마무리되었다.

어쩌면 이때가 바로 한국 민주주의가 일본 민주주의를 결정적으로 추월한 순간이었는지도 모른다. 정확히 어느 시점이었는지는 파악하기 어렵지만 몇 년이 지난 후에는 누구나 추월했다는 사실을 느끼게 될 것이다. 모든 추월의 순간에는 그보다 앞서 분기의 원인이 존재한다. 서양이 동아시아를 명확하게 선도한 서세동점 기간은 200여 년 정도이다. 하지만 그 격차를 일으킨 분기는 훨씬 앞선다. 대항해시대나 과학혁명까지 몇백 년을 거슬러 올라갈 수도 있다. 아시아 경제성장에서 동북아시아와 동남아시아의 분기 역시 마찬가지다. 한국이 동남아시아 국가들과 뭐가 다른지는 동아시아 외환위기에 다 같이 얻어맞고 쓰러진 1990년대까지 명확하지 않았다. 불의의 하이킥 한 방에 쓰러진 한국이 이 악물고 다시 일어났을 때 비로소 한국이 동남아시아 국가들과 다른 성장의 경로를 밟았다는 것이 증명되었다. 하지만 그 분기의 시점을 파악하려면 1950년대의 토지개혁까지 올라간다. 앞서 인용한 조 스터드웰의 《아시아의 힘》을 포함해서 많은 논자들이 그렇게 설명한다.

한국과 일본의 민주주의도 비슷하지 않을까? 명확하게 추월하기 전에는 분기를 파악해야 할 문제인지 아닌지 알 수 없다. 하지만 추월 이후에는 분기의 지점을 탐색하게 된다. 아마도 그 분기는 1987년일 가능성이 제일 높다. 1987년 민주항쟁에서 도출된 사회적 합의 이후 6공화국 헌법으로 모터를 갈아 끼우고 30여 년을 달린 한국 민주주의는 비록 도중에 부침이 있기는 했지만 급기야 근대화에 먼저 성공하고 자신들을 식민지 삼았던 옆 나라를 추월해버렸다. 한국의 민주주의는 애초 일본과 사뭇 달랐지만, 한국 사회 시민들이 현대 한국에서의 삶을 옆 나라 또는 여타 선진국들에 비해 만족한다면 근현대사에 드리운 열등감을 벗어날 중요한 계기가 될 것이다.

청년층의 의견이
대의되기 위해서는

그럼에도 문재인 정부 출범 이후의 상황은 청년층에게 녹록지 않았다. 한국 사회의 정당 지형도가 청년들의 정치적 요구를 수용하기에 적합하지 않다는 점이 근본 원인이었다. 하지만 한국 사회의 청년들이 금세 다시 정치 냉소층이나 방관자가 되었다고 보기는 어렵다. 오히려 높은

추월의 시대

기대치 속에서 자신들의 요구를 받아 안아야 할 정치권이 그렇지 못해 답답한 상황이다. 우리 시대 청년층이 처한 상황이 한데 묶일 수 있는 것이냐에 대해서는 의견이 갈린다. 윗세대에 비해 계층 분화가 상당 부분 진행됐기 때문에 더 이상 세대로 묶는 것이 무의미하다는 의견도 있다. 하지만 이전 세대에 비해 학력 격차가 크지 않은 등 상대적으로 같은 상황이라는 의견도 적지 않다.[11] 어느 쪽을 선택하든 청년층이 정치권에 여러 가지 요구를 하는 중이며, 결과가 만족스럽지 않기에 크나큰 불만을 가지고 있다는 데는 이견이 없을 것이다.

새로운소통연구소에서 청년층을 대상으로 실시한 설문조사 보고서[12]에 '정치 효능감'과 '계층 상승 기대감'에 대한 질문을 포함했다. 일반적인 시각으로 우파는 '내 노력으로 이 사회에서 상승할 수 있다고 믿는 사람들'이고, 좌파는 '정치를 통해 사회를 바꾸는 것이 의미 있다고 믿는 사람들'이다. 이 편견이 옳다면 우파는 '계층 상승 기대감'이 높고, 좌파는 '정치 효능감'이 높다.

정치 효능감에 대해서는 "정치를 통해 한국 사회를 바꿀 수 있다"는 문항을 주고, '전혀 그렇지 않다/그렇지 않다/보통이다/그렇다/매우 그렇다'는 응답을 1~5점으로 환산했다. 숫자가 높을수록 정치 효능감이 높은 것이다. 마찬가지로 계층 상승 기대감에 대해서는 "한국 사회는 개인의 노력으로 삶이 나아질 수 있는 곳이다"는 문항을 주고, '전혀 그렇지 않다/그렇지 않다/보통이다/그렇다/매우 그렇다'는 응답을 1~5점으로 환산했다. 이 역시 숫자가 높을수록 계층 상승 기대감이 높은 것이다.

설문조사는 2개의 집단에 대해 실시됐다. 먼저 모바일 설문조사 기업 '오픈서베이'에 의뢰해서 전국 20~49세 남녀 1천 명을 대상으로 일반 온라인 설문조사를 실시했다. 이 중에서 극단적 응답을 걸러내고 971명을 분석했으며 표본 오차는 95퍼센트 신뢰 수준에서 ±3.1퍼센트였다. 이와 별개로 새로운소통연구소 측에서 운영하는 유튜브 채널 '헬마우스' 구독자를 대상으로 한 설문조사가 있었다. 이것 하나만으로는 대표성을 담보할 수 없었기에 일반 온라인 설문조사에 대한 대조군으로 상정했다. 표본 크기는 4,544명이었고 극단적 응답을 걸러낸 후 3,966명을 분석했다. 표본 조사가 아니기에 표본 오차는 측정할 수 없었다. 패널 설문조사가 아니었기에 성연령별 분석 표본 크기도 제각각이었다.

성연령별 분석 표본 크기

	남성	여성
20대	933	124
30대	1,500	272
40대	923	214

두 집단은 정치 성향부터 조금 달랐다. 일반 온라인 설문조사에 참여한 20, 30, 40대 남녀보다 헬마우스 구독자들이 더 진보적이었다. '자기평가 정치 성향' 분석 역시 "매우 진보적/진보적/중도/보수적/매우 보수적"이라는 응답을 1~5점으로 환산했다. 숫자가 높을수록 보수 성향이 강하다.

그리하여 2개 집단의 자기평가 정치 성향, 정치 효능감, 계층 상승 기대감 수치를 비교해본 결과 다음과 같았다.

	일반 20, 30, 40대 남녀	헬마우스 구독자
자기평가 정치 성향	2.80	2.48
정치 효능감	3.53	4.22
계층 상승 기대감	2.83	3.34

　　통념과는 달리 더 진보적인 층이 정치 효능감과 계층 상승 기대감이 더 높다는 사실을 보여주었다. 적어도 청년세대(20~40대)는 정치적 진보성이 낙관주의 및 진취성과 결합해 정치 효능감은 물론 계층 상승 기대감도 끌어올린다고 해석할 수 있었다. 또한 청년세대의 정치 효능감은 여전히 높은 수준(3점 이상)이었으며, 계층 상승 기대감은 그보다 낮은 수준(3점 이하)이라는 점도 주목할 만하다. 따라서 현재의 청년세대는 정치에 자신의 의견을 투입하려는 욕구가 여전히 강하다고 보는 것이 타당하다.

　　그럼에도 산업화 세대와 민주화 세대의 투쟁 속에서 그들의 위치는 잘 보이지 않는 것이 사실이다. 이때 우리가 할 일, 혹은 할 수 있는 일은 선배 세대의 투쟁에서 가려진 이들, 두 정체성에 동원되지 않았거나 양쪽에 어느 정도 동의하면서 상황에 따라 어느 한쪽에 힘을 실어준 이들을 만나는 일이다. 이들은 한국 정치에서 조금 무성의하게 '중도파'라고 칭해진다. 이들은 산업화 세대일 수도 있고, 민주화 세대일 수도 있으며, 청년세대일 수도 있다. 우리는 이들이 어떤 이들이며, 무슨 생각을 하는지 추적해보면서 폐쇄적인 두 선배 세대의 투쟁이 아니라 그 바깥에서 '80을 위한 정치'를 구현할 수 있는 집단을 만날 가능성을 타진해봐야 한다.

저자 노트
임경빈

'종편 부역자'에서
'시사 유튜버'에 이르기까지

'종편 부역자'라는 말이 미디어 업계의 화두였던 시절이 있었다. 영화 칼럼니스트 허지웅이 채널A의 영화 프로그램에 출연한다는 사실이 알려지자 격렬한 '부역자' 논란이 벌어졌고, 급기야 '진보 진영 종편 참여, 어떻게 볼 것인가?'라는 토론회까지 열렸다. 종편 개국 축하쇼에 출연한 가수 인순이와 축하 메시지를 보낸 피겨스케이팅 선수 김연아를 향해 '진보 인사' 공지영은 "개념 없다"는 독설을 던졌다. 당시 야당이었던 민주당은 아예 '종편 출연 금지령'을 당론으로 채택했다. 2011년 12월 종합편성채널(종편) 출범 직후에는 종편에 얼굴을 비추는 것만 해도 상당한 부담을 각오해야 하는 일이었다.

그즈음 주로 라디오에서 방송작가로 활동하던 나는 MBN의 아침 시사 프로그램으로 자리를 옮겼다. 조심스럽게 '꼭 종편으로 가야 하느냐'고 만류하는 선배들이 있었다. 매체 종사자들 사이에서도 '미디어법 날치기'로 '잘못 태어난' 종편에 대한 분노는 뿌리가 깊었다. 하지만 결혼을 앞두고 있던 내 입장에서 알량한 라디오 서브 작가의 급여는 너무나도 부족했다. 급여가 좀더 넉넉한 TV 쪽으로 활동을 넓히려면 기회가 필요했고, 종편에는 쓸 만한 인력이 한창 부족하던 때였다. 동생이 본가의 IPTV 채널 목록에서 종편 채널들을 '가리기' 해둔 사이 나는 '종편 작가'가 되었다.

왜 MBN이었느냐 하면, 다른 종편들에 비해서 '종편 색'이 덜했기 때문이다. MBN은 종편이 되기 이전에 이미 10년 넘게 경제 보도 채널 매일경제TV를 운영해온 전력이 있었다. 나름대로 자체 출연 패널 풀도 갖추고 있었고, 종편 전환 초기에는 기존 시사 프로그램을 그대로 이어간 경우도 많았다. 진보 진영 인사들 사이에서도 MBN은 다른 종편들과 좀 다르게 취급하는 기류가 있었다. 민주당 계열 정치인들이 종종 출연하기도 했고, 섭외 거절도 다른 종편들에 비하면 상대적으로 완곡했다.

그럼에도 불구하고 종편은 종편. 진보 진영의 보이콧은 상당히 강고했다. 출연 섭외가 라디오 시절에 비해 훨씬 어려워진 것은 물론이고, 기존에 조언을 받던 전문가들에게서도 더 이상 정보를 얻을 수 없는 냉대가 이어졌다. 언론노조 파업 사안을 다루면서 노조 측 입장을 소개하고 싶어도 노조 측이 거절할 정도였다. "안녕하세요? MBN 임경빈 작가라고 합니다"라고 자기소개를 하기가 무섭게 "종편이랑은 인터뷰 안 합니다"라는 한마디와 함께 전화가 끊겼다. 여-야, 진보-보수의 균형을 맞춘 방송을 만들 수 없는 상황이었다. 그럴수록 '보도 균형도 없는 종편'이라며 더욱 강한 질타가 돌아왔다. 악순환은 2012년 대선에서 민주당이 패배할 때까지 지속됐다. 민주당의 '종편 출연 금지령'은 2013년이 되어서야 공식 폐기됐다.

이명박 정권 시절을 거쳐 완전히 보수화된 지상파에 더해, 종편 4사가 강고한 언론 보수화 방벽의 마침표가 된 것처럼 보였다. 도저히 깨질 것 같지 않은 카르텔 앞에서 많은 시민들은 팟캐스트 같은 뉴미디어 피난처로 흩어졌다. 개인적으로도 낮에는 종편에서 뉴스를 만들고, 밤에는 '나꼼수'를 들으며 낄낄대던 시절이었다.

손석희 앵커가 JTBC 보도부문 사장으로 간 건 2013년이었다. 당시 〈뉴스타파〉의 최경영 기자는 "개인적으론 어떤 소망을 이룬 것이겠지만 대중들에겐 '모두가 투항한다. 너희도 포기하라'는 낙담의 메시지를 선사한다"고 썼다. 나 역시 이 사건이 어떤 패배의 상징처럼 보이는 걸 피할 수 없었다. 종편과 그들이 대표하는 매체적 상징에 결국 한국 언론이 모두 딸려 들어가는 것처럼 보였다.

하지만 그런 어설픈 비관론은 한국에서 일어나는 현상을 전부 설명할 수 없다. 한국 사회의 잠재된 역동성은 비관론보다 빠르게 움직였다. 몇 년 사이 '손석희의 JTBC'는 종편을 넘어서 한국 뉴스의 중심이 되었다. 세월호 참사와 박근혜-최순실 게이트를 관통하는 격동 속에서 JTBC 뉴스는 '공정 보도'를 만족하는 수준에 그치지 않고 사회 변혁을 주도하는 선봉에 섰다.

나는 2014년 2월에 JTBC에 합류했다. 〈정치부회의〉 론칭 멤버로 참여했다가 그해 9월 〈뉴스룸〉 출범 때 '팩트체크' 메인 작가로 일하기 시작했다. 그렇게 5년 반을 'JTBC 작가'로 일했다. 2014년에 세월호 참사가 있었고, 2015년에 메르스 사태가 있었고, 2016년에는 박근혜-최순실 게이트가 있었다. 그 기간 동안 온전히 JTBC에서 보낸 건 방송작가 커리어를 완전히 바꿔 놓는 경험이었다. 사건과 현상을 단순히 관찰하고 중계하는 것으로 역할이 끝날 수 없었다. 더 깊이 파고들어 현상의 뼈대를 드러내는 것, 그것을 통해 어떻게 시민들이 현상에 개입할 수 있을지 고민하는 것까지 매체 종사자의 역할이었다.

그런 경험이 극대화된 현장은 아이러니하게도 TV 속이 아니라 광장이었다. 박근혜 퇴진을 위한 촛불집회가 열리던 2016년 어느 겨울, '취재 겸' 나갔던 광화문 광장에서 내가 만든 팩트체크 영상이 상영되는 걸 보았다. 시청 앞에 늘어선 시위용 방송 차량에서 박근혜-최순실 게이트를 정리한 편집 영상들 사이에 문득 팩트체크가 등장했다. '현직 대통령에 대한 검찰 수사가 가능한가?'를 따지는 내용이었다. '현직 대통령을 수사해도 되느냐'는 물음에 당시 우리 팀은 전두환에 대한 1995년 대법원의 판결문을 인용해 답했다. "대통령에게 일반 국민과는 다른 그 이상의 형사상 특권을 부여하고 있는 것으로 보아서는 안 된다." 종편 뉴스에서 만든 영상이 '공화국의 가장 간절한 순간'에 중요한 프로파간다로 활용되고 있는 장면이라니. 그리고 그걸 확인하는 종편 작가가 나라니. 2011년 12월에 종편이 출범하고 불과 5년밖에 지나지 않은 시점이었다.

2016년부터 2017년에 걸친 박근혜 탄핵 정국에서 가장 중요한 언론매체는 JTBC와 TV조선이었다. '최순실 태블릿PC'로 상징되는 JTBC의 활약이야 설명할 필요가 없지만, 탄핵의 방아쇠가 됐던 미르-K스포츠재단 건을 최초 보도하고 이후 최순실을 집요하게 추적해 영상 촬영까지 한 매체는 TV조선이었다. JTBC의 역사적인 태블릿PC 보도로 실체가 드러난 비선실세에게 마지막 비수를 꽂은 건 TV조선의 '최순실 의상실' 영상 보도였다. 그해 겨울 지상파 방송사들이 침묵하는 동안 종편 뉴스들은 박근혜 정권에 궤멸적인 보도를 쏟아냈다. 그야말로 '종편의 역설'이었다. 미디어법 날치기는 보수 정권이 미디어 장악을 공고히 하기 위한 것이었지만, 결과적으로 자기네 목을 조르는 선택이 되고 말았다. 한국 시청자들은 처음엔 종편을 미워했고, 그러다 종편 시사 프로그램에 빠져들었고, 결국은 종편을 무기 삼

추월의 시대

아 부패 권력을 끌어내렸다.

그사이 나는 '종편 부역자'에서 '뉴스룸 작가'를 거쳐 '시사 유튜버'가 되었다. JTBC 〈뉴스룸〉의 '팩트체크' 코너를 하면서 배우고 익힌 기술들이 지금은 작가로서 일하는 데 제일 중요한 원천 기술이다. 칼럼니스트 허지웅은 그사이 JTBC의 〈마녀사냥〉이라는 예능 프로그램을 거쳐 스타가 되었다. 민주언론운동시민연합 대표로 '안티 종편'의 선봉이었던 최민희 전 의원을 비롯한 많은 언론계 인사들이 지금은 종편 시사 프로그램의 간판 패널이다.

한국에서의 삶이란 게 대개 이렇다. 한번 정해진 방향이 그대로 전부가 되는 일은 좀처럼 일어나지 않는다. 빠르게 변하는 만큼 역동성에 몸을 맡기고 흐름을 따라가는 기민함이 생존에 유리하다. 내가 타고 넘어온 그 한국적 파도를 다른 한국인들도 각자의 방식으로 타고 넘어와 지금 이 해변에 이른 것이다.

산업화 세력과 민주화 세력의 대립 속에 가려졌던 것

시대정신연구소의 엄경영 소장은 2018년에 쓴 한 칼럼에서 우리나라를 '중도파의 나라'로 일컬었다.[13] 그는 2016년 총선과 2017년 대선, 2018년 더불어민주당의 지방선거 압승은 중도층의 유입이 큰 역할을 했음을 근거로 '중도'가 선거의 승패를 결정했다고 진단했다. 다른 나라에서는 보통 사회가 고도화할수록 중도의 비중이 줄어드는데 한국은 그렇지 않다. 엄경영 소장은 해방 공간에서의 극심한 이념 대립, 남북 분단과 한국전쟁의 발발, 계속되는 냉전이 중도에게 어떤 이념적 피난처가 되었고 이러한 이유로 한국에서 중도가 강세를 유지하고 있다고 분석했다.

엄경영 소장을 포함해 대부분의 선거 컨설턴트들이 한국 선거에서 중도파의 역할을 중요하게 본다. '중도파를 외면하는 정치는 성공할 수 없다'는 말이 상식처럼 통용된다. 저 말을 굳이 하지 않는 사람들도 내심 그 말을 믿고 있다. 최근 세 번의 총선에서 정당을 바꾸어가면서 '전문 구원투수' 혹은 '직업적 비대위

추월의 시대

원장'처럼 등판한 김종인 현 국민의힘 비상대책위원장의 사례는 인상적이다. 바둑의 용어를 빌린다면 그는 언제나 중원을 노렸다. 2012년 총선에선 새누리당에서 경제민주화라는 구호로 중원을 공략해 승리했고, 2016년 총선에선 더불어민주당에서 이해찬과 정청래 등 친문의 핵심이라고 여겨진 몇몇 정치인을 컷오프하고 중원을 공략해 승리했다. 물론 2020년 총선에선 미래통합당을 승리로 이끌지 못했지만, 그가 중원을 공략하려고 했다는 사실에는 변함이 없다.

정말로 중도파가
선거를 좌우하는가

한국이 중도의 나라임을, 한국의 선거는 중도파가 좌지우지함을 의심하는 이들은 아이러니하게도 정치학을 공부한 이들이다. 심리학과 친밀한 미국 쪽 정치학을 공부하든, 철학과 친밀한 유럽 쪽 정치학을 공부하든, 정작 정치학 담론에서는 중도파의 의미와 그 역할이 크게 논의된 바가 없기 때문이다. 엄경영 소장이 적었듯이 아마도 발달된 사회에선 중도라고 칭할 수 있는 집단이 점점 더 줄어들기 때문일 것이다. 정당의 역사가 오래될수록 그 정당은 무엇을 지향하는지, 그렇기에 이해관계가 이러저러한 사람은 어떤 정당을 지지해야 하는지가 분명해지기 마련이다. 그래서 미국은 한국과 비슷한 양당제 국가임에도 각 정당이 선거전에서 중도파 공략보다는 자기 정당 지지자의 최대 동원을 목표로 한다.

서구권에서 부유하는 유권자들은 포퓰리즘 정당에 휩쓸리

는 경향이 있다. 흥미로운 점은 포퓰리즘 세력을 지지하는 서구권 유권자들이 기존 정당의 안정성에 지쳐 혼돈을 정치판에 끌어들인다고 본다면, 한국의 중도파는 기존 정당의 노선이 본인이 생각하는 안정성에서 너무 이탈한다고 생각될 때 반대편의 기존 정당을 택함으로써 브레이크를 거는 것처럼 보인다는 데 있다.

중도파란 말을 정치 현장에 대입할 때는 '스윙보터'라고 쓰기도 한다. 그들이 특정한 정당의 지지층이 아니라 지지하는 후보나 정당을 바꿀 수 있다는 의미다. 그래서 그들이 유동하는 현상이 아니라 유동하면서 수행하는 역할에 주목했을 때 '캐스팅보트'라고 쓰기도 한다. 이 말 역시 확실한 지지층 사이에서 당락을 결정하는 유동층을 의미한다. 그렇게 선택지를 바꿀 수 있는 사람들은 숫자가 많지 않아도 종종 당선자를 바꾸는 경우가 있었기에 '캐스팅보트'라고 표현하게 된 것이다. 한국의 선거에서는 오랫동안 충청 지역이 그러한 '캐스팅보트'의 위치를 점해왔다. 그러나 2012년 대선에서 단일화 협상을 진행 중이던 문재인 후보와 안철수 후보 사이에서 호남 여론이 고심한 것처럼 상황에 따라 기존에는 텃밭처럼 보이던 영역도 종종 '캐스팅보트'의 역할을 했다. 최근에는 지역주의가 퇴조하면서 2030세대 청년층이 캐스팅보트로 여겨지게 됐다. 보통 60세 이상이 산업화 세대로 여겨진다면, 4050세대는 민주화 세대로 여겨지기에 더욱 그러하다. 중도파, 스윙보터, 그리고 캐스팅보트 등 뭐라고 부르든 그 집단의 무게추가 청년세대로 이동하는 현상은 물론 우리의 논의에서도 중요한 함의가 있다.

중도파란 것이 뭔가 의미를 가진다는 가설을 이해하려면 선거 여론조사가 무력해지는 경우를 떠올리고 분석해볼 필요가 있다. 가령 여론조사가 민심을 파악하는 데 실패할 때, 그러니까 선거 결과를 예측하는 데 실패할 때 흔히 '샤이'라는 표현을 쓴다. 2016년 미국 대선 결과 트럼프 대통령이 예측 불허의 승리를 거두자 '샤이 트럼프'라는 말이 유행했다. 트럼프를 지지하지만 여론조사에는 응하지 않는 '샤이'한 유권자층 일각이 있었고, 이들이 예측된 선거 결과를 뒤집었다는 것이다.

2017년 한국 대선에서도 문재인 후보의 압도적인 승리가 예측되는 가운데 '샤이 보수'가 결집할 수 있다는 전망이 있었다. 엄경영 소장 등 몇몇 선거 컨설턴트들은 '침묵의 나선 이론(The spiral of silence theory)'이 '샤이 보수' 현상의 근거라고 주장했다. 자신의 의견이 소수파에 속한다는 생각이 들 때, 고립에 대한 두려움과 주류에 속하고 싶은 강한 욕망 때문에 대세를 거스르지 않고 침묵하는 유권자가 생긴다는 것이다.

한때 '레밍'으로 불렸던
한국인들

이처럼 '침묵하는 유권자'는 민주주의 사회에서도 나타나지만 권위주의 사회에서 더 광범위했다고 볼 수 있다. 사실 한국인이 지도자에게 고분고분하지 않다는 인상을 준 것은 그리 오래되지 않았다. 1980년에 주한미군사령관이었던 존 위컴은 미국 언론에 "각계각층의 사람들이 마치 레밍 떼처럼 그(전두환)의 뒤에 줄을 서고 추종하고 있다"고 하면서 한국 민주주의의 현실에 대한 실망을 토로한 바 있다. 한국에서 10·26사건과 12·12군사반란, 그리고 5·18민주화운동까지 경험한 위컴 장군은 미국 본국의 입장과는 별개로 개인적으로는 전두환의 신군부에 협조하기를 원치 않았다고 알려져 있다. 그랬던 그는 전두환이 대세를 장악해나가는 과정을 보고 앞 열의 동료를 맹목적으로 따라 움직이는 레밍 떼의 모습을 느꼈던 것이다. 현대 한국인의 관점에서는 1960년의 4·19혁명, 1979년의 부마항쟁, 그리고 1980년의 5·18민주화운동 같은 굵직굵직한 사건을 겪은 이후에도 한국인들이 외국인에게 그런 모습으로 보였다는 사실이 당혹스러울지 모른다. 그러나 당시 위컴의 입장에서는 달리 볼 수가 없었을 것이다. 대세가 결정됐고 저항이 무용하다 생각했을 때 한국인들이 쉬이 승복하는 모습을 보이는 것도 분명한 사실이기 때문이다.

민주화운동 세력의 승리 서사에서 1980년대란, 1980년 광주에서의 학살이란 부정의에 내내 항거한 운동 세력과 시민들이 1987년에 마침내 승리를 거둔 기억에 해당한다. 그러나 1980년대를 그저 민주화운동의 시대로만 묘사한다면 다른 한편의 삶은 지워버리는 격이 될 것이다. 그 다른 한편의 삶의 내용이 있었다. 지금 대통령비서실 정책실장인 경제학자 김상조는 자신의 저술 《종횡무진 한국경제》(2012)에서 1980년대 중후반이었던 '3저호황' 시기에 대해 '시쳇말로 호떡집에 불이 난' 상황에 해당했다면서, '단군 이래 최대 호황'이라 느꼈고 '모두가 선진국이 된 듯한 착각에 빠진' 시기라고 서술했다.[14] 노동운동가이면서 민주노동당의 기획자 중 한 명이었다가 현재는 86세대에 대한 비판적

추월의 시대

논평가인 저술가 주대환 역시《주대환의 시민을 위한 한국 현대사》(2017)에서 당시에 대해 '한국 자본주의가 비약적으로 발전하던 시기', '한국 경제가 후진국에서 자본주의 선진국의 대열로 올라서는 그런 시기'로서, 이때 사람들은 돈벌이에 미쳐 있었고 20대 후반만 해도 기성세대가 되어 직장에 취직해서 돈을 벌고 있었다고 기술했다.[15]

그렇다면 이렇게 생각해보면 어떨까? 경제성장을 주도한 군부독재 세력에 협력한 관료 및 기업가 그룹이 있다. 그리고 이들을 일관되게 지지한 시민 그룹도 있을 것이다. 오늘날에 이들을 한데 묶어 산업화 세력이라고 부른다. 한편으로는 전자를 악으로 규정하며 군부독재 세력을 타도하자고 했던 운동 세력과 그들을 지지하는 시민사회 활동가들이 있었다. 그리고 이들을 일관되게 지지한 시민 그룹도 있을 것이다. 오늘날엔 이들을 한데 묶어 민주화 세력이라고 부른다.

그러나 과연 이들밖에 없었을까? 양측을 일관되게 지지한 시민 그룹 이외에 중간에서 본인들의 삶의 필요에 따라, 혹은 직관적으로 실용적 선택을 반복해온 그룹이 역사를 만들어왔다고 추정한다면 어떨까. 이들은 경제성장에 집중해야 한다는 것에 동의했지만, 그에 집중하느라 민주주의라는 가치를 포기해야 한다는 말에는 동의하지 못했다. 한편으로 이들은 민주주의를 말살해도 된다는 주장에는 동의하지 못했지만, 경제성장에 집중한 관료들을 끝까지 추궁하고 죄악시해야 한다는 견해에도 동의하지 못했다.

말하자면 민주화운동 세력이 스스로 생각한 바와, 실제로 전개된 민주화운동의 양상이 달랐을 수도 있다는 뜻이다. 지금은 86세대로 대표되어 있지만, 1970~80년대 권위주의 정부의 발전 국가 노선에 대항했던 것이 한국 현대사의 민주화운동이라고 볼 수 있다. 특히 1972년부터 시작된 유신시대 이후 한국인들은 대통령을 선출할 권리를 잃어버렸고, 1987년 6월항쟁 이후 대통령 직선제를 쟁취할 때까지 15년 동안 그 권리를 되찾지 못했다. 민주화운동 세력의 시선으로는 '적'들의 통치가 가장 넓은 범위로 잡았을 때 1961년 5·16군사정변으로부터 시작되어 어쩌면 1992년 노태우 전 대통령의 임기까지 지속된 것일 수 있다. 말하자면 30여 년의 군부독재 세력 통치기다. 그런 그들에게 1987년 6월항쟁은 자신들의 승리였고, 소위 '민중'들이 자신들의 노선에 동의한 것이라고 생각할 수 있다.

1987년의
동상이몽

그러나 1987년에 함께 행동했던 사람들 사이에도 애초부터 일종의 간극이 있었다면 어떨까? 사실 대통령 직선제의 관점에서 볼 때 박정희의 통치는 1963년과 1967년의 대선 승리를 통해 추인받은 바 있다. 윤보선과 경쟁한 두 번의 대결에서 첫 번째는 간신히 이겼고, 두 번째는 상당히 여유롭게 이겼다. 그동안 진행된 제1차경제개발5개년계획의 성과를 어느 정도 인정받았기 때문일 것이다. 물론 두 번의 대선에서도 박정희가 철저하게 공정 선거를 실시했다고 보기는 어렵다. 그러나 통상적으로는 1971년 김대중과 대결한 세 번째 선거에서 좀 더 악랄하고 본격적인 부정이 일어났다고 평가된다. 선거 결과만 본다면 세 번째 대선에서의 격차도 상당했는데 말이다. 그리고 세 번째 대선 이후 박정희는 더 이상 직선제를 통해 권력의 정당성을 추인받는 것을 포기하고야 말았다. 직선제로 당선되기 위해서는 무리하게 실시한 3선개헌 이후 또다시 개헌을 해야 할 판국이었고, 세 번째 대선 유세에서 "이번이 지지를 호소하는 마지막 선거다"라고 공언하고 다녔기 때문이다.

박정희의 세 번의 직선제 대선 결과

1963년	박정희(득표, 득표율)		윤보선(득표, 득표율)		격차(득표, 득표율)	
	470만 2,640표	46.65%	454만 6,614표	45.10%	15만 6,026표	1.55%
1967년	박정희(득표, 득표율)		윤보선(득표, 득표율)		격차(득표, 득표율)	
	568만 8,666표	51.44%	452만 6,541표	40.93%	116만 2,125표	10.51%
1971년	박정희(득표, 득표율)		김대중(득표, 득표율)		격차(득표, 득표율)	
	634만 2,828표	53.2%	539만 5,900표	45.26%	94만 6,928표	7.94%

가장 소박한 입장에서 봤을 때 민주주의 훼손으로 인한 권력 정당성의 위기는 1972년부터 1987년까지 발생한 일이라고 할 수 있다. 똑같이 '군부독재'라는 이름으로 서술하더라도 넓게 잡은 30년의 양상과 좁게 잡은 15년의 양상이 달랐던 셈이다. 15년 동안 권력자들은 '비상'이라는 이름으로 영구 집권을 꿈꿨지만, 그 비상한 집권 과정을 용인해준 한국 시민들은 한편으로 비상한 실적의 경제성장을 요구했다. 권력자들이 그만큼 실적을 내지 못

한다면 사실상 독재에 해당하는 '비상한 권력'의 의미는 사라지는 셈이었다. 또한 경제성장의 실적이 누적되었을 때는 그 비상한 집권 과정을 더 이상 용인할 필요가 없기도 했다.

요약하자면 이렇다. 우리가 지금 중도파라고 표현하는 시민 그룹은, 1980년대부터 경제성장과 민주화 양쪽 모두를 적당히 지지하는 이들이었다. 시민들의 입장에서 볼 때는 경제성장도 좋은 일이고 민주화도 좋은 일이다. 현존하는 2개의 정치 세력이 각각 지나치게 한쪽으로만 치중한다면, 시민들은 순차적으로 한쪽에 힘을 더 실으면서 2개를 다 얻는 것이 가장 현명한 행위다. 물론 1980년대는 1987년 이후의 대통령 직선제 상황이 아니었기 때문에 권위주의 정부를 뒤엎는다는 것 자체가 너무나 힘든 일이었다. 그래서 실용주의적 시민 그룹이 군부독재 권위주의 정부라는 한 축을 결정적으로 뒤엎는다는 결단을 내리기 위해서는 어떤 확신이 필요했다. 다른 한 축인 민주화운동 세력의 적극적인 활동이 누적되어서 그들이 함께 세상을 뒤엎을 만한 세력이 될 수 있다는 확신이었다.

이렇게 볼 때 1987년 6월항쟁을 지지하여 제5공화국을 무너뜨린 시민들의 3분의 1 정도가 직후의 대선에서 신군부 출신 노태우 후보를 지지했다는 것도 놀랍지 않다. 그들은 군부독재 권위주의 정부를 붕괴하는 데는 동의했지만, 그 정부를 주도한 세력을 완전히 퇴출시켜야 한다는 견해까지 동의한 적은 없었던 것이다. 오늘날의 우리는 1987년 대선 당시에 김영삼 후보와 김대중 후보를 지지했던 유권자들에게만 주목하여, 후보 단일화 실패가 민주화의 진전을 좌절시켰다는 식으로 규정하곤 한다.

추월의 시대

그러나 지금 우리가 분석하는 중도파의 역할이라는 맥락에서는 다른 측면도 보인다. 군부독재 권위주의 정부를 붕괴한 후에 그 세력에게 민주적 정당성이 있는 권력을 줘도 별문제가 없다고 생각하는 일군의 시민 그룹도 존재했다는 사실이 중요하다.

1987년 대선 주요 후보 득표 결과

후보	득표수	득표율
노태우	828만 2,738표	36.64%
김영삼	633만 7,581표	28.04%
김대중	611만 3,375표	27.05%
김종필	182만 3,067표	8.07%

일본인의 '공기'와 한국인의 '침묵'의 차이

'대세'를 살피려면 침묵하는 이들의 속내를 파악해야 한다. 영미권 사람들의 눈에는 동아시아 사람들이 비슷비슷하게 의뭉스러워 보이겠지만 한국인의 특수성도 있다. 이 '대세'는 일본인들이 흔히 말하는 '공기를 읽는다'거나 '공기가 바뀐다'는 말과는 비슷하면서도 미묘하게 다르기 때문이다. 가령 일본인들끼리 주주회의에서 의사 결정을 하는 경우에는 그 누구도 결정에 대한 책임을 지고 싶어 하지 않는다고 한다. 결정은 모두가 함께 내리는 것이다. 메이지유신 이후 일본 내각의 작동 원리 역시 그랬다. 그래서 그들은 태평양전쟁 개시를 결정한 특정인이 없다고 보는 것인지도 모른다. 여하간 일본인들이 그렇게 집단적 의사 결정을 위한 회의를 할 때는 나의 견해보다 집단의 분위기가 중요하다. 그 분위기를 '공기'라고 부르는 것이다. 발언이 한 바퀴를 도는 동안 A라는 의견으로 수렴되던 분위기가 갑자기 B라는 의견으로 뒤집힐 수도 있다. 이럴 때는 공기가 바뀐 것을 읽어야만 한다. 그리고 최후에는 함께 B라는 결론을 향해 가는 것이다. 그 회의 자리에 눈치 없는 한국인이 끼어 있는 게 아니라면 '공기'가 어떤지는 명약관화하다.[16]

한국인들 사이에 성립하는 '대세'는 조금 다르다. 한국인들끼리 회의를 하면 언제나 자기주장이 강한 이들이 있다. 찬반 의견이 팽팽할 것이며, 주로 떠드는 사람이 떠든다. 그리고 많이 떠들지 않거나 아예 입을 닫고 관망하는 이들이 있다. 한국의 회의에는 보통 결정권자가 있다. 그러나 그 회의가 다수결로 결론이 나는 회의라면, '대세'가 어느 쪽인지는 보통 표결을 해봐야 안다. 다수결의 결말은 알 수가 없다. 그리고 결정을 내린 뒤에도 이견은 그대로 남는다. 회의에서 오너가 결정한 사안이 실패로 끝난다면 오너는 그 결정을 조언한 참모들을 내치고 반대파를 중용할 것이다. 한국인들이 어리석고 무리한 전쟁을 일으켰다가 패전했다면, 전쟁에 반대했던 이들은 승전국에 빌붙어 전쟁을 밀어붙인 찬성파를 당장 정치적으로 숙청해버렸을 것이다. 일부 일본인들이 '한국인도 베트남전쟁의 민간인 학살에 대해 사과하지 못하잖아'라고 주장하는 것과는 달리, 상당수 한국인들이 한국군의 그 문제에 대해 거리낌없이 사과할 수 있는 이유도 거기에 있다. 소위 민주화 세력의 입장에서 베트남전쟁 파병은 '나쁜 박정희'가 한 일이지 본인들이 한 일은 아니다. 손이 발이 되도록 사과해도 쪽팔린 건 박정희지 내가 아니다. 그래서 쉽게 사과한다. 피해 규명과 배상이 진행되지 않는 이유는 그 선결 과제로 반드시 필요한 합동진상조사를 베트남 정부가 원하지 않기 때문이다.

또한 한국인들이 말하는 '대세'는 일본 전국시대의 농민들이 다이묘와 사무라이들의 전쟁을 도시락 까먹으면서 구경하던 것처럼 그저 권력자들의 땅따먹기를 관람하는 것이 아니었다. '대세'란 말은 권력자들이 일개 민초인 나를 향해서도 모종의 선을 넘어서는 안 된다는, 그 선을 넘는 자는 '대세'를 결코 얻을 수 없다는 개념까지 포함한다.

우리를 너무
우습게 여기면 안 된다

1960년 이승만 실각의 함의는 '이유야 어찌 됐든 서울에서 시위대를 향해 발포하면 정권이 지속될 수 없다'는 것이었다. 이 역시 권력자와 시민 사이에 모종의 '선'을 설정한 사건이었다. 그래서 1979년에 위기를 맞이한 박정희는 부산과 마산에서 총을 쏴볼까 고민했다. 일견 막나가는 것 같지만 그 시위가 서울까지 번지면 걷잡을 수 없으니 미리 진압해야 한다는 의미였다. 왜냐하면 1960년에 확립된 '선'을 따른다면 서울에서는 총을 쏠 수가 없으니 말이다.

한국의 모든 권력자는 이전에 설정된 '선'을 염두에 두고 움직였다. 박정희가 밟을까 말까 머뭇거렸던 그 '선'은 김재규가 밟지 못하게 만들었다. 이제는 새로운 '선'이 생겼다. 무고한 시민에게 발포 명령을 내리는 권력자는 측근조차 경계해야 한다는 새로운 '선'이었다. 1980년에 광주에서 발포가 시작될 때 전두환은 그 '선'을 비웃은 것처럼 보였다. 실제로는 부산과 마산보다 더 쉽게 고립시킬 수 있었던 광주 전남 지역을 철저하게 통제한 후 김재규가 지키려고 했던 그 '선'을 조롱하는 제스처를 취했던 것에 불과했다. 그것은 매우 비겁한 일이었지만, 바로 그 '선'을 넘어섰기 때문에 그 사건의 진상을 알게 된 1980년대의 모든 청춘들은 분개했다. 그리하여 1987년에 모두 함께 일어나기 시작했을 때, 전두환과 휘하 장성들은 본인들이 조롱했던 김재규가 한국 현대사에 각인한 그 '선'을 선명하게 느낄 수 있었다. 김재규가 만들어낸 '선'은 시민들을 향해 발포할까 말까 잠깐 망설이는 그들에게 특수부대의 총구가 겨냥한 붉은 점마냥 선명하게 드리웠다. 또 다른 김재규를 염려해야 했기에 시민을 향해 발포를 명령하는 지휘관은 자신의 생명을 보장받을 수 없었다. 그 결과 하나회 장성들조차 섣불리 전두환의 진압군이 되기를 거부했다. 김재규의 '붉은 선'이 전두환의 부하들을 겁박했다. 그래서 과도한 진압 명령을 내리면 군부가 총부리를 자신에게 돌릴 가능성을 전두환도 염두에 둬야 했다. 물론 1980년에 그에게 한번 기만당했던 미국의 압력과 대한민국이 유치한 88올림픽도 새로운 '선'으로 작용했다. 전두환은 선을 두 번 넘어서지는 못하고 물러났다. 그리고 선을 한 번 넘어선 대가 역시 한 번의 사형선고와 감옥행으로 치러야 했다.

훗날 1987년 항쟁을 회고하는 공영방송 프로그램에 출연했던 소시민은 다음과 같은 증언을 했다. "우린 뭐 사실 정권이 학생들 고문하고 그런 건 알고 있었어요. 모르는 거 아니었다고. 근

추월의 시대

데 지들이 고문하다가 학생을 죽였는데 '책상을 턱 하고 쳤더니 억 하고 죽었다'고 변명하는, 그건 아니잖아. 이건 변명에 너무 성의가 없는 거잖아. 이건 정말 너무 우리를 우습게 여기는 거 아니냐고!" 1987년의 항쟁을 성공시켰던 것은 이런 사람들이다. 한국에서 그토록 시민을 우습게 여긴 권력이 응징당하지 않은 적은 없었다.

이렇게 행동하는 이들은 일관된 담론의 세계에서 사는 사람들이 아니다. 군부독재 세력은 "경제성장과 안정을 선택하든지, 아니면 민주화를 말하는 빨갱이들을 선택해서 혼돈의 세계로 가든지 양자택일하라"고 윽박질렀다. 민주화운동 세력은 현재 본인들이 노동으로 일궈낸 경제성장의 성과 자체를 불신하고 부정하는 것처럼 보였다. 양자의 논리는 견고했으며, 하나를 받아들이면 그 논리 체계 전부를 받아들여야 하는 것으로 보였다. 적어도 그 논리의 신봉자들은 그렇게 생각했다. 그러나 시민들은 그런 논리는 필요 없고 내게 필요한 것을 둘 다 달라고 떼를 쓰기 시작했다. 경제성장도 하면서 최소한의 자유도 달라고, 더 이상 이렇게 억압하지 말라고 했다. 일관성의 세계를 사는 이들에게 이것은 땡깡이었고(군부독재 측에서 볼 때), 아니면 충분히 계몽되지 못한 무지몽매함이었다(민주화운동 세력 측에서 볼 때).

하지만 결국 이들만이 세상을 바꾸면서 균형을 맞추는 사람들이었고, 그 요구가 실제로 세상을 바꾸었다. 그것은 땡깡이나 무지몽매함이 아니었다. 다만 삶이었다. 삶은 일관적이지 않다. 일관성의 관점에서 삶을 들여다본다면 삶은 모순투성이일 것이다. 그러나 모순은 삶에 있는 것이 아니라, 자신의 관점에서 삶을 재단하는 그 말 속에 있다. 그 일관된 말 속에 삶을 다 담을 수 없기 때문에 삶은 모순이 되는 것이다.

중화학공업과 유신,
그리고
민주화운동과 주사파

박정희를 높이 평가하는 이들이 한국 사회의 시민들에게 섭섭해하는 부분이 있다. 오늘날 한국 사회의 시민들은 유신을 부정적으로 평가한다. 그 평가를 바꿀 방도도 없어 보인다. 바꾸는 게 바람직한 것 같지도 않다. 그러나 한편으로 한국 사회의 시민들은 박정희의 중화학공업 정책을 긍정적으로 평가한다. 그 유산이 한국 경제성장에 미친 영향을 긍정하는 것이다. 이 점 역시 부정할 도리가 없다. 평가를 바꾸는 게 바람직한 것 같지도 않다.

그러나 박정희의 유신과 중화학공업은 동전의 양면이었다. 박정희는 유신을 선포한 다음에 중화학공업 정책으로 나아갔다. 그러니까 맥락을 잘 아는 옹호자들의 입장에서는 박정희더러 유신을 하지 말라는 건 중화학공업을 하지 말라는 것과 같은 일이었다.[17] 민주적 리더십으로 중화학공업을 추진하기는 어려웠다. 민주화운동 진영에서는 박정희의 경제성장이 지속 가능하지 않은 것으로 보았고, 오늘날의 말로 세련되게 변환한다 해도 내수 중심 경제, 중소기업 중심 경제로 나아갈 것을 거듭 요구하고 있었기 때문이다. 그것이 진보적 경제학자 박현채의 노선이었으며, 당대의 가장 지혜로운 야당 정치인 김대중이 수용한 노선이었다.

하지만 이렇게 접근한다면 반대 방향으로의 적용도 가능하다. 한국 사회의 시민들은 1980년대 민주화운동의 성과를 인정한다. 그러나 1980년대에 민주화운동을 했던 대학생들 중 다수가 집단적으로 가졌던 혁명적 사회주의라는 신념을 긍정하지는 않는다. 심지어 일각에서 북한을 추종하는 주체사상파가 있었다는 사실은 매우 부정적으로 여겨질 것이다. 하지만 당시 1980년대 대학생들이 가졌던 과격한 사상과 그들이 행한 민주화운동은 떼어내기 힘든 것이었다. 권위주의 발전국가에 대항했던 학생운동권들의 사상은 1970년대부터 점점 더 급진화되기 시작했고, 1980년대에는 전두환의 광주 학살과 미국이 이를 방조했다는 의혹의 영향으로 극좌 노선으로까지 치달았다. 그리고 그들의 사상과 활동을 분리하는 것은 유신과 중화학공업 정책을 떼어내기 힘든 것과 같은 일이었다. 그럼에도 우리는 민주화운동의 성과는 긍정하지만 당시 그들이 지녔던 사상까지 쉬이 긍정하지는 않는다. 북한을 추종하는 주체사상은 당연히 반대한다.

후세대의 관점에서는 선악善惡을 기준으로 가치판단을 하고 전체를 도려낼 이유가 없다. 다만 호오好惡를 평가하고 좋은 것은 받아들이고 나쁜 것은 멀리해도 된다. 당대의 사람들을 평가할 때는 그 시대 사람들의 딜레마를 깊이 숙고해야겠지만, 우리 시대의 관점에서 중화학공업 정책은 긍정하면서 유신은 부정하고, 민주화운동은 긍정하면서 주체사상은 부정하는 것이 모순되는 일은 아니다. 오히려 그게 모순이라는 태도가 과도한 일관성을 요구하는 것이다.

넥타이부대의
등장

　　　　　　　　　1987년의 평범한 시민들은 다른 종류의 '시위'로 접근하기 시작했다. 21세기 네 번의 대규모 촛불시위에서 보였던 한국 사회 시민들 모습의 전주곡이었다고 할 수 있는 '넥타이부대'가 그것이다. '넥타이부대'는 앞서 주대환의 묘사에서 1980년대 후반 당시 20대 후반만 되어도 돈벌이에 몰두하는 기성세대에 해당했다는 그 사람들이다. 넓게 보아 당시 20대 후반에서 40대 초반이었다고 한다면 1945년생부터 1960년생까지 화이트칼라 직장인들이 포함된다. 대부분 1950년대생이었다고 봐야 할 것이다. 그들은 학생운동권의 활동과 정서와는 모종의 거리를 뒀지만, 1987년의 시공간에서 갑자기 학생운동권의 시위에 합류하여 전두환 정권의 권력 연장에 반대하기 시작했다. 그렇다고 학생운동과는 구분되는 이전의 민중봉기처럼 무질서하고 돌출적인 방식은 아니었다. 그들은 더 이상 '민중'이 아니고, 마치 조선왕조의 여론을 주도했던 '사대부'와 같은 모습으로 정치의 장에 개입하기 시작했다. 학생들과 지식인들의 민주화운동과는 뚜렷이 구분되는 행위 당사자로서 여론정치의 광장에 등장했다.

　　그러나 민주화운동 세력의 서술에서 소위 '넥타이부대'에 관한 묘사는 매우 빈약하다. 민주화운동기념사업회에서 서술한 《6월 민주항쟁》(2003)과 《한국민주화운동사 3: 서울의 봄부터 문민정부 수립까지》(2010)를 살펴봐도 1천 쪽이 넘는 내용 중에 '넥타이부대'에 관한 서술은 세 군데에 걸쳐 몇 줄에 불과하다.[18]

1987년 6월항쟁을 다룬 언론의 서술과 묘사에서 넥타이부대가 차지한 위상과는 사뭇 차이가 있다. 그들로서는 지속적으로 이어진 자신들의 활동이 주된 서술 대상이었고, 7년의 세월이 지난 후 어느 날 넥타이부대가 합류한 사실이 감격적이긴 했지만 정확하게 이해할 수 없는 일이기도 했다. 실제로 그들은 넥타이부대가 무슨 생각으로 세상을 뒤엎는 일에 동참했는지 정확하게 알지 못했을 것이다.

세대론적 입장에서 넥타이부대를 파악한다면 어떨까? 우리는 흔히 얘기하는 산업화 세대와 민주화 세대가 딱 붙어 있는 것으로 이해하지만, 자세히 따져보면 일종의 점이지대가 있다. 이들은 전후 세대 혹은 베이비부머 세대라고 불린다. 이 구간에 해당하는 1954년생부터 1962년생까지 모두 합해 883만 명 정도로서 900만 명에 육박한다. 이 연령대는 앞서 추정한 넥타이부대의 연령대와 거의 정확하게 겹친다. 참고로 전형적인 산업화 세대에 해당하는 1930년대생부터 1953년생까지 모두 합해 1,476만여 명, 전형적인 민주화 세대에 해당하는 1963년생부터 1969년생까지 모두 합해 715만 명 정도다. 또한 민주화 세대와 정치의식이 상당히 흡사했던 1970년대생은 900만 명 정도다.

산업화 세대는 이미 사망으로 인한 퇴장자가 상당히 많고, 민주화 세대는 '86'이란 이름이 대졸자에 한한 것이라 그 세대 전체를 아우르지는 못한다는 문제가 있다. 그러나 도식적으로 본다 하더라도 거대한 덩어리를 형성하는 그들 사이에 900만 명에 육박하는 점이 세대가 있다는 사실은 인상적이다. 그들 중에도 위의 산업화 세대에 동조하는 이가 있었고, 아래의 민주화 세대에 동조하는 이들이 있었다. 그러나 위아래 세대의 이탈자들을 포함해서 이 세대의 핵심이 중도파를 이뤘다고 해도 무리는 없어 보인다. 유신과 체육관 선거는 싫지만 경제성장은 좋았을, 민주화운동가는 그럭저럭 존경했지만 주사파는 이해하지 못했을 이들은 이때부터 한국 사회 양대 당파의 세계관 바깥에서 균형추 역할을 했다.

또한 이들 중도파 세대는 대부분 1980년대생의 부모 세대이다. 1980년대생이 대학에 들어갔을 때 선배였던 1970년대생이 수용한 민주화 세대의 사회인식을 학습하면서도 끝끝내 그들과 온전히 같을 수는 없었던 맥락이 여기에 있는지도 모른다. 부모가 산업화 세대였지만 그에 반발하여 민주화 세대의 인식에 합류한 1970년대생과는 달리 부모 세대가 형성한 산업화의 유산 속에서 자란 1980년대생은 중도파의 자녀였기에 민주화에 우호적이었지만 대학 시절의 '세례'에도 불구하고 산업화에 완전히 부정적일 수는 없었다.

도식적으로 말한다면 1980년대생은 일종의 '중도파 2세대'로서 부모 세대들이 1987년에 넥타이부대로서 한 시대를 봉합했던 것과 같은 역할을 부여받은 것인지도 모른다.

연도별 출생자 수와 세대 구분

세대	연도	출생자 수
산업화 세대	1930	587,144
벼농사 협업체계 세대	1931	589,428
농촌 세대	1932	600,545
	1933	607,021
	1934	618,135
	1935	646,158
	1936	639,355
	1937	636,839
	1938	569,299
	1939	585,482
	1940	527,964
	1941	553,690
	1942	533,768
	1943	513,846
	1944	533,215
	1945	544,786
	1946	590,763
	1947	686,334
	1948	692,948
	1949	696,508
	1950	633,976
	1951	675,666
	1952	722,018
	1953	777,186
	계	14,762,074
전후 세대	1954	839,293
베이비부머 세대	1955	908,134
넥타이부대	1956	945,990
	1957	963,952
	1958	993,628
	1959	1,016,173
	1960	1,080,535
	1961	1,046,086
	1962	1,036,659
	계	8,830,450
민주화 세대	1963	1,033,220
86세대(대졸자 기준)	1964	1,001,833
	1965	996,052
	1966	1,030,245
	1967	1,005,295
	1968	1,043,321
	1969	1,044,943
	계	7,154,909

세대	연도	출생자 수
X세대 IMF 세대	1970	1,006,645
	1971	1,024,773
	1972	952,780
	1973	965,521
	1974	922,823
	1975	874,030
	1976	796,331
	1977	825,339
	1978	750,728
	1979	862,669
	계	8,981,639
전후 2세대 N세대 88만원 세대 밀레니얼 세대	1980	862,835
	1981	867,409
	1982	848,312
	1983	769,155
	1984	674,793
	1985	655,489
	1986	636,019
	1987	623,831
	1988	633,092
	1989	639,431
	계	7,210,366
밀레니얼 세대 민주화 2세대 90년생이 온다	1990	649,738
	1991	709,275
	1992	730,678
	1993	715,826
	1994	721,185
	1995	715,020
	1996	691,226
	1997	668,344
	1998	634,790
	1999	614,233
	계	6,850,315

- 사회학자 이철승 교수는 1920년대 후반 출생자부터 1950년대 초반 출생자까지 산업화 세대이자 마지막 벼농사 세대로 구분지었다. 이들은 이전 세대에 비해 출생자 수가 많았지만 현재 자연사로 인해 퇴장하는 중에 있다.
- 전후 세대, 베이비부머 세대는 보통 산업화 세대로 구분됐지만 사실은 산업화 세대와 민주화 세대 사이에 낀 세대이다. 연령으로 보면 1987년 넥타이부대의 주력으로 한국 중도층을 형성한 세대라고 볼 수 있다.
- 민주화 세대, 86세대는 협의의 정의로 좁혀서 따지면 숫자가 많지 않지만 정치의식 측면에서 후속 세대에게 많은 영향을 미쳤다.
- X세대, IMF 세대는 86세대에게 가장 불만이 많은 세대이지만, 86세대와 정치의식이 가장 흡사하면서 대중문화 영역에 끼친 영향이 막대한 세대이다.
- 전후 2세대는 10대 시절에 N세대라 불리다가 20대 무렵에는 88만원 세대라는 이름을 받게 됐다. 이들은 서구 기준으로 밀레니얼 세대의 일부에 해당한다. 보통 전후 세대의 자녀인 이들은 부모의 경제적 영향과 86세대의 정치적 영향을 동시에 받았다.
- 민주화 2세대는 보통 민주화 세대의 자녀로 정치의식에 큰 영향을 받았지만 한국 사회의 위계서열 구조에 대한 불만이 가장 큰 세대이기도 하다.

역사의 백년전쟁과
자학사관

원래는 민주화운동 세력이 훨씬 편협(!)했을 것이다. 어쩔 수 없는 일이었다. 거대 권력에 대항하는 그들은 편협해지지 않으면 결기를 다지면서 버텨나갈 수가 없었다. 반면 군부독재 세력 자체는 매우 편협했겠지만, 그들이 주도하는 '나랏일'에 두루 협력하는 그룹의 스펙트럼은 매우 다양하고 제각각이었다.

1970년대 학생운동권부터 자신들을 일제강점기 독립투사와 동일시하기 시작했다. 독립운동사와 이전 시기 학생운동사를 배우며 독립투사와 같은 사람이 됐으니 자신들을 탄압하는 군부독재 세력은 일본 제국주의와 같은 세력일 수밖에 없었다.

민족주의를 먼저 강조한 것은
군부독재 세력이었다

민주화운동 세력은 한국 현대사를 '친일파 기득권과의 투쟁의 역사'로 규정한다. 여기서 군부독재자들은 친일파 기득권이 되고 일본 제국주의자들과 겹친다. 그러나 사실은 군부독재자들도 민족을 강조해야만 했다. 근대사회에서 국가의 권위를 내세울 가장 정석적인 방법은 '시민들의 합의로 만들어낸 공동체'였지만 군부독재 세력이 이를 택할 수는 없었다. 그러니 그들에게 민족은 근대사회에서 국가를 국민보다 높이기 위한 유일한 매개체였다. 20세기를 망국으로 시작하고 식민지배를 경험한 나라에서 민족국가를 건설해야 한다는 당위성을 받아들일 사람들은 많았다.

군부독재 세력이 폭압적 국가권력을 신성시하기 위해 내세운 '민족주의'는 부작용을 낳았다. '민족국가 건설'을 강조한 논리는 '통일국가 건설'을 지상명제로 삼아야 한다는 달갑지 않은 결론을 도출했다. 친일파를 청산하지 못한 대한민국의 역사적 기원도 참담하고 부끄러운 것이었다. 그런 논리로 북한 체제가 남한 체제보다 우월하다는 인식도 생겨났다. 해방 직후 북한은 친일파 청산을 하고 통일국가를 위해 더 오래 노력했기 때문에 정통성 문제에서 남한보다 상대적으로 더 우월하다는 견해였다. 역사를 더 꼼꼼히 따져보면 꼭 그렇지도 않지만, 이런 논리는 진보 진영 일각에 오랫동안 끈덕지게 생존했다.

군부독재 세력의 입장에서는 국가를 지탱하기 위해 민족주의를 발달시킨 것이었다. 그러나 그 결과 친일파 청산과 통일국가 건설을 내세우며 군부독재 세력을 비판하는 민주화운동 세력이 형성되었다. 독재자 이승만과 군부독재자 박정희 시대에 강조된 '민족'이 부메랑이 되어 날아온 셈이었다. 박정희의 일본군 소위 경력은 세월이 지날수록 더 큰 비판을 받았고, 이전에는 여하간 독립운동가로 분류되던 이승만도 친일파 청산에 미진하고 친일파와 협력했다는 이유로 친일파 비슷한 취급을 받았다.

세월이 흘러 1987년 이후 성립된 6공화국 체제에서 두 세력의 후예들은 정권을 두고 경쟁했다. 산업화 세력과 민주화 세력이었다. 민주화 세력이 권력을 획득할수록 여러 사람들이 섞이고 스펙트럼이 넓어졌다면, 산업화 세력은 권력을 잃어가면서 더 편협해졌다. 그들은 과거 민주화운동 세력의 편협(!)한 역사관에 대중이 넘어갔기 때문에 정치권력의 투쟁에서 패배한 것이라고 보았다. 그래서 저들의 왜곡에 대응하고 한국 현대사의 진실을 바로잡을 때 새로운 정치적 전망이 가능하리라 여겼다. 마치 군부독재자들을 일제와 같이 상상하고 학습한 학생운동권들처럼 체계적으로 상대방의 관점을 '악'으로 몰아간 것이다. 이른바 뉴라이트 운동이다.

뉴라이트 운동은 2004년 대통령 탄핵에 대한 역작용으로 만들어진 거대 여당 열린우리당과, 그들이 추진한 일련의 과거사진상규명법에 대한 우려에서 시작됐다. 그들은 이 '반동적'인 상황은 보수 세력이 일관된 역사관을 확립하지 못했기에 나온 것이라고 봤다. 따라서 필요한 것은 역사관의 일신이었다. 과거 군부독재 세력이 민족주의를 선택하는 바람에 자신들이 말하는 좌익 민족주의도 더 크게 자라났다는 역사적 맥락은 슬쩍 숨겨버렸다. 이승만학당의 이영훈 교장은 역작이었던 《대한민국 이야기—해방전후사의 재인식 강의》(2007)의 '민족주의의 국가 이념화 과정' 부분에서 이승만과 박정희와 전두환이 어떻게 민족주의를 강화했는지를 적었다. 그는 민족주의를 정치적 자산으로 활용했다는 점에서 박정희와 김대중에게서 아무런 차이를 발견할 수 없다고 최소한 양비론적인 태도를 취했다.[19] 이 부분을 보더라도 차이를 발견할 수 없다면서 왜 박정희는 비난하지 않고 김대중에게만 심술을 부리는지 납득하기는 힘들다.

그러나 괴작으로 등장한 《반일 종족주의》(2019)에서는 최소한의 맥락적 서술도 사라진다. '우리 편'을 헷갈리지 않게 하고 자신들의 선동에 도움이 되는 얘기만 남기기로 결심한 셈이다. 그들은 한국 민족주의를 반대 진영의 촌스러운 발명품으로 취급했다. 민족문제연구소가 2012년 대선을 앞두고 '백년전쟁'이란 영상을 만들었던 것처럼 이들도 자신들의 관점에서 '백년전쟁'을 벌였다. 뉴라이트 성향의 '교과서포럼'이 지은 《대안교과서 한국 근·현대사》(2008)와 이영훈의 《대한민국 이야기—해방전후사의 재인식 강의》를 참조하여 그들이 믿은 '백년전쟁'의 내용을 간략하게 정리해보면 다음과 같다.

뉴라이트, 보수의 역사관을 혁신하려 들다

뉴라이트는 "단군 이래 5천 년의 가난을 혁파한 위대한 지도자 박정희"를 강조해온 '소박한 보수주의자'들의 현대사 서술이 '대한민국의 정통성'을 말하는 데 그다지 도움이 되지 못한다고 봤다. 박정희는 실제로 자신이 등장하기 이전의 한국사는 아무런 가치도 없다는 식으로 말했지만 그런 태도를 따른다면 뉴라이트가 옹호하려는 '대한민국의 정통성'과 '이승만의 건국 공로' 역시 부정되는 것이기 때문이다. 그들이 보기에 좌익 민족주의자들이 체계적으로 오염시킨 한국 근현대사를 복원하기 위해서는 좀 더 긴 호흡의 역사적 시선이 필요했다.

그들이 보기에 한국 사회의 놀라운 발전의 원인은 자유민주주의와 자본주의라는 이름의 근대문명의 수용이었다. 그런 일은 결코 하루아침에 일어날 수 없었다. 자유민주주의는 자본주의와 떼려야 뗄 수 없는 관계였고 그것이 바로 근대문명이었다. 그에 반해 공산주의는 근대문명에 대한 반동적 이탈이었으며 오늘날 북한의 모습에서 드러나듯이 전근대로 후퇴하는 '아우토반'이었다. 사회주의 이념 역시 자유주의의 특정 부분이 진화된 근대문명의 산물이었고, 소련과 동구권에서 20세기에 실현됐던 역사적 공산주의 체제의 경제정책 역시 하나의 산업화 방식이었다는 관점은 생략되거나 간단히 무시되었다.

그래서 뉴라이트가 보기에 한국 근현대사의 중심적인 대립은 대륙문명과 해양문명의 대립이었다. 이영훈은 중국문명권에서 이탈하여 유럽문명권으로 편입된 것이 20세기 한국의 역사이며, 이 시기에 유교문명권에서 기독교문명권으로, 대륙농경문명에서 해양상업문명으로의 일대 전환이 있었다고 적었다.[20] 이 도식을 따른다면 '중국-유교-대륙농경'과 '서유럽-기독교-해양상업'이란 문명이 확고한 대립쌍을 이루는데, 원론적인 차원에서는 수긍할 수 있다. 하지만 저 도식을 전가의 보도로 휘두르면서 정치적 반대파를 비판할 때엔 무수한 의문을 낳을 수밖에 없다. 첫째, 한국은 과연 유교 문명을 완전히 벗어던졌는가? 둘째, 일본은 한국만큼 유교적이지도 않지만 한국만큼 기독교적이지도 않은 것을 어찌 볼 것인가? 셋째, 중국과 러시아는 '대륙농경'이나 '공산주의'가 일종의 운명 같은 것이었나? 중국이 공산주의를 유지하면서 지속적인 경제성장을 이룩하여 G2의 지위에 이르렀다는 사실은 어떻게 설명할 것인가? 러시아는 공산주의를 벗어났는데 여전히 권위주의 체제라는 이유로 '공산주의'를 '권위주의'와 동일시하면서 문제를 돌파할 것인가? 그렇다면 해양상업국가인 싱가포르의 권위주의는 어찌 되는가? 도시국가적 특수성인가? 그렇다면 일본은 어찌 되는 것인가?

이처럼 무수한 의문을 낳을 수밖에 없는 도식적 총론을 이영훈과 같은 사람들이 제시하고, 그 외 무수한 경제사학적 각론을 보충하는 식으로 뉴라이트 학자들의 협업체계가 구성되었다. 그렇기에 작업이 아무리 축적되더라도 그들끼리는 던지지도 않았기에 해명되지 못한 질문들이 남게 된다. 더 말할 것도 없이 《반일 종족주의》는 '질문을 받은 적 없는 권위적 총론'의 탈선적 폭주에 해당한다.

결국 그들이 말하는 대립은 나중에 공산화될 중국과 러시아의 영향권과, 근대를 전파해온 미국과 일본의 영향권 사이의 싸움이었다. 그리고 이 싸움은 단순무식하게 요약한다면 21세기의 후손들이 사는 나라를 '북한'으로 만들 것인지 혹은 '남한'으로 만들 것인지에 대한 운명이 달린 모종의 내기였다. 그들은 이 내기의 선택지로 그저 오늘날의 남북한 모습, '제 인민을 굶기는 전근대적 왕조국가'와 '문화상품까지 수출하게 된 선진공업국가'를 내밀며 우리를 옥박질렀고, 그 사이의 다른 가능성들은 무시했다.

이러한 시선에서 볼 때 갑신정변을 일으킨 김옥균과 같은 개화파들은 시대의 선각자들이었고 이들이 일본과 협력하게 된 것도 자연스러운 일이었다. 조선은 왕조 말기에 근대화를 수행할 역량은커녕 이미 '내재적 파탄'의 상태에 있었다. 따라서 이미 자신의 운명을 스스로 개척할 능력을 상실한 조선으로서는 러일전쟁에서 일본의 승리가 매우 다행스러운 일이었다. 이것은 한반도 전체가 '북한'이 되는 것을 방지한 사건이라고 봤다. 이어진 일제강점기는 자유민주주의 관점에서는 불행한 일이었으나 개화파의 정신을 이어받아 근대화를 익힌 테크노크라트(친일파 중 실력양성론자들, 독립운동 노선 중 외교독립론자들이 다수 포함)를 육성한 시기였다. 그리고 이승만은 한반도의 남쪽이라도 해양문명이 전해준 근대의 물결을 지켜내는 데 혁혁한 공로를 세운 '건국의 아버지(founding father)'였으며, 독재정권이 추진한 '근대화 혁명' 역시 지금의 우리를 만들어낸 중요한 계기로 취급받을 수밖에 없다. 그들의 '백년전쟁'에서 주인공은 '문명'이었다.

뉴라이트는 '민족'의 관점에서 역사를 보는 것을 지양하고 '근대화'의 관점으로 서술하려고 했다. 그러한 관점 자체는 문제 될 것이 없으나 '좌익 민족주의'의 산물이라 생각했던 관점을 철저하게 역사에서 도려내려고 했다. 심지어 탈민족주의자 입장에서는 '근대의 발명품'이어야 할 민족이란 개념을 전근대의 것으로 매도하는 것처럼 보일 정도였다. 민족주의는 근대의 산물이니 민족이 역사의 주체가 될 수 없다고 비판하다가 한국 민족주의의 문제를 조선왕조의 성리학적 태도에서 찾기도 했다. 이처럼 갈팡질팡하는 모순은 2019년에 이르러서야 가장 퇴행적인

추월의 시대

방식으로 봉합되었다. 바로 한국 민족주의는 서구의 민족주의와 상관없는 조선왕조부터 지금까지 수세기에 걸쳐 이어지는 '반일 종족주의'라는 선언을 통해서 말이다. 심지어 여기서 사용된 '종족주의'란 엄밀하게 학술적인 것이 아니라 일종의 비아냥거리는 말이었다.

　　최근 들어 그들은 《반일 종족주의》(2019),《반일 종족주의와의 투쟁》(2020), 그리고 유튜브 채널 〈이승만tv〉(이승만학당이 개설한 채널)를 통해 더욱 공세적으로 메시지를 전개하고 있다. 이것은 그들이 '좌익 민족주의자'의 편협함(!)을 공박하는 것이 민망해 보일 만큼 협소한 시선이 됐다. 가령 오늘날 북한이 백두혈통의 3대 세습을 강조하는 등 봉건왕조 수준으로 퇴화한 체제인 것은 사실이다. 하지만 공산주의 자체가 봉건왕조라고 볼 수는 없다. 스탈린 사후 소련을 중심으로 한 동구권은 체제 경쟁에서 패배했지만 북한 체제와는 사뭇 다른 구조였다. '공산주의 중국'은 지도자의 카리스마에 기댄다는 점에서 북한과 훨씬 더 유사한 체제이지만 세습은 불가능하다. 그들은 공산주의를 그렇게 폄하하면서 종종 조선왕조와 공산주의의 연관성을 암시했는데 이런 단순화된 비유는 엉뚱한 조류를 낳게 된다.

뉴라이트보다
훨씬 단순해진
역사수정주의자들

　　　　　　　　　　　　단순화는 더한 단순화를 낳았다. 뉴라이트, '반일 종족주의' 담론, 그리고 이승만학당의 강의들을 듬성듬성 소화한 일군의 역사수정주의자들의 등장이다. 역사전쟁은 이제 '백년'이라는 범위도 훌쩍 넘어서게 됐다. 이제는 근현대사에 해당하는 대한제국 시기는 물론 명백한 전근대사 영역에 해당하는 조선사에서도 무언가 긍정적인 면을 찾아내려는 이들에게 '국뽕' 사관, '좌빨' 사관이라면서 비난하는 댓글이 달린다. 이는 뉴라이트가 조선왕조 후기의 '내재적 파탄'을 말할 때 어느 정도 예고된 바이긴 하다. 조선왕조가 근대화의 역량이 없었고 망국으로 치닫는 중이었다는 서술이야 어느 정도 사실관계로 받아들일 수 있다. 하지만 여기서 훨씬 단순화된 주장들은 '조선은 노예제 사회, 자국민을 노예로 부리던 아주 특이한 나라', '구한말 한양은 똥 천지의 더러운 곳' 등 단편적인 정보와 이미지를 듬성듬성 조합하여 차라리 '혐한 조류'라고 표현하는 것이 적절할 콘텐츠를 생산하고 있다.

더 나아가 이순신이 사실 도망자에 불과했으며 그가 거둔 승전들은 일본의 허접한 무장들을 상대로 한 전략적으로 아무 의미 없는 승리였다는 주장, 세종대왕이 만든 훈민정음은 우리가 사용하는 한글과 관련이 없으며 중세 조선 사람들은 중국어 비슷한 것을 사용했다는 주장, 우리의 한글은 개화기 일본 지식인이 정립한 것이라는 주장까지 등장한다. 이들은 한국에서 위인이라고 칭해지는 이들은 전부 객관적이지 않은 '국뽕 사관'에 의한 '날조'이며 '가짜'라고 주장하고 있는 셈이다.

유튜브 시대의 이 듬성듬성한 인식을 뉴라이트의 핵심 메시지와 비교해보자. 사실 뉴라이트 사관의 핵심 논리를 아주 간단하게라도 소화하려면 대륙농경문명과 해양상업문명의 대립, 자

추월의 시대

본주의와 공산주의의 대립이 포함되어야 한다. 하지만 '조선왕조', '북한', 그리고 '민주당'을 포개버리면 그만인 이미지 조작의 세계에서는 그것조차 필요 없다. 몇몇 유튜브 채널에서 설파되는 주장이 그것이다. "조선왕조는 북한이다. 그리고 북한은 민주당이다. 민주당계 정당을 지지하거나 그들의 역사 인식에 동조하면 우리는 북한으로, 조선왕조로 돌아가게 된다." 여기에 더해 인터넷 극우파들 사이에 만연한 호남 혐오의 밈을 엉뚱하게 끼얹기도 한다. 한 유튜브 역사 왜곡 채널에서는 조선왕조를 거듭 '전라도 전주이씨 조선왕조'라고 칭한다.

'반일 종족주의' 담론은 '조선 양반'을 끔찍할 정도로 혐오하지만, 그 담론을 베낀 인터넷의 역사수정주의자들은 조선 양반이 더 많았던 지역들 대신 '전라도'를 조선왕조 앞에 끼워 넣는 황당한 일을 벌인다. 본인들에게 익숙한 혐오 코드를 동원한 장사이기 때문이다. 그들은 끊임없이 '조선왕조는 미화됐다. 실질은 다르다. 내가 그 진실을 알려주겠다'는 식으로 접근한다. 조선왕조가 교과서는 물론 대중문화에서도 왜곡됐다고 주장한다. 하지만 한국은 20세기를 망국으로 시작한 나라이며, '근현대사 콤플렉스'가 극도로 강한 나라다. 조선왕조는 다른 왕조들에 비하면 그다지 미화된 왕조도 아니다. 대중적 역사물에서 조선은 오히려 콤플렉스의 대상이었다.

흥미로운 부분은 조선사 폄하에 민족주의자들과 탈민족주의자들이 공모하고 있다는 것이다. 뉴라이트나 이영훈은 한국의 과거 민족주의 사학자들이나 문화적 민족주의자들의 조선 숭앙을 공박한다. 말하자면 과거 민족주의 사학자들은 '조선왕조의 문명은 본질적으로 근대 유럽에 근접했다'면서 한국의 식민지화를 '선량한 주인'과 '강포한 도적'의 대립 구도로 만들었다는 것이다. 한편 문화적 민족주의자들은 조선왕조를 근대문명에 포개지는 않을지라도 그것의 아름다움을 인정하고 소비하는 사람들로 묘사되고 있다.

그러나 보통의 '소박한 민족주의자'들에게 조선왕조는 폄하의 대상일 뿐이다. 왜냐하면 조선왕조는 임진왜란과 병자호란에서 무력하게 패배했던 나라이며, 고구려의 영광은커녕 고려의 귀주대첩이나 대몽골항쟁과 같은 역사도 지니지 못한 나라이기 때문이다. 어쩌면 평범한 한국 사회의 시민들은 '문화적 민족주의자'와 '소박한 민족주의자' 사이를 혼란스럽게 오가는지도 모른다. 민족주의 관점에서 조선왕조가 구현한 전통문화의 아름다움을 긍정함과 동시에 민족의 영광의 측면에서 볼 때 문제가 많았다고 생각할 수 있다.

군사적인 관점에서 본다면 고려왕조의 처신이 조선왕조보다 뛰어나다고 볼 수 있다. 하지만 그런 관점에서 고려를 조선보다 숭앙하는 '소박한 민족주의자'는 재미있게도 뉴라이트가 한국 국사학계를 비판하는 논법처럼 역사를 편협하게 전쟁사와 민족사로만 기술하는 것이다. 말하자면 일제강점기를 독립운동만으로 기술하는 것과 마찬가지다. 정말로 뉴라이트가 문명사와 경제사를 중시한다면 조선왕조는 고려왕조보다 폄하될 나라가 아니다.

문명사의 관점에서 본다면 2007년 이영훈이 서술한 것처럼 "과연 조선왕조의 문화는 우수"하였고, "조선왕조 시대에 이룩된 문명의 성과를 전제하지 않는다면 한국의 현대문명을 절반도 설명하지 못한다고 생각"한다고 논평하는 것이 타당하다.[21]

　　군사적인 측면에서 고려왕조가 조선왕조보다 훨씬 더 장쾌했던 것은 사실이다. 대몽항쟁보다는 대거란항쟁, 즉 여요전쟁 2차전과 3차전을 보면 그러하다. 조선시대 선조나 인조보다 훨씬 위대한 현군이었던 고려 현종, 양규와 강감찬 같은 명장, 맹목적으로 왕을 섬긴 것을 넘어 고려인이란 사실을 자랑스러워했던 강조나 하공진과 같은 충신들만 봐도 그렇다. 그러나 조선왕조는 고려왕조와는 접근 방식이 완전히 달랐다. 말하자면 독립성을 유지하기 위한 기조 자체가 달랐던 것이다. 고려왕조가 아무리 장쾌한 승리를 거뒀어도 상시적인 전쟁 상태에 있었고, 인구 증가를 이루지 못했던 것이 현실이다. 반면 조선왕조는 임진왜란 초기 전면적인 패주의 전황을 뒤집는 데, 그리고 병자호란 이후 국력을 회복하는 데 인구 규모가 큰 역할을 했다. 낙성대경제연구소 출신의 김재호 교수는 경제사 관점에서 서술된 《대체로 무해한 한국사—경제학 히치하이커를 위한 한국사 여행안내서》에서 '1600년경의 인구밀도(1제곱킬로미터당 인구)'를 비교해 봤을 때 영국 22명, 프랑스 34명, 이탈리아 44명, 중국 20명, 일본 32명이었는데 한국은 50명으로 세계 최고 수준이었다고 서술했다.[22]

상당히 많은 인구를
그럭저럭 잘 먹였던
조선왕조

　　　　　　　500만 인구가 1,500만이 되는
과정에서 벌어진 사회변화상에 대해서는《조선의 생태환경사》
(2017)와《조선, 소고기 맛에 빠지다》(2018)를 저술한 역사학자
김동진의 서술을 참조할 수 있다. 가축인 소가 농업경영에 널리
활용되면서 조선왕조는 17세기 후반 이후 19세기에 이르기까지
소를 하루에 1천 마리 이상 도축해도 개체수가 유지되는 나라가
됐다.[23] 18세기 후반의 자료를 참조하여 소의 무게, 인구, 도체율
등을 계산해보면 명절에는 인구 1명당 66그램에서 99그램 정도
의 소고기를 먹었을 것이라고 추산했다.[24] 그리하여 김동진은 북
한 김일성 주석이 인민에게 약속한 '니밥에 고깃국'이란 프로파
간다가 미래적인 목표가 아니라 과거의 노스탤지어였을 거라고
추측했다.

　　현대 한국인들에게 이와 같은 주장은 매우 당혹스럽다. 이
부분에 대해 평균적인 한국인들은 '국뽕'과는 거리가 멀다. 현
대 한국 언론은 조선 사람들의 대식 풍습을 묘사하는 개화기 서
양 선교사들의 진술에 대해서도 '조선 사람들은 가난해서 언제
많이 먹을 수 있을지 몰랐기 때문에 먹을 수 있을 때 대식했다'
고 애써 해석한다. 보통 동시대 조선과 그곳의 평균적인 민중의
삶은 당연히 (서양은 물론이거니와) 청나라나 일본에 비해 가난했
을 거라는 전제하에 해석한다. 물론 조선왕조는 당대의 청나라
나 에도시대 일본에 비해 상업이 발달하지 못했다. 따라서 현대

적 기준으로 추산했을 때 1인당 GDP도 더 낮았을 것이다. 그러나 산업혁명 이전의 시기에는 상공업의 발달 수준이나 1인당 GDP만으로 생활수준, 특히 먹을 것이 충분한지 여부를 추측하기는 어렵다. 오히려 상업의 발달은 빈부 격차와 연결된다. 산업혁명 이후에나 가능한 생산성 향상이 없는 체제에서 상업이 발달될 경우, 빈부 격차가 확대되어 상당수 사람들은 먹을 것을 충분히 확보하지 못한다는 논지도 성립할 수 있다. 애초 조선인들이 가난해서 대식을 했다면 당대 청나라와 에도시대 일본 사람들은 부유해서 소식을 했는지, 그렇다면 어째서 현대 일본인들과 비슷한 생활수준을 누리고 있는 현대 한국인들은 여전히 대식 문화를 유지하고 있는지 설명할 수 없다. 중국과 일본뿐 아니라 서양 선교사의 서술에서도 일관되게 대식의 풍습이 기록된 것을 보면 19세기의 '맬서스 함정'(인구 증가만큼의 생산성 향상이 이뤄지지 않아 1인당 소득이 줄어드는 상태)에 빠지기 이전에는 조선 인민들이 그럭저럭 먹고살 만했다는 추론을 이끌어내는 것이 자연스럽다.

김재호 교수는 앞서 언급한 저술에서 환곡제도에 대해 양면적인 평가를 내린다. 환곡은 19세기에 들어 유명무실해지고, '삼정의 문란'의 '삼정' 중 하나로 일종의 조세처럼 기능하게 되었다. 그러나 환곡제도가 제대로 기능하던 시기 곡물 저장량의 최대치는 18세기 후반에 쌀 600만 석 수준으로, 조선왕조의 1년 국가 세입인 400만 석보다 많았다고 한다. 이것은 1인당 규모로는 같은 시기 중국의 5배에 해당하며, 국가가 저장한 곡물 규모로는 당대 세계 최고 수준이었을 거라고 평가된다.[25] 말하자면 당대 조선은 재분배 경제가 잘 작동하던 나라였던 셈이다. 그렇게 곡물을 저장했던 이유는 기근에 대비하기 위함이었다. 김재호 교수는 다음과 같이 평가한다.

> 이러한 국가에 의한 기근 구제로 인해 목숨을 건진 사람들이 많았고 사회 불안을 방지할 수 있었음은 말할 필요가 없다. 조선왕조가 500년이나 지속된 것은 백성들이 생존 위기에서 최종적으로 의지할 수 있는 곳이 국가라고 생각했기 때문이라고 해도 과언이 아니다.[26]

다만 사정이 그랬기에 폐단도 있었다. 부호의 곡물을 강제로 빼앗아 굶주린 이에게 주니 사유재산 개념이 희미해져 부를 축적하기 위한 노력을 하지 않았다. 그리고 매년 봄에 국가가 볍씨를 제공하니 농민은 가을에 추수한 곡식은 다 소비하고 봄에는 무조건 환곡에 의지하려고 했다.[27] 그러므로 조선 사람은 동시대 중국인이나 일본인보다 막 먹어댈 수 있었던 셈이다. 지금 전 세계적으로 인기를 끌고 있는 한식의 핵심도 궁중요리나 귀족 요리가 아니라 서민 요리라는 점은 그러한 맥락의 해석에 개연성을 더한다. 경제사 관점에서 보면 조선의 상업이 미약했다는 것뿐 아니라, 반대급부로 조선인들이 먹을 만해서 대식가였다는 사실도 설명할 수 있다.

애초 각국의 전근대사에서 그 나라가 산업혁명에 이르게 되느냐 마느냐로 우열을 따지는 것은 더 이상 설득력을 얻지 못한다. 가령 중국이나 한국은 중앙집권제나 관료제의 발달은 유럽

추월의 시대

보다 빠른 편이었다. 근대국가가 관료국가였다는 점으로 보면 한국의 중세는 유럽보다 선진적이었다고 할 수 있다. 반면 시장경제의 발전과 경제성장에 미치는 장기적인 효과는 서양 봉건제가 유리했다. 그러나 서양 중세 봉건사회가 시장경제의 발달에 유리한 환경을 갖추게 되었다는 것은 우열의 논리로 설명하기 힘든, 아무도 기대하거나 의도하지 않은 결과였다.[28] 일본 도쿠가와 체제는 전국시대를 거치면서 향촌에 있는 사무라이들을 도시인 '조카마치'에 거주하게 했고, 이로 인해 도시의 규모가 커지고 상업이 발달하면서 서양 근대문명을 수용하기에 더 좋은 조건을 형성했다는 것 역시 의도하지 않은 우연한 상황이었다.[29] 서로 다른 맥락에서 형성된 특질이 특정한 역사적 국면에서 장점이나 단점으로 작용하는 것을 두고 뒤처지는 쪽을 멸시한다면 인류사의 국면마다 상호 멸시가 가득할 것이다. 한국인 역시 서양인이나 일본인을 멸시할 수 있는 사유를 전근대사나 미래에서 얼마든지 찾아낼 수 있다. 그리고 물론 이것은 전혀 생산적인 작업이 되지 못한다.

'혐한일뽕'은 어떻게 탄생했는가?

인터넷 일각에는 한국을 맹목적으로 깎아내리고 반대급부로 일본을 무비판적으로 찬양하는 정서, 인터넷 은어로 말하면 '혐한일뽕'이란 조류가 있다. 앞서 소개한 유튜브 콘텐츠나 댓글도 그런 조류라고 볼 수 있다. '혐한일뽕'은 한국 우익 일각의 현상이긴 하지만 완전히 새로운 것은 아니다. 한국은 근대와 20세기를 망국으로 시작했다. 이때의 좌절과 상처를 어떻게 극복하려 했는지가 중요한데, 우리 것을 철저하게 부정하고 새 노선을 주입하면서 혁신하고자 하는 조류가 분명히 있었다. 그리고 뉴라이트 노선은 이 조류만이 우리에게 의미 있는 것이었다고 주장했다.

단순하게 요약한다면 한국 우익의 롤모델은 이런 식으로 구성됐다. 우리는 미국처럼 살기를 원하지만 그것을 실현할 프로세스는 미국과 다를 수밖에 없다는 것이다. 왜냐하면 우리는 미국과 다른 열등한 역사와 문화를 가졌으므로 그들보다 훨씬 더 노력해야 극복할 수 있기 때문이다. 따라서 '열등한 한국'을 '우월한 미국의 세상'으로 끌어올릴 프로세스는 '미국의 프로세스'와 다른 것이어야 하며, 그 대안으로 한국 우익은 일본을 선택했다. 뉴라이트의 언어를 빌리자면 동아시아에서 미국의 길 혹은 영미권 해양문명으로 가는 길을 밝혀낸 것은 일본이다. 그래서 우리는 일본의 프로세스를 따라야 미국을 향해 갈 수 있다고 믿었다.

그러나 이것으로 끝난 것이 아니었다. 지리적으로 가까운 일본의 역사와 문화, 그리고 사람들의 기질이 한국과 달랐다. 따라서 일본을 롤모델로 따라가기 위해서는 한국인의 기질을 제어하고 일본인처럼 끼워 맞추는 '채찍의 장인'이 필요했다.

뉴라이트에게 그 채찍의 장인은 마땅히 박정희였을 것이다. 앞서 살펴본 조 스터드웰이 《아시아의 힘》에서 묘사한 '기업인들을 윽박지르는 박정희'의 모습은 철저하게 일본의 경제성장 방식을 모방한 것이었다. 일본과 만주국의 경험을 통해 축적되고 검증된 방책들이 박정희 그룹에 의해 한국 사회에 활용됐다. 이것이 뉴라이트가 상당히 다른 인물이었던 이승만과 박정희를 동시에 숭앙할 수 있는 이유다. 그들에게 이승만은 한국이 지향할 사회가 소련과 중국이 아닌 영국과 미국이라는 빛의 세계임을 분명히 한 위대한 인물이다. 반면 박정희는 그 빛의 세계로 가기 위해 한국인을 일본인처럼 조련하는 채찍질이 필요하다는 것을 알고 실행했다는 점에서 위대한 인물이다. 박정희 스스로 자신을 반만년 한국사에서 돌출된 존재로 생각했고, 그가 '쓸모없다'고 생각한 전사前史 중에는 당연히 이승만이 건국한 대한민국사 초기도 포함된다는 사실은 되도록 숨겼다. 그들이 생각하기에 박정희는 싱가포르의 리콴유와 비슷한 인물로 동급의 위인이었다. 리콴유가 싱가포르에서 높이 평가받는 만큼 박정희가 한국에서 널리 숭앙되지 않는 것이 너무나도 부당하고 원통한 일이었다. 이러한 정서는 싱가포르나 리콴유를 다룬 〈조선일보〉 기사에 대한 독자의 댓글에서도 흔히 볼 수 있다.

'박정희가 리콴유보다 못한 게 뭐야?'라는 질문에 굳이 답한다면 '못한 게 없다'고 답하는 게 옳을 것이다. 박정희는 싫어하면서 리콴유는 긍정적으로 평가하는 누군가는 리콴유의 청렴함에 대해 말할지 모른다. 하지만 싱가포르는 민주화 세력이 정권을 잡은 후 과거 독재자들의 행적을 탈탈 털어본 적도 없는 나라다. 리콴유의 '청렴함 신화'는 박정희의 청렴함 신화처럼 훼손된 적이 없으니 애초에 같은 선상에서 비교할 수 없다.

사실 아시아의 두 독재자를 평가하는 데 청렴함이 가장 중요한 잣대인 것도 아니다. 싱가포르는 리콴유의 아들이 여전히 총리를 지내고 있을뿐더러, 몇 년 전 리콴유의 자녀들은 싱가포르의 공기업 하나가 누구 것이냐를 두고 다퉜다. 싱가포르에서 가장 큰 기업이라고 하니 한국으로 치면 박정희의 자녀들이 육영재단이 아니라 삼성전자나 현대자동차의 소유권을 두고 다툼을 벌이는 끔찍한 풍경에 해당한다. 그 앞에서 선친의 청렴함이란 게 무슨 가치가 있을까?

이쯤 되면 '박정희가 리콴유보다 못한 게 뭐야?'라는 질문을 되돌려 '한국이 싱가포르보다 못한 게 뭐야? 한국인이 싱가포르인보다 못한 게 뭐야?'라고 묻고 싶어진다. 옛날 기억이 강한 일부 기성세대들은 여전히 싱가포르를 한국보다 압도적으로 잘사는 나라로 기억한다. 작은 도시국가 싱가포르는 여전히 한국보다 국민소득이 더 높다. 그러나 한국 역시 '서울'이나 '울산' 같은 시 하나를 떼어서 비교한다면 싱가포르에 뒤지지 않는다. 무엇보다 이제 한국 사회의 시민들 중 싱가포르인의 삶을 부러워할 이들이 얼마나 될지 의문이다.

이렇게 보면 문제는 다시 그 자리로 돌아온다. 박정희의 자녀들이 삼성전자나 현대자동차를 좌지우지 못 하게 된 이유가 한국이 싱가포르보다 훨씬 큰 나라이기 때문일 수는 있다. 그런만큼 한국의 경제성장은 싱가포르보다 어려운 미션이었다. 마찬가지로 그런 나라의 경제성장은 '채찍의 장인' 한 명의 기량만으로 이뤄낼 수 있는 것이 아니었다. 오늘날 한국에서 싱가포르 같은 끔찍한 풍경이 벌어지지 않는 것은 박정희의 청렴함 때문이 아니라 한국 사회 시민들의 저항의식 때문이다. 그 평범한 시민들은 산업화의 공로자이자 민주화의 공로자이기도 하다.

산업화를 박정희라는 '채찍의 장인' 혼자 다 했다고 보는 것은 올바른 시각이 아니다. 마이클 브린은 박정희의 역할을 긍정적으로 평가했지만, 오직 박정희만이 무언가 일을 시작할 준비가 되어 있었다고 보지는 않았다. 그는 몇 개의 에피소드를 예로 들면서 "필사적인 사람들에게는 다른 우선순위가 있다"고 했으며, 박정희는 그 우선순위가 무엇인지 아는 지도자였다고 논평했다.[30]

그들만의
'망국 예감'

한국인은 일본인이 아니라는 것만은 확실했다. 그들은 다른 목표를 우선순위에 두지 않았을 뿐 결코 망각하거나 포기하지 않았다. 싱가포르인들이 리콴유의 통치에 만족하는 것과는 달리 한국인들은 만족하지 않았고, 결국 박정희와 전두환을 끌어내리고 민주화를 이룩했다. 그리고 뉴라이트는 1987년까지 부정하지는 않았을지라도, 30년이 넘는 세월 동안 누적된 민주화를 끝내 부정하게 됐다. 한국인들이 우선순위를 조정하면서 전진했던 그 길을, 그들은 다만 '채찍의 장인'이 인도했던 길로 보았기 때문이다. 그리하여 한국인이 일본인이 아니기 때문에 복원력을 발휘하여 본인들이 원하는 삶을 만들어가는 과정을 뉴라이트는 '퇴보'라고 보게 된 것이다. 그런 점에서 본다면 민주당을 지지하는 사람들이 대한민국을 북한이나 조선왕조로 되돌릴 거라고 굳게 믿는 역사수정주의 극우 유튜버들과 크게 다를 바 없다. 이영훈은 《반일 종족주의》의 에필로그인 〈반일 종족주의의 업보〉의 마지막 소제목을 '망국 예감'이라고 달았다. 그리고 109년 전 나라를 한 번 망쳐본 민족이 아직도 그 나라가 망한 원인을 알지 못하니 한 번 더 망하는 것은 어렵지도 않은 일일 거라고 적었다.[31]

　'부끄러운 역사'라는 이미지 날조에 혹하는 이들이 여전히 많은 현실은 현대 한국인들의 콤플렉스가 얼마나 뿌리 깊은지를 역으로 보여준다. 평범한 한국인들은 대부분 '국뽕'과 '국까'를 오가는 심성을 가지고 있다. 그러나 앞으로 이 '국뽕'과 '국까'의 진자운동은 완화될 가능성이 높다. 한국이 이미 객관적으로 선진국이란 사실을 한국 사회 시민들, 더 나아가 세계시민들이 인정할 때 그러한 콤플렉스는 약해질 수밖에 없다. 현대 한국인의 삶이 동시대 미국인, 유럽인, 일본인의 삶에 뒤지지 않을 정도로 만족스럽다면 열등감은 자연스레 완화된다. 우리가 근현대사를 배울 때 느꼈던 콤플렉스 역시 결국엔 상당히 완화될 것이다.

추월의 시대

저자 노트
김시우

사람들은 왜
유튜브를 볼까?

참 이상한 일이다. 사실 콘텐츠의 완성도만 놓고 봤을 때 유튜브에 비해 기존 방송국의 결과물들이 훨씬 우수하다는 것을 부정할 사람들은 많지 않을 것이다. 그런데도 지금은 모두가 TV 대신 유튜브를 시청하고 있다. 기본적인 촬영 기법이나 편집의 완성도도 그렇고 출연자들의 '훈련된 진행력'이나 유명세도 평균적인 유튜브 크리에이터들보다 훨씬 더 높은데도 말이다. 이런 현상이 가능한 것은 유튜브가 미디어 플랫폼인 동시에 SNS이기 때문이다. 즉, 사람들은 단순히 영상 콘텐츠를 보는 것뿐 아니라 누군가와 '관계 맺음'이라는 행위를 하기 위해 유튜브를 본다는 것이다.

네이버TV와 유튜브를 비교하면 이해하기 쉽다. 네이버TV에 게시된 콘텐츠들은 대부분 기존 방송국 프로그램을 3~8분 단위로 잘라낸 것들이다. 이것을 올린 것은 개인이 아니라 기성 방송국이라는 거대 법인이다. 그런데 개인인 내가 거대 법인에게 댓글로 응원의 메시지를 남기고 슈퍼챗을 쏘는 게(후원을 보내는 것) 의미가 있을까? 홍보팀과 재무팀의 누군가가 감사하다는 인사를 사무적으로 보내줄지는 모르겠지만, 구체적인 인격체가 나에게 반응을 보여준다는 실감은 느끼지 못할 것이다. 그래서 사람들은 네이버TV를 아주 가끔씩 들여다본다. 어제 놓친 TV 프로그램이나 지금 뜨고 있는 방송 프로그램의 핫클립을 보고 싶을 때만 말이다.

그에 반해 유튜브 세계에는 관계가 있다. 비록 나의 지인들과 직접 연결되는 SNS보다는 훨씬 더 일방향일지라도, 화면에 등장하는 크리에이터와 내가 일상의 시간들을 함께한다는 감각은 분명히 존재한다. 그래서 사람들은 일상 사이사이의 빈 시간을 유튜브 크리에이터와 함께하는 시청 습관을 들이게 된 것이다. 누구나 지금 혼자 있다는 감각은 느끼고 싶지 않으니까. 유튜브의 이러한 관계성은 몇몇 채널들이 명백한 '가짜 정보'를 통용시키면서도 운영할 수 있는 단단한 지지 기반의 역할을 한다. 채널이 어느 정도 성장한 이후부터 채널과 구독자를 이어주는 동력이 '정보'에서 '관계'로 이전되는 현상이 대부분의 채널에서 나타나기 때문이다. 독자들도 몇몇 유튜브 채널을 직접 관찰해보면 꽤나 재미있을 것이다.

어쨌든 이 단계로 나아가면 오히려 '관계'가 주가 되고 '정보'가 부가 되는 역전 현상까지 나타나기도 한다. 유튜브의 이러한 특성 덕분에 유독 유튜브에서 '혐한일뽕' 유의 채널들이 활발하게 성장할 수 있었다고 생각한다. 이러한 정보가 명백한 허위임을 헬마우스 같은 채널이 지적하더라도, 이미 그 채널의 구독자에게 중요한 것은 정보가 아니라 관계이기 때문에 채널에서 제시하는 정보를 바탕으로 판단을 내리지 않는다는 것이다.

물론 대부분의 사람들은 정보와 관계 사이에서 적당한 균형을 찾으며 유튜브를 건강하게 이용할 것이다. 나는 개인 채널을 5년 동안 운영하면서 실제로 유튜브를 통해 미약할지라도 세상에 어떤 변화를 만들어나갈 수 있음을 실감하는 순간들을 경험했다. 특히 내 채널을 보며 성장했다는 구독자가 대학에 입학해서 직접 만든 결과물을 보여주던 순간은 결코 잊지 못할 기억으로 남아 있다. 그래서 나는 유튜브에 대해 마냥 비관하지도 마냥 낙관하지도 않는다. 그저 어떤 특성을 가지고 만들어졌으며, 사

람들에게 어떤 영향을 미치고 있는지를 열심히 관찰하며 유튜브를 하는 사람으로서 내 역할이 무엇인지 고민할 뿐이다.

사람들은 왜 유튜브로, 하필이면 그렇게 이상한 것들을 보는 걸까? '정보'보다 '관계'에 초점을 맞춰서 생각해보면 조금 더 답에 가까워질 수 있을 것이다. 물론 그 이후에 무엇을 해나가야 할지는 계속 고민해봐야겠지만.

한국의 청년세대는
어떤 생각을 하는가?

산업화 세력의 리더들은 일본과 만주국의 성공 사례를 바탕으로 경제성장 전략을 실행했다. 그리고 후발주자의 처지를 극복하기 위해 한국인들의 열망에 불을 질러 생명 경시의 지경에까지 이르는 속도전을 추구했다. 그들에게 동조하여 위대한 성취를 이룬 한국 사회의 기성세대는 일본과 만주국에 대해 모르거나 관심이 없었을지라도 '페달을 멈추면 쓰러진다'는 삶의 태도를 공유했다. 민주화 세력의 리더들은 그러한 산업화 세력의 리더들을 일본 제국주의의 압제자와 같은 이들로 치부했고 본인들은 독립운동가와 같은 존재라고 상상했다. 그런 상상 속에서 '적'으로 상정한 이들이 본인들보다 압도적으로 강했음에도 거세게 투쟁할 수 있었다. 두 집단의 인식차는 너무나도 컸으며, 마치 각각 '욕망'과 '정의'를 독점한 것처럼 처신했다. 양쪽 다 적당히 추구하고 싶은 평범한 시민들의 욕구는 순진한 것으로 규탄했다. 민주화 세력의 리더들은 권력을 잡으면서 한국 산업화의 성과를 긍정하지 않을 수는 없었다. 하

추월의 시대

지만 그 공로를 독재자가 아닌 노동자·민중에게 돌렸고, 현대 한국 사회의 문제들은 독재자의 정책에서 기원한 것으로 취급했다. 산업화 세력의 리더들은 권력을 상실하면서 뉴라이트라는 사상운동을 통해 더욱 극단적인 견해를 가지게 됐다.

지난 30여 년간 한국 현대사의 양극화된 정치 지형 속에서 '중도파'란 이름의 운전자는 조종간을 붙들고 분투해왔다. 그 운전자의 입장에서 대한민국이라는 공동체의 진로를 결정할 '한국 정치'라는 조종간은 애초에 핸들의 형식으로 주어지지 않았다. 마치 자동변속기가 상하가 아닌 좌우로 형성된 것처럼 단 몇 개의 선택지밖에 없었다. 더구나 실제로 전진할 수 있는 키(집권 가능 세력)는 2개밖에 없는 조종간을 붙들고 지그재그로 전진했던 것이다.

제3지대 정당의 30년, 진보정당 운동의 20년

중도파는 지난 세월 동안 선택지를 늘리기 위한 노력을 하기도 했다. 산업화 세력의 정당과 민주화 세력의 정당의 중간 즈음에 있는 제3지대의 정당을 키워보려고 노력하기도 했고, 아예 그 둘의 왼편에서 분투한 진보정당에게 표를 보낸 적도 있다. 그러나 이들은 끝내 양대 세력의 정당을 위협할 만큼 성장하지 못했다.

민주노동당(2000~2008, 국민승리21이라는 전신과 진보신당 분당 이후까지 포괄한다면 1997~2012), 통합진보당(2012~2014), 정의당(2012~)으로 요약할 수 있는 진보정당은 한국의 정당 정치가 매우 협소한 이념 위에 놓여 있다고 보고 유럽식 좌파정당을 한국 사회에 착근시키는 것을 목표로 삼았다. 민주노동당의 영향을 받은 이들은 한국 사회의 주류 정당들을 흔히 '보수 양당'으로 표현했다. 두 정당 모두 보수정당이며, 그 대립항에 본인들이 서겠다는 의지의 표명이었다. 물론 이러한 의지 역시 지금까지 실현되지는 못했다.

그러나 진보정당이 두 정당에 던진 항의의 질문, '사실 당신들은 별 차이가 없다'는 주장만큼은 고려해봐야 한다. 두 정당과 그 지지층이 서로를 너무나 싫어하기 때문에, 많은 이들이 그 주장을 불쾌하게 여긴다. 그러나 정책적인 면모에서 본다면 확실히 그러하다. 가령 중위 투표자 정리(median voter theorem)라는 이론이 있다. 이는 다수결 방식에서 중위 투표자들이 원하는 쪽으로 결정한다는 착상이다. 이 이론에 따르면 특히 양당제 체제에서 거대 양당의 정책은 중도파 유권자들을 향해 수렴되기 마련이다. 한국의 주류 양당 간의 정책적 차이도 세계관과 태도의 차이만큼이나 크다고 보기는 어렵다.

김대중과 노무현을 무리하게
좌파로 몰아가려고 할 때
생기는 일

하지만 산업화 세력은 과거에는 정권을 상실하지 않기 위해, 김대중 정부와 노무현 정부 시기에는 정권을 빼앗기 위해 상대방을 격렬하게 '좌파'로 몰아붙여야 했다. 말이 '좌파'이지 내심 '빨갱이'라고 폄하하는 것이며, 포

추월의 시대

털사이트 댓글란에는 '종북좌파'나 '빨갱이'와 같은 단어들이 수시로 등장한다. 문제는 김대중 정부와 노무현 정부의 노선 전체를 '좌파'로 몰면서 좌파의 범위가 너무나도 넓게 확장됐다는 것이다. 그들은 민주화 세력이 과거 산업화의 성과를 폄하한다고 비난했지만, 그들 역시 민주정부의 '보수적' 경제 성과를 인정하지 못하고 있다. 김대중 정부의 IT 인프라 확충과 대중문화 지원 정책, 노무현 정부의 동시다발적 FTA 체결과 공세적인 국방력 확충은 어떤 기준에서 봐도 '좌파'와는 거리가 멀다. 특히 한미 FTA는 전체 진보 그룹이 나라가 두 동강 날 정도로 결사 반대했다. 그럼에도 노무현 정부의 동시다발적 FTA 체결로 인해 무역량이 늘고 성장률에 어느 정도 영향을 미쳤음은 부인할 수 없다.

  김대중 정부와 노무현 정부 시절의 성장률이 과거보다 낮았다고 비판하지만, 한국이 고도성장하는 개발도상국에서 선진국으로 바뀌면서 성장률이 낮아지는 것은 자연스러운 현상이다. 이명박 정부와 박근혜 정부의 성장률은 이전보다 부진할 수밖에 없었고, 이러한 추세는 지금까지 이어진다. 저성장 기조에서 성장률을 아주 일부라도 유지하거나 끌어올린 것이 FTA라면, 그리고 진보 좌파들에게 그토록 비난받았다면 보수 우파 관점에서 인정할 만도 한데 그러한 논의는 거의 없다. 언급을 피할 수 없을 때 마지못해 한마디 할 뿐 결코 스스로 논의의 주제로 올리지 않는다. 산업화 세력에게 노무현 전 대통령이 긍정적으로 평가되는 순간은 그와 비교하여 문재인 대통령을 비난할 때뿐이다. 이렇게 국민의힘은 '우파'이고 더불어민주당은 '좌파'라고 몰아가면서 세상사 거의 모든 것이 '좌파'가 되는 기현상이 발생하게 된다.

양당이 정책적으로는 그렇게 거리가 멀지 않다면 한국의 민주주의가 딱히 갈지자 행보를 하지 않은 게 아니냐고 반문할 수 있다. 그러나 반대로 생각해보면 정책적 차이가 크지 않은데도 서로의 정체성을 부정하려고 하니 갈등이 생긴다. 정치적 갈등은 막대한 데 비해 딱히 생산적이지는 않다. '좌파 정책'과 '우파 정책'을 두고 토론하는 것이 아니고 남이 하면 '좌파 정책'이나 '기득권 정책'이라고 딱지를 붙이고 부인하기 때문에 정책의 연속성에도 문제가 생긴다.

우리는 지금까지 한국 사회의 중도파란 집단은 산업화 세력과 민주화 세력이 서로를 부정하는 첨예한 갈등 기조에서 비껴나 있다고 추정하면서 논의를 전개했다. '유동하는 중도파'가 생기는 현상은 한국 유권자들이 유별나서가 아니라 한국의 정치 세력이 유권자들의 수요를 제대로 대변하지 않기 때문이라고 추정했다. 과거의 사례와 흐름을 분석하면서 기성세대 중도파도 산업화 세력이나 민주화 세력 중 어느 한쪽의 서사에 온전히 감정이입을 한 것이 아니라 본인들이 원하는 것을 얻기 위해 유동하는 경향을 보였다고 판단했다.

청년세대의
정치적 좌표는?

그렇다면 청년세대들은 어떨까? 그들은 산업화 세력과 민주화 세력 중 하나의 서사에 온전히 감정이입을 하기가 더 힘들다. 따라서 청년세대는 중도파의 유동 현상을 더 뚜렷하게 보이거나, 더 나아가 한국의 정치 지형이나 담론이 본인들을 비껴나 있다고 느낄 수도 있다.

앞서 소개한 새로운소통연구소에서 실시한 설문조사 보고서[32]는 이 경향을 검증하기 위한 문항도 몇 개 넣었다. 각 문항은 '경제정책 선호 방향', '대북정책 선호 방향', '외교정책 선호 방향', '필수 해결 사회 이슈', '한국 사회 최중요 갈등'에 관한 것으로 구성했다.

앞서 설명했듯이 20, 30, 40대를 대상으로 한 일반 온라인 조사와 헬마우스 구독자 간에 정치 성향의 차이가 있다. 흔히 정치적 보수성을 측정하기 위한 2가지 심리적 요인을 측정한 결과와 본인들이 스스로 평가한 정치 성향을 봐도 헬마우스 구독자들이 더 진보적이었다. 이 사실을 감안하고 설문조사 보고서의 문항 구성 방식과 결과 일부를 살펴보자.

일반 온라인 조사와 헬마우스 구독자 간의 3가지 성향 차이 비교

	일반 20, 30, 40대 남녀	헬마우스 구독자
우파 권위주의 성향(RWA)	3.35	2.35
사회지배 성향(SDO)	3.54	2.21
자기평가 정치 성향	2.80	2.48

• 숫자가 클수록 보수적

'경제정책 선호 방향'은 흔히 '보수는 성장, 진보는 분배'라는 식의 단순 이분법으로 재단되곤 한다. 가령 문재인 정부의 소득주도성장에 대해 보수 우파 진영은 '성장 정책이 아니라 분배

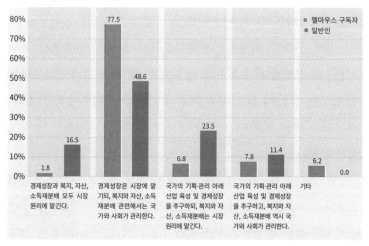

경제정책 선호 방향   (단위: %)

- 헬마우스 구독자
- 일반인

항목	헬마우스 구독자	일반인
경제성장과 복지, 자산, 소득재분배 모두 시장 원리에 맡긴다.	1.8	16.5
경제성장은 시장에 맡기되, 복지와 자산, 소득재분배 관련해서는 국가와 사회가 관리한다.	77.5	48.6
국가의 기획·관리 아래 산업 육성 및 경제성장을 추구하되, 복지와 자산, 소득재분배는 시장 원리에 맡긴다.	6.8	23.5
국가의 기획·관리 아래 산업 육성 및 경제성장을 추구하고, 복지와 자산, 소득재분배 역시 국가와 사회가 관리한다.	7.8	11.4
기타	6.2	0.0

정책인데 성장 정책인 척한다'고 비판한다. 그러나 새로운소통
연구소는 해당 이분법이 경제정책에 대한 시민들의 관점을 제대
로 대변하지 못한다고 보았다. 대부분의 사람들이 막연하게라도
성장 정책과 분배 정책에 대한 관점을 동시에 가지고 있다고 본
것이다.

그래서 새로운소통연구소는 성장 정책에 대해 '발전국가냐,
시장경제냐'로 구분하고, 분배 정책에 대해 '자유방임이냐, 재분
배 복지 정책이냐'로 구분하여 양자를 조합한 선다형 문항을 만
들었다. 한국의 경제가 성장한 방식과 그 역사적 경로를 생각할
때, 그리고 한국 사회의 여론 지형을 생각할 때, 사회민주주의 체
제에 대한 지지 여부를 묻는 것보다 발전국가에 대해 찬성하는
지 묻는 것이 더 낫다고 보았다. 그렇게 해서 다음과 같은 문항이
구성됐다.

124   추월의 시대

1. 경제성장과 복지, 자산, 소득재분배 모두 시장원리에 맡긴다.

2. 경제성장은 시장에 맡기되, 복지와 자산, 소득재분배 관련해서는 국가와 사회가 관리한다.

3. 국가의 기획·관리 아래 산업 육성 및 경제성장을 추구하되 복지와 자산, 소득재분배는 시장원리에 맡긴다.

4. 국가의 기획·관리 아래 산입 육성 및 경제성장을 추구하고, 복지와 자산, 소득재분배 역시 국가와 사회가 관리한다.

5. 기타.

1. 자유지상주의, 2. 시장경제+복지국가, 3. 발전국가+자유방임, 4. 발전국가+복지국가의 쌍을 만든 것이다.

청년세대는
시장경제와 복지국가를
동시에 지지했다

많은 이들의 예상대로 '2. 시장경제+복지국가' 응답이 대다수였다. 일반 온라인 여론조사에서도 절반 가까이 해당 응답에 집중됐으며, 헬마우스 구독자들은 4분의 3을 넘어섰다. 일반 응답자들은 '3. 발전국가+자유방임'과 '1. 자유지상주의'에도 일정 부분 지지를 보냈지만, 헬마우스 구독자들은 그다지 지지하지 않은 대안이었다. 이것은 사회·경제정책에 관해 헬마우스 구독자들의 진보성을 보여주는 것이었다. 일반 응답자들은 청년세대라고 하더라도 한국 사회의 경제성장 방식의 영향을 받지 않을 수 없다는 것을 보여주는 것이기도 했다.

즉, 일반 응답자들은 발전국가에 대한 지지가 2개 응답을 합산해서 3분의 1을 넘을 정도로 많았다. 진보주의자들 관점에서는 납득하기 어려운 조합인 '발전국가+자유방임'에 해당하는 "국가의 기획·관리 아래 산업 육성 및 경제성장을 추구하되, 복지와 자산, 소득재분배는 시장원리에 맡긴다"는 응답도 4명 중 1명꼴이었다. 그러나 해당 결과를 참조하면 '성장은 시장, 분배는 국가'라는 경제정책 기조가 장기적으로 다수파가 되는 데 효과적일 거라고 추정할 수 있다.

'대북정책 선호 방향'에서는 북한 문제에 대해 교류협력책과 강경책 중에 어느 쪽을 더 선호하는지, 혹은 상호주의 내지 실용주의 접근을 선호하는지, 그리고 통일을 바라는지, 아니면 북한 문제는 '그냥 잊고 싶어 하는지' 여부를 조합하여 선다형 문항을 구성했다.

1. 북한과 교류 협력, 장기적으로 통일 추구.
2. 북한과 교류 협력하되, 통일은 바라지 않는다.
3. 북한 문제에 신경 쓰기 싫다.
4. 상황에 따라 교류협력책도, 강경책도 사용할 수 있다.
5. 북한은 위험한 적이므로 대북강경책을 취해야 한다.
6. 기타.

헬마우스 구독자들은 1번이 과반수였고, 일반 응답자들은 4번의 상호주의 내지는 실용주의적 접근이 3분의 1을 조금 넘었다. 다만 일반 응답자들도 1번의 대안을 근소한 차이로 두 번째

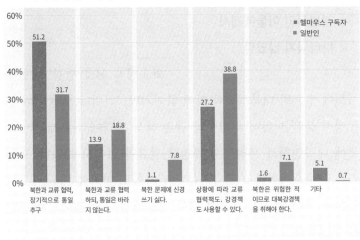

대북정책 선호 방향 (단위: %)

- 헬마우스 구독자
- 일반인

북한과 교류 협력, 장기적으로 통일 추구: 51.2 / 31.7
북한과 교류 협력 하되, 통일은 바라지 않는다.: 13.9 / 18.8
북한 문제에 신경 쓰기 싫다.: 1.1 / 7.8
상황에 따라 교류 협력책도. 강경책도 사용할 수 있다.: 27.2 / 38.8
북한은 위험한 적이므로 대북강경책을 취해야 한다.: 1.6 / 7.1
기타: 5.1 / 0.7

순위로 선택했다. 헬마우스 구독자들은 기존의 감성적 민족주의에 근거한 진보 담론에 상대적으로 쉽게 동조했으나, 대부분 동년배인 일반 응답자들의 호응은 거기에 집중되지 않았다. 따라서 '경제정책 선호 방향' 문항에서처럼 헬마우스 구독자들의 다수파 응답 기조를 따라가야 청년세대의 호응을 이끌어낼 수 있다고 제언하기 어렵다. 오히려 문재인 정부가 본인들의 정책적 신념만을 무리하게 고집하지 않고 조금 유연한 모습을 보여야 더 호응을 받을 수 있을 거라고 판단되었다.

친중 성향은 오히려
진보적인 이들에게서
나타나지 않았다

　　'외교정책 선호 방향'은 한국 사회에서 흔히 대북정책과 함께 묶이지만, '친미냐, 친중이냐'는 논쟁적 물음은 특히 정치권과 담론 해석 영역에서 존재하기 때문에 대북정책과 분리해서 측정할 필요가 있다고 보았다. 또한 스스로 보수적이라고 생각하는 유권자들도 미국에 대한 태도와 일본에 대한 태도의 감성적 결이 미묘하게 다를 것이므로 문항을 구별했다.

　1. 굳건한 한미일 동맹.

　2. 일본과는 거리를 둔 굳건한 한미 동맹.

　3. 한미 동맹이지만 대북 관계에서는 자주성 추구.

　4. 미중 사이에서 운신의 폭을 넓혀가며 북한과 교류 협력.

　5. 한국은 장기적으로 중국 중심 세계 체제에 편입되어야 한다.

　6. 기타.

　　응답 결과 아주 놀랍게도 한국의 보수 우파들이 상대편에 대해 얼마나 잘 모르는지, 얼마나 먼 거리에 허수아비를 세우고 타격하고 있는지 드러났다. 한국의 보수 우파들은 민주당과 지지자들이 친중 성향에 가까울 거라고 철석같이 믿고 있다. 하지만 응답 결과를 보면 한국 사회 청년세대의 친중 성향은 거의 관측되지 않았다. 더 놀라운 것은 다른 항목에서는 기존의 진보 담론의 입장에 훨씬 수용적이었던 헬마우스 구독자들이 5번의 친중적인 응답을 택한 비율은 0.1퍼센트로 사실상 제로였다는 점이다. 일반 응답자들의 3.4퍼센트보다 오히려 적었다. 기존 진보 담론의 입장을 강하게 수용하는 이들이 오히려 친중 성향과 거리가 멀다는 것을 명확하게 보여준다.

물론 한국의 보수 우파들이 말하는 친중 성향은 '4. 미중 사이에서 운신의 폭을 넓혀가며 북한과 교류 협력'이라는 선택지까지 포함하는 것이다. 4번을 선택한 헬마우스 구독자는 46.6퍼센트로 일반 응답자의 26.5퍼센트보다 20퍼센트포인트가량 높았다. 하지만 보수 우파들은 이 정책 뒤에 "한국은 장기적으로 중국 중심 세계 체제에 편입되어야"라는 친중 공산주의 성향이 깃들어 있다고 굳게 믿고 있다. 하지만 해당 조사 결과를 볼 때 2개의 응답은 정서적으로 같은 토양에 있지 않다고 여겨진다.

보수 우파의 일관된 입장인 '1. 굳건한 한미일 동맹'은 헬마우스 구독자는 물론 일반 응답자들에게도 큰 호응을 얻지 못했다. 이것은 뉴라이트나 《반일 종족주의》 관련 담론, 혹은 앞의 입장들을 대폭 수용한 보수 우파 유튜버들의 활동으로 인한 '사상 재무장'의 어두운 미래를 보여준다. 이를 국민의힘 계열 정당이 수용한다면 청년세대에게서 멀어지고 소수파가 되는 지름길이라는 점을 추정할 수 있다. 국민의힘 계열 정당은 짧게 보면 문재인 정부 출범 이후 지난 몇 년을, 더 길게 보면 이명박 정부 출범 이후 뉴라이트 운동이 강성해진 지난 십수 년 동안 지지 기반을 오히려 허약하게 만드는 '잘못된 길'을 걸어왔다고 평가할 수 있다.

'필수 해결 사회 이슈'는 흔히 언론에서 언급되는 것들을 병

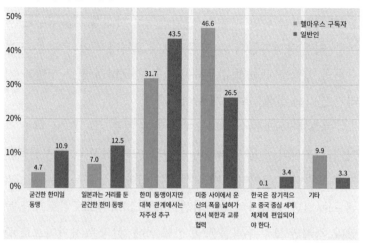

외교정책 선호 방향

(단위: %)

- 헬마우스 구독자
- 일반인

선택 항목	헬마우스 구독자	일반인
굳건한 한미일 동맹	4.7	10.9
일본과는 거리를 둔 굳건한 한미 동맹	7.0	12.5
한미 동맹이지만 대북 관계에서는 자주성 추구	31.7	43.5
미중 사이에서 운신의 폭을 넓혀가면서 북한과 교류 협력	46.6	26.5
한국은 장기적으로 중국 중심 세계 체제에 편입되어야 한다.	0.1	3.4
기타	9.9	3.3

렬적으로 제시하는 선다형 문항으로 구성했다. 헬마우스 구독자들과 일반 응답자들 모두 다수가 '사회 양극화 해소'를 선택했다(헬마우스 구독자 39.0퍼센트, 일반인 25.6퍼센트). 일반 응답자들은 '부동산 문제'를 다음으로 꼽았는데, 헬마우스 구독자들은 많이 선택하지 않았다(일반인 21.8퍼센트, 헬마우스 구독자 9.9퍼센트). 하지만 큰 틀에서 보면 부동산도 사회경제적 문제이고, 부동산 문제를 택한 이들은 사적인 수준에서 사회 양극화 문제를 조망한 것이라고 해석할 수 있다. 두 응답에서 헬마우스 구독자들과 일반 응답자들이 10퍼센트포인트가량 차이를 보이는 것은 견해 차이라기보다 사회문제를 공적으로 보는지, 아니면 개인적 문제로 받아들이는지의 차이다. '저출산, 고령화 문제'는 헬마우스 구독자들은 두 번째로, 일반 응답자들은 세 번째로 많이 선택했지만 비율은 엇비슷했다(헬마우스 구독자 17퍼센트, 일반인

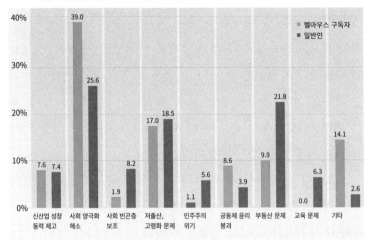

가장 시급히 해결해야 하는 사회문제 (단위: %)

- 헬마우스 구독자
- 일반인

항목	헬마우스 구독자	일반인
신산업 성장 동력 제고	7.6	7.4
사회 양극화 해소	39.0	25.6
사회 빈곤층 보조	1.9	8.2
저출산, 고령화 문제	17.0	18.5
민주주의 위기	1.1	5.6
공동체 윤리 붕괴	8.6	3.9
부동산 문제	9.9	21.8
교육 문제	0.0	6.3
기타	14.1	2.6

18.5퍼센트). 헬마우스 구독자들은 상대적으로 '공동체 윤리 붕괴'를, 일반 응답자들은 '민주주의 위기'를 더 문제시했다. 유튜브 채널에서 보내는 시간이 일반인보다 많은 헬마우스 구독자들의 답변은 유튜브 채널에서 일상적으로 보여지는 정치적 양극화가 영향을 미쳤을 가능성을 시사하다.

청년세대는
중도파에 가까웠다

응답 결과를 분석해보면 한국의 청년세대는 다수파가 친미, 친시장경제, 복지정책을 지향한다는 것을 알 수 있다. 이것은 기존의 보수 담론과 진보 담론의 전형성이나 갈등 구조와는 사뭇 다른 것이다. 오히려 앞선 논의에서 '중도파'라고 부른 집단의 경향성과 중첩되는 모습이다.

지금까지 양당은 소위 '중도파'를 잡기 위해 '겸손함'이나 '오만하지 않음'을 내세워야 했다. 과거 강준만 교수는 《싸가지 없는 진보》(2014)를 통해 정권 교체를 위해서는 '싸가지' 경쟁을 펼쳐야 한다고 제언한 바 있다. 지금은 보수 우파가 편협한 유튜브 채널을 통해 '싸가지 없는 보수'가 됐다고 평가할 수 있다. 총선 패배 이후 김무성 전 의원의 보수 유튜버에 대한 일갈 역시 '싸가지 재무장'을 주문한 것이다.

그러나 위의 해석을 따른다면 한국의 중도파들이 특별히 '싸가지'를 중시하는 것은 아닐 수 있다. 오히려 문제의 핵심은 양당이 유권자들의 정치 성향을 대변하지 못한다는 것이다. 그렇기에 상당수 유권자들은 더불어민주당이든 국민의힘이든 양당의 정치 지향에 온전히 동의할 수 없는 것인지도 모른다. 2개의 정치 세력 중 누가 자당의 정치 지향이라는 '고집'을 꺾고 국민들의 관점에 귀 기울일지를 평가하다 보니 '싸가지' 문제가 중시되는 것처럼 보일 수도 있다. 어떠한 정치 세력이 한국 사회의 차세대 유권자들이 원하는 방향을 명료하게 대의한다면, 자신들의 입장을 소신 있게 피력한다 해도 지지율이 하락하지는 않을 것이다.

'중도파'는 지금까지는 두 정치 세력을 조종간에 올려놓고 한국 사회를 훌륭하게 운전해왔다. 그러나 이제 자동차는 예전보다 훨씬 심하게 덜컹거리고 있다. 두 정치 세력은 덜컹거림마저 전적으로 상대 탓이라며 공방을 펼치곤 한다.

물론 두 정치 세력의 잘못이 동등한 것은 아니다. 2016년 최순실 게이트의 충격파와 이후 국민의힘 계열 정당의 행보를 보고 한국 유권자들이 느낀 것은 '저들이 과연 민주주의 지지 세력인가?'라는 의구심이었다. 반대파들이 조롱조로 '이명박근혜 시절'이라고 통칭하는 '보수 정부' 10년에 대한 의구심의 핵심이 바로 이것이었다.

중도파는 산업화 세력이 직선제 선거로 정치권력을 교체할 권리를 시민에게 부여했던 1987년의 합의를 교묘하게 왜곡한다는 혐의를 느낀다. 현재 한국의 민주주의는 '1987'의 투쟁과 합의를 통해 형성됐다. 모든 것을 잃을 바에야 타협이 낫다는 신군부 집권세력의 판단이 시민적 요구와 만나 형성된 합의였다. 그 틀 위에서 '1997'의 정권 교체가 가능했다. 따라서 '1997' 이후 10년을 통으로 부정한다면 '1987'의 합의도 부정되는 셈이다. 중도파는 산업화 세력이 수단과 방법을 가리지 않고 선거 자체에 저항한다는 의심을 가진다. 돌이켜보면 지방자치의 확대 과정을 비롯해 민주화 세력은 계속 선출직을 늘리자고 했고, 산업화 세력은 이에 저항했다. 산업화 세력은 투표권 연령을 하향하여 유권자 집단을 확대하는 데도 저항했다.

중도파의
의심과 요구

중도파의 입장에서 '1987'의 합의는 본인들이 참여해서 성사시킨 것이다. 따라서 산업화 세력의 정당이 이 합의를 부정한다는 것은 민주화 세력을 '좌파'라고 공박하는 것과는 차원이 전혀 다른 '선을 넘는 행위'다. 문재인 정부의 경제정책에 상당히 비판적인 이들, 최저임금의 급속한 인상과 부동산 정책에 반대하는 이들의 상당수가 국민의힘을 지지하기를 주저하는 이유다. 바른미래당이니 새로운보수당이니 하는 여러 시도가 씨알이 잘 먹히지 않았던 이유도 이런 문맥에서 이해된다. 국민의힘 계열 정당이 '민주주의 불복 세력'과 결별하지 못했다고 본다면, 그 정당과 통합 논의가 오가는 정당도 신뢰할 수 없다. '보수 혁신'을 말하는 당에게 표를 던졌는데 그 정당이 국민의힘과 통합한다면 본인이 던진 표가 '민주주의 불복 세력'을 키우는 결과로 돌아올 수 있기 때문이다. 그러니 중도파 유권자가 보기에는 '민주주의자임이 확실한 시장경제 보수 세력'이 하나도 없는 셈이다.

결국 국민의힘이 미래에라도 중도파의 지지를 다시 이끌어내고 싶다면 민주주의를 지지하는 정당임을 강조하고 과거의 패배에 승복하는 모습을 보여야 한다. 그렇게 하지 않는다면 2016년 최순실 게이트의 충격파와 이후 몇 년간 국민의힘 계열 정당의 행보가 유권자들에게 별로 중요하지 않게 여겨질 정도로 시간이 누적되거나 더불어민주당의 거대한 실책이 있을 때까지 중도파의 지지를 이끌어내기 어려울 것이다.

그와 별개로 더불어민주당 역시 중도파 유권자들의 소박한 요구를 충분히 수용하지 못했다. 지금까지 살펴본 논의를 따른다면 대한민국이라는 자동차가 더 심하게 덜컹거리지 않으려면 유권자가 아니라 정치 세력의 변혁이 필요하다. 청년세대는 자신들의 삶에 온전히 담긴 대한민국 선배 세대, 산업화 세대와 민주화 세대의 성과를 모두 긍정할 수밖에 없다. 이제는 어떤 정치 세력이든 그 토대를 인정하고 시작해야 한다. 물론 수십 년에 걸쳐 형성된 세계관이 하루아침에 바뀔 수는 없다. 어쩌면 1980년 대생이 한국 사회에서 가장 높은 연령 세대가 되었을 때에야 2개의 거대한 추격전의 유산, 산업화 세대와 민주화 세대의 서사가 퇴장할는지도 모른다.

그러나 대한민국은 이제 '추격의 시대'를 종결하고 '추월의 시대'로 나아갈 것이다. 이 사실을 인지하고, 그에 발맞춰 노력하는 정치 세력이 기회를 잡게 될 것이다. 그런 정치 세력이 나타나야 한국 사회가 추격이 완료된 이후 어디로 향할지를 결정하고 다음 단계를 밟을 수 있다.

보론: 저출산 문제는 어떻게 볼 것인가?

'한국 사회의 성취'를 객관적으로 파악해보고자 하는 우리의 작업 앞에 심정적으로 가장 타당한 반박으로 제시할 수 있는 것이 아마도 저출산 현상일 것이다. 저출산 현상은 청년세대의 나약함 탓으로 규탄할 게 아니라면 한국 사회의 명확한 실패의 증거로 여겨진다. 이 문제는 어떻게 바라봐야 할까?

　망국적인 현상이라는 저출산에 공포스러워하기 전에 한 가지 따져봐야 할 일이 있다. 한국 사회는 '핵폭발보다 인구폭발이 더 무섭다'고 가족계획 캠페인을 벌이던 시기로부터 얼마 지나지 않았다는 것이다.

가족계획의
역사

　　　　　1960년대 가족계획은 '3, 3, 35 운동', 즉 '3명을, 3살 터울로, 35세 이전에 낳자'는 것이었다. 1970년대에 이르면 둘 낳기 운동으로 변한다. 운동의 적은 남아선호사상. 그리하여 저 유명한 '딸, 아들 구별 말고 둘만 낳아 잘 기르자'는 표어가 탄생했다. 당시 사회 분위기에서는 매우 과격한 운동이었고, 민간단체였다면 감히 시행할 수 없었다. '두 자녀 가족회'가 설립되었고 어머니회는 콘돔을 무료 배포한 후 효과를 가늠했다.

가족계획의 전성기는 1980년대였다. 1983년 인구수가 4천만 명을 돌파하자 한국 정부는 비상사태가 발생한 듯이 굴었다. 범국민 결의 대회와 가두서명 운동을 전개하며 한 자녀를 외쳤다. '잘 키운 딸 하나, 열 아들 안 부럽다', '둘도 많다', '무서운 핵폭발, 더 무서운 인구폭발', '하나씩만 낳아도 삼천리는 초만원' 등의 표어로 사람들을 겁주었다. 1984년부터 1986년까지 전국 16개 도시에 '인구시계탑'이라는 이색 건축물을 건립하여 인구 증가 현황을 실시간으로 보여주기도 했다.

마침내 1988년 인구증가율 1퍼센트라는 목표가 달성되었는데, 이는 당초 계획보다 8년이나 빠른 것이었다. 훗날 데이터를 들여다본 사회학자들은 이후의 저출산 추세를 고려할 때, 한국 정부는 1980년대에 적어도 수도권이 아닌 지방에서는 가족계획 캠페인을 멈췄어야 했다고 지적했다. 여성 1명이 평생 동안 낳을 것으로 예상되는 평균 출생아 수, 합계출산율이 이미 1984년에 2 이하로 떨어졌는데도 인구 증가 현황만 살피면서 1990년대까지 가족계획 캠페인을 지속했던 것이다. 1990년대에 들어 인구 증가가 억제되자 남아선호사상으로 인한 출생 성비 불균형 해소가 새로운 정책 과제로 대두되었다. 한국성문화연구소가 설립되어 운동을 지원했는데, '아들 바람 부모 세대, 짝꿍 없는 우리 세대'처럼 간지러운 표어가 등장하기도 했다.

21세기 들어 가족계획이 급반전했다는 사실은 모두 아는 바

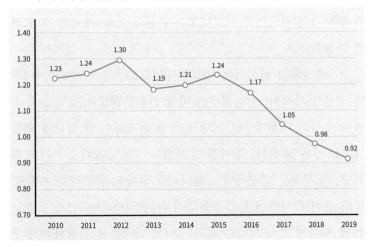

우리나라 합계출산율 (단위: 명)

- 합계출산율: 한 여성이 가임기(15~49세) 동안 낳을 것으로 기대하는 평균 출생아 수.
- 우리나라 가임 여성 1명당 출생아 수는 평균 0.918명(2019년 통계청 인구동향조사 기준)이다.

이다. 저출산과 노령화 방지가 새로운 목표가 됐다. '결혼과 자녀 출산은 인류에게 주어진 최고의 선물'이란 표어는 그간의 가족계획 40년사를 깔끔하게 부인하고 있다. '자녀에게 물려줄 최고의 유산은 형제입니다'라고 말했지만 한 명도 낳지 않는 사람들이 늘어나고 있다. 한국의 합계출산율은 1 이하로 떨어지게 된 것이다. 추세를 봤을 때 지금이 저점인지조차 분명하지 않다. 더 떨어질 수도 있다는 것이다.

저출산의
경제적 요인에 대한
복합적 분석

저출산 현상에는 여러 가지 이유가 복합적으로 작용할 것이다. 여성들이 사회생활을 통해 자아실현을 할 수 있는 세상이 도래했으므로, 가부장적인 가정 내에서 본인의 위치를 공고히 하기 위해 (남아) 출산을 위해 노력해야 할 유인이 거의 없다. 반면 사회생활의 관점에서 봤을 때 출산·육아는 여성에게 심각한 기회비용의 손실을 초래하며, 아직까지는 파트너 남성이나 사회가 이 손실을 충분히 메워주지 못하고 있다. 담론 영역에서는 '페미니즘이 부족해서' 저출산 현상이 나타난다고 말하는 반면, 이러한 결론에 불만을 가진 사담의 영역에서는 '여성이 너무 살 만해져서'라고 말한다. 양쪽 다 현상의 일면을 대변하는 것이기는 하다. 다만 이제 와서 여성의 사회 진출을 제한해서 다시금 출산·육아만을 자아실현의 길로 남겨두는 것은 올바른 방향이 아닐 따름이다. 저출산에 대한 각종 설문조사 통계 자료를 보면 기성세대일수록, 그리고 남성일수록 저출산을 단순히 '돈 문제'로 바라보는 반면, 30대 여성들은 '경력 단절'의 문제라고 명확하게 인식한다. 정책 당국자들은 아이를 낳아야 하는 당사자들의 눈높이에서 이 문제를 바라봐야 한다.

이처럼 출산·육아는 젠더 갈등으로 접근할 문제가 아니다. 하지만 젠더 갈등으로 빠지지 않기 위해서라도 제로섬 게임으로 이해되는 현실을 타파해야 한다. 갈등 구조를 우회해야 하기 때문에 단지 '현금 살포', '지원 확대'만으로는 해결될 수 없는 문제다. 무엇이 불만이고 어디가 힘든지 결을 따져보고 지원을 하더라도 해야 한다. 한국의 정치 세력도 방향은 잡고 있다고 볼 수 있다. 2010년 지방선거 이후 무상급식이 정치적 이슈로 확산되고, 10여 년간 대학 구조조정 논쟁, 고교 무상교육 기조로의 전환, 육아휴직 확대와 같은 조류가 형성된 것은 한국 사회가 저출산이라는 문제에 대처해온 방식을 보여준다.

물론 보완해야 할 부분들은 있다. 육아휴직 확산, 특히 남성 육아휴직 확대는 좋은 일이지만 노동시장의 구조가 개편되어 한 번 퇴사해도 커리어와 임금에서 큰 손실이 발생하지 않는다면 더 근본적인 대처가 될 수 있다. 미국은 육아휴직이 없다시피 한데 여성들의 '경력 단절' 현상이 한국보다 훨씬 덜하다. 고용의 유연성이 극도로 높은 미국은 해고도 쉽게 하지만 채용도 쉽게 하기 때문이다. 모두가 육아휴직을 쓸 수 있다면 문제가 없겠지만 일부 좋은 일자리에서만 쓸 수 있다면 육아휴직이 미치는 정책 효과는 제한될 수밖에 없다. 당대를 살아가는 입장에서는 변화의 속도보다 느린 대처의 속도가 갑갑할 수 있지만, 큰 틀에서 볼 때 사회공동체가 당면한 문제를 인식하고 정치적 해법을 찾아가는 과정에 있다는 것은 그나마 긍정적인 부분이라고 볼 수 있다.

저출산 문제의
경제적 요인에 대처하기

문재인 정부는 2017년 새롭게 구성된 저출산·고령사회위원회에서 기존의 저출산 대책을 비판했다. 출산율과 출생아 수의 목표치를 제시하지 않겠다고 했으며, 문제는 저출산이 아니라 국민의 삶의 질이라는 패러다임 전환이 필요하다고 했다. 하지만 이후 새 정부가 내민 정책들은 대부분 기존 정책에 대한 '확대'책이었다.[33]

2016년에 발표된 전경련의 조사에 따르면 정부의 저출산 정책에 대한 만족도(대체로 민족 + 매우 만족)는 5.4퍼센트였다. 예산 투입 일변도의 정책이 사람들에게 만족감을 주지 못했던 것이다. 아이를 하나 낳고 학교를 보내고 취업까지 하는 데 약 25년에서 30년이 소요된다. 평균수명을 대입한다면 삶의 3분의 1 정도를 차지한다. 그러니 출산은 정책 탄력성이 매우 낮은 사회문제일 수밖에 없다.

결국 생애주기 전체를 손봐야 한다. 크게는 청년 취업 문제, 교육정책, 은퇴 후 빈곤 문제, 노동시간 및 소득 문제, 주거 및 직주근접성 문제, 성평등 문제까지 결부돼 있다. 그러나 이렇게까지 확장하면 문제의 규모가 너무 커져 오히려 문제가 아닌 것처럼 보일 수 있다. 가능한 것부터 시작해야 한다. 아이를 키우는 가정이 겪는 문제는 크게 돈, 시간, 경력 단절 3가지로 나눌 수 있다. 여기에 대한 부담을 사회가 나누겠다는 의지를 보여줄 필요가 있다.

육아에 들어가는 '돈'을 사회가 같이 부담하기 위해 참고할 만한 정책이 있다. 스웨덴과 캐나다의 퀘벡주 등이 실시하고 있는 부모보험제도다. 골격은 '고용보험'과 유사하다. 고용보험이 노동자 전체가 소액의 보험료를 납부하고 실업이라는 특수한 상황이 발생했을 때 급여를 지급받는 방식이라면 부모보험은 보험료를 사회적 차원에서 공통 부담하고 육아라는 상황에 직면한 이들이 급여를 받는다. 사회적 차원의 '리스크 헷지'다. 퀘벡주는 부모보험 가입자가 0.548퍼센트, 고용자가 0.767퍼센트의 보험료를 부담한다. 소득대체율은 기본 모델을 선택할 경우 30주간은 70퍼센트, 25주간은 55퍼센트다. 소득대체율만 놓고 보면 한국의 고용보험이 제공하는 육아휴직 급여가 더 높다. 한국은 첫 3개월까지 통상 임금의 80퍼센트, 나머지 9개월은 통상 임금의 50퍼센트다. 그러나 상한선이 있다. 첫 3개월은 최대 150만 원, 최소 70만 원이 지급된다. 이후 9개월은 상한 120만 원, 하한 70만 원이다. 퀘벡주는 보장 가능한 최대 기준 소득이 2018년 기준 7만 4천 달러였다.

부모보험제도에는 또 다른 이점이 있다. 한국의 육아휴직 급여는 고용보험에서 제공되는데 2017년 조사에 따르면 일을 하지만 고용보험 사각지대에 있는 사람이 무려 1,392만 명에 달했다. 부모보험제도는 이 사각지대를 줄일 수 있다. 퀘벡주는 전체 어머니의 86.5퍼센트가 부모보험 피보험 자격을 갖고 있고, 그중 96.9퍼센트가 모성 혹은 부모 수당을 수급했다. 높은 수급률은 자영업자 등 기타 소득자의 가입률이 높기 때문으로 추정된다. 육아휴직의 빈 공간을 채워줄 수 있는 대책인 셈이다.

부모보험제도는 남성의 육아휴직 사용에도 크게 기여한다. 퀘벡주에서 부모휴가를 청구한 아버지 비율은 2005년까지만 해도 27.8퍼센트에 불과했다. 그러나 2006년 부모보험제도를 도입한 2015년 85.8퍼센트, 2016년 80.1퍼센트로 급증했다.

여성의 경력 단절을 막기 위해서는 오히려 남성의 육아휴직 사용률을 높이는 것이 중요하다. 이것은 그저 '남성도 여성의 육아를 보조한다'는 의미에 국한되지 않는다. 여성의 경력 단절을 막기 위한 정책들은 흔히 여성을 '고비용 노동자'로 인식하게 만들고, 이는 여성에 대한 채용 기피나 해고 등으로 이어지는 역효과를 가져오곤 한다. 하지만 육아휴직을 여성과 남성 모두 사용한다면 문제의 결이 달라진다. 육아로 인한 사회적 손해를 한쪽이 아닌 여성과 남성 모두 나눠 지는 형태가 된다. 이렇게 되면 '육아휴직' 문제는 더 이상 여성 문제로 남지 않고 사회적 문제가 된다. 남성과 여성의 문제가 아니라 국가와 기업, 그리고 노동자의 문제로 재편된다.

'일과 육아'의 병행을 가능하게 만드는 보육제도의 개선도 중요한 과제다. 여기에 대한 작업은 진행 중이다. 한국은 보육 정책에 꽤 많은 예산을 투입하고 있지만 민간 주도의 보육 시장이 비효율을 만들어내고 있다. 문재인 정부는 '국공립 어린이집 40퍼센트 달성'을 정책 목표로 제시했다. 40퍼센트가 높은 수치는 아니지만 민간 주도 시장의 지배력을 되찾아오기에는 충분하다. 국공립 어린이집이라는 경쟁력 있는 대안이 늘어날수록 민간 어린이집은 국공립 어린이집과의 균형을 맞추기 위해 가격을 낮추고 서비스 질을 높일 수밖에 없다는 사실은 세종시를 통해서도 어느 정도 증명되었다.

저출산의
문화적 요인에 대한
복합적 분석

혹자는 저출산 문제에 대한 정책적인 대처가 백약이 무소용이라고 한다. 이렇게 말하는 이들은 한국의 저출산에는 경제적 문제를 넘어서는 뿌리 깊은 문화적 요인이 있다고 한다. 한국뿐 아니라 동아시아 고소득 국가들이 서구 선진국보다 출산율이 낮으니, 애초에 정책으로 해결될 수 있는 일이 아니라는 것이다. 그 문화가 무엇인지를 물어보면 혼외출산에 관대하지 않은 것이라고 답하기도 한다. 일각에서만 있던 혼외출산 관련 논의는 방송인 사유리 씨의 비혼출산을 계기로 최근 한국에서도 뜨거운 화제가 됐다. 한편 통계 분석을 통해 '(한국에서도) 결혼한 이들의 출산율은 별문제 없으니 출산 장려보다 결혼 장려가 해법이다'라는 결론을 이끌어내는 이들도 없지 않다.

그러나 이러한 분석과 결론 역시 단순한 구석이 없지 않다. 먼저 서구의 출산율이 동아시아보다 상대적으로 괜찮은 것은 문화의 문제가 아니라 사회정책의 문제일 수 있다. 서구의 출산율을 끌어올리는 것이 이민자나 시민 내 다문화 그룹이라면, 동아시아 사회가 그들을 모방하기 위해 선택해야 할 것은 '혼인 장려'나 '비혼출산 장려'가 아니라 이민자 확대일 수 있다는 것이다. 동아시아 사회의 시민들이 그것을 원하는지, 그것을 감당할 수 있는지 복합적으로 판단해봐야 하는 부분이다. 난민 수용은 인권 문제이지만, 이민정책은 감당할 수 있는 만큼 준비하고 열어야 할 선택의 문제다. 한국은 조선족과 고려인 등 해외동포 중 귀국 의사가 있는 이들은 거의 돌아온 시점이다. 포스트코로나 시대에 해외교포들 중에서 추가로 돌아올 수도 있지만 선택의 기로에 처할 날이 머지않았다. 지금까지는 노동이주와 결혼이주를 통해 들어온 이들을 어쩔 수 없이 수용하고 관리하는 수동적인 태도였다면 향후에는 기조가 필요할 것이다. 한국인 특유의 정체성과 공동체의식이 단지 혈통을 넘어서 문화적 동질성과 교육을 통해서도 유지될 수 있는지를 가늠해본다면 그것은 위험하고도 흥미로운 실험이 될 것이다.

'혼인 장려', '비혼출산 장려', '이민자 확대'라는 결론에 섣불리 치닫기 전에 문화적 요인을 심층 분석할 필요가 있다. 한국 사회에는 서로를 비교하면서 질시하는 문화가 있다. 한국 부모의 극성스러운 교육열은 '유교문화에 익숙한, 교육을 통한 출세 모델'과 무관하지 않다. 우리의 삶을 돌이켜봐도 한국에서의 삶, 특히 자녀 양육의 삶은 '비교와 질시'의 리그를 피해갈 수 없다. '낳으면 대충 알아서 크겠지'와 같은 안이한 생각으로 사는 사람들이 별로 없는 것이다. 자녀를 낳는다면 번듯하게 길러야 하는 의무가 주어진다. 남들이 강요하지 않더라도 스스로 지인들의 자녀와 비교하면서 스트레스를 받는다. 본인은 별 신경 쓰지 않더라도 주변 친지들이 달달 볶아서 스트레스 가득한 '비교와 질시'의 리그에 억지로라도 합류시킨다.

한국 사회에서 한 쌍의 파트너가 출산이란 이벤트의 이해득실을 따져볼 때 손해의 폭은 영유아기의 양육 비용과 유아기의 돌봄 이상의 것이다. 물론 출산한 이들은 '말할 수 없는 무언

가'가 있다고 한다. 그러나 그것은 출산하지 않은 한 쌍의 손익계
산서에 올리기 힘든 항목이다. 따라서 한국에서 출산이란 '자녀
를 번듯하게' 키울 수 없다면 예상 소모 비용과 스트레스가 너무
커서 포기하는 것이 합리적인 선택인 것이다.

저출산의
문화적 요인에 대처하기

그러므로 사회의 차원에서 약
속해야 할 것은 2가지다. 하나는 절대적인 측면에서, 부모가 큰
공을 들이지 않아도 사회가 아이들을 '번듯하게' 키워주겠다는
약속을 해야 한다. 여기서 '번듯하게'는 서구 선진국의 복지에서
말하는 삶의 최저선과는 조금 다른 것이다. 차라리 비용 문제는
부모의 부담을 일부 감내하겠지만 그보다 교육 문제에 대한 확
신을 줘야 한다. 한국 사회의 '번듯하게'에는 교육 문제가 반드시
포함되기 때문이다. 이를테면 독일 사회와 교육체제처럼 자녀의
성적이 안 나온다고 걱정하는 부모에게(물론 그 사회에서는 오직
한국인 부모들만 이런 걱정을 한다) '자녀를 억지로 공부시키지 말
고 행복하게 실업계 학교로 보내세요'라는 제언을 한다면 한국
부모들에게 신뢰받을 수 없을 것이다. 지금은 한국 사회 전체의
이익으로 볼 때에도 고등교육 이수자 비율이 높은 쪽이 더 나은
상황이기도 하다.

또 하나는 상대적인 측면에서, 한국 사회를 살아갈 구성원
들 모두가 사회지도층이 될 수는 없는 노릇이니, '한국 사회에서
의 평범한 삶'이 얼마나 가치 있는지를 설파하는 것이다. 이것은

지금까지 한국 사회가 제대로 하지 못했던 작업이기는 하지만 한국의 전근대사에 없었던 심성이라고 보기는 어렵다. 한국의 전근대사에는 상대적으로 인구가 적었기 때문에 구성원 한 명 한 명을 소중히 여기는 문화가 있었다. 아이를 아예 낳기 싫다는 이들은 어쩔 수 없다. 그러나 자녀 하나나 둘 정도는 보고 싶다는 소박한 욕망을 가지는 이들이 주판알을 튕겨본 후 출산을 포기하는 것이 제일 큰 문제다. 그런 이들을 향해 국가가 생애주기별로 이렇게 저렇게 당신 아이를 번듯하게 키워줄 거라 말하고, 그렇게 자라난 아이가 평범하지만 행복하게 살 수 있다고 설득해야 한다. 그러기 위해서는 당연히 대기업과 중소기업의 임금 격차가 문제될 것이다.

1960년대부터 1980년대까지 30여 년간의 출산 억제를 위한 가족계획 캠페인이 소기의 효과를 낼 수 있었던 근본적인 이유는 개개인에게도 합리적인 결정이라고 설득할 수 있었기 때문이다. 따라서 반대 방향, 출산 장려 캠페인 역시 합리적인 길이라는 점을 설득해야 제대로 작동할 수 있다.

한국 사회의 저출산은 망국적 현상이 아니다. 굳이 따지자면 이 상태로 계속 지속되어야 망국적 현상이 될 것이다. 40년도 지나지 않은 1980년대에 우리가 '핵폭발보다 더 무서운 인구폭발'을 떠들어댔다는 점을 상기하자. 한국 사회의 저출산 현상은 우리 사회 시민들의 합리적 판단의 총합일 뿐이다. 그렇다면 우리 사회가 그 합리적 판단의 근거를 바꿔줄 수 있느냐가 문제가 된다. 시민들의 합리적 판단의 결과가 우리 사회의 존속에 문제가 된다면, 그 문제에 대해 판단의 근거를 바꾸는 방향으로 '피드백'할 수 있느냐가 또한 한국 사회와 한국 정치 세력의 과제가 될 것이다.

여전히 많은 사람들이 아이를 키우는 것이 기쁨이라고 생각한다. 출산으로 인해 발생하는 손해를 어느 정도 감수할 준비가 되어 있다고 말한다. 문제는 출산과 양육으로 얻을 수 있는 행복보다 그로 인한 손해와 고통이 더 크게 다가오기에 포기한다는 것이다. 말하자면 삶과 욕망에 대한 문제다. 출산한 부모에게 어떤 금전적 혜택을 줘어줄 것인가만 고민한다면 해결은 요원할 수 있다. 출산은 '보상'으로 해결될 문제가 아니다. 아이를 일종의 '성과'로 취급할 것이 아니라, 출산에 따르는 불편함을 개인이 감수할 수 있는 수준으로 줄여주는 방향의 정책이 필요하다. 그 과정에서 '한국 사회에서 살아간다는 것'이 무슨 의미인지를 성찰하게 될 것이다. 앞서 말했듯이 '번듯하게'라는 말의 의미가 무엇인지, '평범한 삶'의 가치가 무엇인지 묻게 될 것이다.

해결책뿐만 아니라
감내책도 필요하다

저출산 문제에 대처하기 위해 노력한다 하더라도 벌어진 현실을 받아들여야 한다. 나라가 망하니까 당장 어떻게든 아이를 낳으라고 젊은이들을 향해 떼를 쓰는 듯한 태도는 문제를 악화시킬 뿐이다. 가족계획을 너무 오래 지속했다는 사실과, 젊은이들의 합리적 선택이 누적될 동안 사회가 문제의 심각성을 인지하지 못했다는 사실은 이미 돌이킬 수 없다. 비유하자면 우리 인류가 향후 수십 년 동안 지구의 평균

기온 상승을 감당해야 하는 것과도 같다. 그러니 당장의 합계출산율 하락과 인구 감소 추이에 일희일비해서는 안 된다. 당분간은 인구 감소 추이를 받아들이면서 '무엇이 문제인가?'라는 질문을 자주 던져야 한다.

가령 21세기 지구촌의 최대 위기로 떠오른 기후변화 문제와 포개어 볼 때, 향후 한동안 한국의 인구가 감소하는 것이 역설적으로 운신의 폭을 넓힐 수도 있다. 시민들에게 삶의 질을 떨어뜨려 친환경적인 삶을 살아달라고 요구하기 어렵다면, 탄소 배출의 총량을 줄이기 위해서는 인구 감소도 하나의 해법이 되기 때문이다. 실제로 아이를 낳기 싫은 이유 중 하나로 기후 위기 문제까지 거론하면서 '아이에게 좋은 세상이 될지 모르겠다'고 말하는 이들도 있다. 20세기의 기준으로 인구 감소가 한 사회의 재앙이라 하여 그 판단이 언제 어느 때나 유효하리라는 법도 없다.

저출산이 지금까지 한국 사회의 발전 궤도에서 파생된 사태라면 '해결하지 못하면 망한다'고 호들갑만 떨 것이 아니라 우리 사회에 미칠 충격파를 어떻게 감내해야 할지에 대한 대책이 필요할 것이다. 중기적으로 인구 감소 추이를 감당하면서 한국 사회가 미래 세대를 위하는 사회, 개개인의 생명과 자유와 노동권을 중시하는 사회, 아이를 낳으려는 청년세대의 자연스러운 욕망의 결과를 감당할 수 있는 사회라는 믿음을 주는 것이 중요하다.

기득권 규탄을
넘어서

　　　　　　　　　　　'80을 위한 정치' 가능성을 살
피기 위해 다음 단계를 밟자고 제안하기 전에 86세대에 대한 논
의를 빼놓을 수 없다. 86세대는 산업화 세력과의 경쟁에서 민주
화 세력이 우위를 점한 이후로 정치권력과 경제권력의 정점에
서게 됐다고 평가받는다. 최근 그들은 불평등한 한국 사회의 범
인으로 호출되고 있기까지 하다. 정말 그렇다면 '80을 위한 정
치'를 탐색하는 차원에서 심각한 문제이기 때문에 우리는 이 논
의를 신중하게 검토해볼 필요가 있다. 포퓰리즘이 피드백 사회
를 통해 책임성을 지니고, 정치적 양극화 현상에도 불구하고 중
도파가 건재한 한국 사회라도, 특정 세대가 강고한 기득권을 가
지고 이를 자손에게까지 대물림한다면 그 자체로 심각한 문제이
다. 현재 한국 사회는 베이비부머 세대와 넥타이부대라고 칭했
던 세대까지 정년 퇴장하는 연령에 도달했다. 하지만 후속 세대
의 역량과 결속력은 아직 86세대에 미치지 못한다는 것이 일반
적인 평가이다.

그러나 '80을 위한 정치'의 가능성을 살피는 데 있어서 86세대를 단지 기득권 또는 주류라고 말하는 것만으로는 부족하다. 기득권 또는 주류의 양상이 어떠한지도 밝혀야 한다. 우리 사회에서 86세대에 대한 논의가 시작된 지도 이미 20년이 넘었지만 여전히 모호한 부분이 있다. 첫째, 86세대가 1960년대에 태어난 대다수를 말하는 것인지, 둘째, 대학에 한 번이라도 입학한 사람들만 칭하는 것인지, 셋째, 그중에서도 학생운동에 적극적으로 참여한 이들을 칭하는 것인지, 넷째, 그러면서도 정치권에 입문한 사람들을 칭하는 것인지 혼란스럽다. 명시적으로 첫째와 넷째로 규정하는 사람은 거의 없고 대부분 그 중간 어디쯤으로 말하지만 떠들다 보면 모든 것이 뒤섞여 엉망진창이 되기 마련이다.

예정에 없던 그 이름, '86'

세대의 명명을 보면 86은 본래 예정에 없던 이름이었다. 그전에 자기들끼리 보통 '광주세대'라고 불렀다고 한다. 그중 가장 보수적인 이들, 그러니까 지난 대선에서 당시 후보였던 문재인이나 심상정을 결코 지지하지 않았을 이들도 사석에서는 후배 세대를 향해 "우리 또래는 모두 광주의 자식이죠"라고 말하곤 했다는 것이다.

'386세대'라는 명칭은 1990년대 중반 즈음에 등장한 것으로 당시 유행하던 386컴퓨터에서 명칭을 딴 것이다. 1990년대 중반 30대의 나이로 1960년대에 태어나 1980년대 학번으로 대학에 다니면서 학생운동과 민주화 투쟁에 앞장섰던 이들을 지칭한다. 그렇게 지칭하기 시작한 것은 보수언론이었고, 그 세대의 공통적인 정치의식을 분석하기보다는 새로운 문화 담론이나 상품의 소비자로 호명하는 식이었다. 감각적인 호명이었기에 그 범위가 명확하지 않아 훗날 혼란을 초래하게 됐다. 1990년 즈음의 대학 진학률조차 전문대를 합쳐서 30퍼센트 언저리에 불과했는데, 1980년대 내내 20퍼센트 남짓이 고작이었을 그 연령대 대졸자들이 고졸자들과 어떠한 공통성을 가지고 있는지조차 제대로 규명된 것이 없다. 가령 2007년 대선에서 1960년대생 상당수는 이명박 후보를 지지했다고 알려져 있는데, 혹자는 이를 두고 '노무현을 지지했던 86세대가 이명박을 밀었다'고 해석하는 반면 다른 이는 86세대의 이탈은 없었으나 1960년대생 고졸들이 이명박을 지지한 것이라고 해석하기도 한다.

이런 맥락을 염두에 두고, 86세대 비판론을 몇 가지 범주로 구분해서 검토해보려고 한다. 먼저 86세대를 기득권 내지 주류로 이해하고 교체 혹은 혁신을 요구하는 직관적으로 타당하고 소박한 견해부터 검토해볼 것이다. 대표적으로 진중권의 견해를 가져왔다. 그는 연령(1963년생)으로 보나 경력으로 보나 너무나 명확하게 86세대의 일원이면서 내부인이다. 저술가이자 평론가로 살아온 그의 이력은 86세대의 평균이나 표준은 아니지만 사람들이 생각하는 어떤 전형이기도 하다. 그런 이가 86세대의 내부 비판에 나선 상황은 매우 윤리적인 행동인 것처럼 여겨지는 측면이 있다. 기고문 일부를 살펴보자.

한국 정치는 그동안 두 개의 큰 이야기로 움직여왔다. '산업화'와

'민주화' 서사. 이 두 서사는 동시에 두 세대를 대표한다. 산업화를 이끈 할아버지 세대와 민주화를 이룬 아버지 세대. 이번 총선을 통해 사회의 주류는 전자에서 후자로 교체됐다. 하지만 이것이 산업화에 대한 민주화 서사의 승리를 의미하는 것은 아니다. 586세대가 새로 주류로 등극함으로써 민주화 서사 역시 해방 서사로서 생명력을 잃었기 때문이다.

(……) 최근 20대의 정치적 성향이 노년층과 동조하는 경향을 보이는 것은 그와 관련이 있다. 하지만 이를 20대의 보수화로 해석해서는 안 된다. 아버지 세대를 불신한다고 해서 그들이 할아버지 세대를 신뢰하는 것은 아니기 때문이다. 그저 뭘 어떻게 해야 할지 모르는 상태에서 무당층으로 남아 부유하고 있을 뿐이다.

부친을 살해하려면 이야기가 있어야 한다. 민주화 세대에게는 정치적 '집단'으로 조직하는 데에 필요한 서사, 즉 민주주의와 사회주의라는 이야기가 있었다. 하지만 민주주의는 이뤄졌고, 사회주의는 몰락했다. 자본주의 서사가 통하는 것도 아니다. 세계적 양극화 속에서 경제적 불안정은 날로 심화하고 있다. 젊은 세대는 이 모든 상황을 고립된 '개인'으로 받아들이고 있다. 불만은 있지만 표출할 수가 없다.

(……) 사회가 젊어지려면 이제 우리가 그들에게 살해당해야 한다.[34]

진중권은 이 기고문에 '부친 살해의 드라마'라는 부제를 붙였다. 아마도 미학자로서 본인의 저술 여기저기에 인용했던 신화학의 고전 제임스 조지 프레이저의 《황금가지》를 염두에 둔 비유로 추정된다. 이 고전에서는 고대사회에서 '신'이자 '왕'이었던 '신성한 왕'이 후임자(주로 아들)에 의해 살해당하면서 세대가 교체되는 풍습 혹은 전승이 묘사된다. 진중권은 이에 맞춰 '산업화→민주화→?'의 도식을 제시하면서 산업화 세대를 몰아낸 민주화 세대가 해방의 서사를 잃은 기득권 세력이 되었으니 젊은 세대들로부터 '살해'란 말로 은유되는 퇴장을 당해야 한다고 선언한 것이다.

산업화 세대는
살해됐는가?

그런데 위 기고문은 어떤 의미에서는 전형적인 86세대의 세계 인식, 다른 세대가 듣기에는 매우 오만하다고 여겨지는 부분을 대변하고 있다. 진중권 개인이 아니라 세대 전체가 공유했던 오만함이기에 그 세대를 비판하겠다고 나선 이조차 여전히 공기처럼 받아들이고 있는 어떤 것이라고 평할 수도 있겠다. 아무리 비유라 하더라도 일개인인 '왕'이 아니라 세대를 살해할 수는 없다. 그의 비유를 따른다면 산업화 세대의 저항은 뭐라고 불러야 할지 난망하다. '태극기 시위'대는 본인의 죽음을 인지하지 못하는 좀비 떼라고 불러야 할 판이다. 의학의 발달과 한국의 잘 정비된 건강보험 체계로 인해 상당수가 생존해 있는 그들이 정치권력과 담론에서 헤게모니를 상실했다는 이유로 '살해'됐다고 말하는 것은 적절하지 않다. 그리고 86세대 역시 비슷한 방식으로 '살해'되어야 한다고 주장하는 건 아예 가능하지 않은 목표를 상정하는 것으로 보인다. 2020년 제

21대 총선 당시 유권자 수 4,400여만 명 중에 60세 이상이 1,201만 명(27.3퍼센트)으로 가장 많았고 50대가 865만 명(19.7퍼센트)으로 그다음이었다. 두 세대를 '살해'하자는 것은 적어도 2천만 명이 넘는, 전체 유권자의 절반에 육박하는 집단을 거르자고 말하는 셈이다.

그런 관점에서 볼 때 진중권의 제언이 지니는 윤리성은 미학적으로 덧칠된 '지독한 자뻑'으로 보이기도 한다. 후속 세대의 관점에서는 멀쩡하게 살아 있는 세대를 '부친 살해'했다고 믿은 가장 힘센 세대가, 본인들을 살해할 적수를 종시 만나지 못하여 김용 무협소설의 '독고구패'처럼 패배를 갈구하면서 떠돌다가, 자신에게 남은 마지막 책무는 '자결'임을 깨닫고 검을 자기 자신을 향해 겨누는 장면이 연상되는 것이다. 모종의 낭만성이 없지 않지만 한 세대가 집단적 자결을 선택할 리 만무하다는 점에서 무력한 비평이다.

또한 이 비평은 무력할 뿐만 아니라 폐쇄적이다. 86세대의 이야기를 성찰하는 것 같지만 정작 86세대만이 주인공인 그들 이야기의 바깥으로는 나오지 않는다. 살해되지 않은 것을 살해됐다고 우기기에 멀쩡한 동료 사회의 시민들을 좀비 내지는 귀신으로 취급하게 된다. 진중권이 '부친을 살해하려면 이야기가 있어야 하는데, 젊은 세대에겐 그 이야기가 없다'라고 논평한 것은 정당하다. 그러나 그 '이야기 없음'이라는 세상에서 후속 세대가 살아간다면 이제 부친 살해가 아니라 다른 방식을 꿈꾸어야 할 것이다. 후속 세대는 아마도 '황금가지'의 세상을 빠져나와야 할 것이다.

진실을 말한다면 산업화 세대는 살해당하지 않았다. 그리고 86세대가 그들의 지독히도 폐쇄적인 이야기 속에서 영원한 주인 공인 것처럼, 산업화 세대 역시 본인들의 지독히도 폐쇄적인 이야기 속에서 영원한 주인공이다. 진중권의 기고문에서도 암시되듯이 산업화 세대 역시 86세대만큼이나 혹은 그 이상으로 오만했던 셈이다. 어쩌면 산업화 세대를 '살해'했다고 오인한 것이 민주화 세대, 86세대의 문제의 핵심인지도 모른다. 86세대는 시간이 지나면서 산업화 세대의 과제인 산업화가 성공을 거두었으며 위대한 대한민국의 자산이 됐다는 사실을 인정하지 않을 수 없게 됐다.

86세대와 산업화 세대는
서로의 공로를
인정하지 못했다

86세대가 오랫동안 산업화 세대의 공로를 인정하지 못했다는 사실이 그리 부끄러운 일은 아니다. 왜냐하면 산업화 세대 역시 86세대의 민주화에 대한 공헌을 오랫동안 부인해왔으며, 심지어 지금까지 부인하고 있기 때문이다. 산업화 세대에게 86세대는 다만 종북 공산주의자였을 따름이다. 민주주의란 업적은 박정희와 전두환이 경제성장을 통해 중산층을 형성했기 때문에 가능했던 일이라는 식으로 생각한다. 물론 이들의 의견도 전혀 일리가 없는 것은 아니다. 중산층 형성과 민주주의의 연관성을 부인할 수는 없다. 그러나 싱가포르 같은 권위주의 체제, 또 일본과 같은 불충분한 민주주의 국가와 비교한다면 한국 수준의 민주주의 성취는 민주화운동에 투신한 이들의 노력을 빼고 설명하기는 어렵다. 그럼에도 산업화 세대는 86세대의 공로를 부인하기에 대한민국에 대한 이해가 편향적이고 단순해진다. 이명박·박근혜 정부 시기 예비군 훈련을 가서 정신교육 영상을 시청하면 '월남패망'(베트남전쟁에서 남베트남 정부의 붕괴)과 같은 일이 한국 사회에도 일어날 수 있다고 겁을 주다가, 산업화의 기적에 대해 설명하다가, 느닷없이 '한류' 열풍에 대한 설명으로 비약했다. 대한민국이 오늘날의 모습이 되고 대중문화가 세계인에게 통용되기까지 민주주의 정치문화가 끼친 공로, 그 민주화를 이룩한 민주화운동의 공로는 철저하게 지워졌다.

후속 세대가 86세대에 대해 오해하는 것 중 가장 큰 것은 '데모를 해도 취업이 될 줄 알고 데모를 했다'는 것이다. 이것은 사실이 아니다. 물론 데모를 하고도 취업이 된 이들이 꽤 있지만 그럴 줄 알고 했던 것은 아니다. 또한 86세대 내부를 살펴보면 데모를 하지 않는 쪽이 훨씬 윤택한 삶을 보장받는 길이었다. 데모를 지나치게 열심히 한 이들은 동년배들이 '꿀을 빠는' 동안 청춘 자체를 갈아 넣어야 했다. 실제로 일반적인 삶의 경로에서 이탈하여 학원을 전전하거나 전업 활동가가 되어야 했던 이들도 많았다. 한국 자본주의의 황금기에 탑승한 그들 세대를 일괄적으로 후려쳐서 비난하는 문맥에서는 이 차이가 사라지고 만다. 사실 86세대가 20대에 추구했던 진정성의 논리에서 취업이란 선택지는 이상향이 아니었다. 그들은 자신들이 한국 자본주의의 황금기에 탑승하고 있다는 사실을 알 길이 없었다. 보통 한국 경제가 오래 버틸 수 없거나 적어도 지속적인 성장은 불가능할 거라고 생각했다. 특히 사회주의 혁명을 추구한 일부 가장 급진적인 86세대가 보기에 소비에트연방이 한국 경제보다 먼저 무너져 버린 1991년의 사건은 전혀 예측 밖의 일이었다.

문제는 반대 방향에 서 있는 86세대의 대한민국에 대한 이해 역시 다른 편 극단으로 편향적이고 단순하다는 것이다. 산업화의 공로를 담백하게 인정하는 것처럼 보이는 진중권의 글에도 그 흔적이 남아 있다. 바로 1997년 IMF 금융위기에 대한 그의 해석이다. 그는 "박정희식 고도성장의 신화는……결국 1997년 국가부도 사태와 함께 막을 내린다"고 적었다. 하지만 경제학적으로 볼 때 1997년 IMF 금융위기는 박정희식 경제성장보다는 김영삼 정부의 실패한 세계화와 금융정책과 더 관련이 깊다. 또한 사회문화 담론의 관점에서 봐도 IMF 금융위기는 '박정희 신화'를 종식하기는커녕 1990년대 초반부터 옹호자들이 군불을 때던 '박정희 신화'가 완전히 부활하는 계기가 됐다.

그런데도 진중권이 저렇게 서술한 이유는 그들 세대가 당시에 실제로 그렇게 생각했기 때문이다. 해석 내지는 기억이 그렇게 고착화된 것이다. 그들은 1990년대 말까지만 해도 한국의 경제성장을 미심쩍게 봤고, 1997년 IMF 금융위기를 1980년대 초반까지 운동 세력에서 유행했던 외채망국론의 뒤늦은 실현으로 생각하기도 했다. 그러나 실제로는 동아시아 금융위기에서 태국, 말레이시아, 인도네시아 등의 동남아시아 국가들과 함께 쓰러졌던 한국이 다른 국가들과는 다르게 훌훌 털고 일어나면서 한국이 축적한 경제성장의 성과가 탄탄한 것이었음을 증명하는 계기가 됐다. "한국 경제의 펀더멘털은 튼튼하다"는 IMF 당시 한국 경제관료들의 항변은 일정 부분 진실이었던 셈이다. 이처럼 1990년대 후반까지도 86세대는 산업화 세력의 성과를 미심쩍게 생각하거나 별것 아닌 것으로 치부하려 했다.

86세대는 어느 시점에 온전히 부친을 살해하거나 극복한 것은 아니었고, 그들만큼이나 힘센 세대였던 산업화 세대와 끊임없이 대결해왔다고 볼 수 있다. 특히 남성의 관점에서 본다면 '스무 살 무렵 이미 가족 중에서 가장 많은 소득을 올리게 된 세대'(산업화 세대)와 '스무 살 무렵 이미 가족 중에서 가장 학력이 높았던 세대'(민주화 세대)의 투쟁이었다고 볼 수 있다. 두 세대에 속하지 않았거나 속했더라도 그들의 서사를 온전히 받아들이지 않았던 이들은 때에 따라 한쪽의 손을 들어주면서 한국 사회의 방향키를 잡았다.

그렇다면 후속 세대에 필요한 방법론은 적어도 가장 힘센 두 세대에 대한 '살해'는 아닐 것이다. 앞서 말했듯 '살해'가 불가능하기도 하거니와 산업화 세대와 민주화 세대의 핵심적인 오류가 상대방을 부인한 것이기에, 후속 세대는 일단 출발선에서 두 선배 세대의 성과를 모두 긍정하는 것부터 시작해야 그들의 오류를 극복할 수 있을 것이다. 진중권이 묘사한 '20대 보수화'의 실체가 실은 보수화된 게 아니라 어느 편에도 동조할 수 없어 '부유하는 중도층'이 된 것이라는 진단 역시 이러한 문맥에서 의미를 지닌다. 86세대의 문제에 접근하기 전 앞선 논의에서 시간을 들여 밝힌 것과 일치하는 부분이다. 중도층이 더 이상 부유하지 않으려면 '살해'를 논할 게 아니라 양 당파에 의해 외면받아 왔던 측면을 밝혀내고 그 내용을 양 당파가 받아들이도록 해야 한다. 정책적 측면뿐만 아니라 세계관의 측면에서도 '중위 투표자 정리'에서 설명하는 식의 경쟁을 유도해야 한다. 이와 관련해서 86세대에 대해 우리 저자들이 제안하고 싶은 실천적인 대안은 '역사화해서 집에 잘 보내드리기'라는 방책이다.

구주류와
신주류의 문제를
잘 지적하긴 했는데

소설가 장강명(1975년생)은 명백하게 86세대의 후속 세대에 해당한다. 그래서 진중권이 '살해'라는 말로 지워버린 두 힘센 세대의 반목의 허망함을 후속 세대의 눈으로 바라보는 글을 썼다. 그래서 '주류 교체'와 '파산' 등의 단어로 바라보면 진중권의 글과 흡사할 것 같은 글의 정조가 사뭇 다르다. 그의 글을 살펴보면 '구주류'와 '신주류'라 불러야 더 온당할 두 집단은 인재 채용 방식이 가장 달랐다고 한다. 구주류는 시험과 상속으로 구성원을 영입하는 방식이 능력제와 세습제의 혼합이었다. 신주류의 채용 방식은 그보다는 열려 있었고 아스팔트에 가까웠다. 학생운동이나 시민단체나 팟캐스트나 트위터로도 합류할 수 있었다. 구주류의 실력에 대한 믿음이 있었으나 지난 정부에서 깨졌다. 신주류의 도덕성에 대한 믿음이 있었으나 현 정부에서 깨지고 있다. 그렇게 두 진영이 파산할수록 적대적 공생 관계가 되어간다고 장강명은 분석한다.

두 진영은 파산할수록 점점 더 적대적 공생 관계가 되어간다. 상대에 대한 비난 외에는 사람들의 마음을 끌 수 있는 자신들만의 비전이 없기 때문이다. 두 진영이 그 사실을 아는지 모르는지 모르겠다. 상대를 국민의 일부로 인정하지 않고 진심으로 제거하려는 태도를 보면 모르는 것 같은데, 스스로를 비주류라 우기며 상대를 엄청난 힘을 지닌 음모 세력으로 몰아가는 걸 보면 아는 것 같기도 하다.

사회를 끌어갈 두 날개가 지적·도덕적으로 파산할 때, 그 사회도 파산한다. 가슴을 뛰게 해줄 새로운 가치를, 사상을 원한다. 당장 그럴 비전을 제시할 능력이 없다면 두 진영 선수들은 일관성을 지키는 노력부터 시작하는 게 좋겠다. 이익이 아니라 근거에 입각해 말하다 보면 경쟁이 건전해지고, 그러다 보면 현실을 보는 눈도 정확해지지 않을까. 정곡을 찌르는 현실 진단들이 쌓이면 미래에 대한 청사진도 점점 윤곽이 뚜렷해지지 않을까.

가냘픈 희망이지만 그 길밖에 없다고 생각한다. 위험한 야심을 지닌 포퓰리스트들에게 점점 더 유리한 환경이 조성되는 듯해 두렵다.[35]

장강명의 논의의 장점이자 단점은 논의 대상을 상당히 협소하게 줄였다는 것이다. 이렇게 되면 여기서 묘사되는 싸움의 주체가 매우 협소해진다. 사람 숫자로 봐서 수백 수천(산업화 세력 엘리트?) 대 수천 수만(민주화 세력 정치인과 그 주변 동맹군들?)의 싸움 정도가 되어버린다(두 집단을 비교해볼 때 평균적으로 전자가 훨씬 더 부유하며, 숫자는 후자가 훨씬 더 많다). 첫 부분에서 묘사한

"한국 사회에서 내전 중인 두 진영"이란 말이 무색해져버린다. 말하자면 어떻게 그 수백 수천 혹은 수천 수만의 권력 싸움에 한 다발의 세대 전체가 감정이입을 하면서 덤벼들 수 있는지의 문제가 생략되어 있다. 물론 여기까지 논하면 건조한 해법을 제시하기가 더욱 힘들어지기 때문에 일부러 뺐으리라. 하지만 그렇기에 "가냘픈 희망이지만 그 길밖에 없다"면서 제시한 "일관성을 지키는 노력"이라는 건조한 해법이 실제로 작동할 거라는 생각이 들지 않는다.

퇴장할 수 없는
히어로의 비극

과연 그들에게 일관성이 없는 것인지도 의문이다. 장강명은 '가치의 일관성'을 말한다. 그들이 '내로남불'의 모습을 보이는 것이 '가치의 일관성'이 없기 때문이라고 본다. 그들이 가치 기준을 자기 당파에게 유리하도록 종종 구부리는 것은 사실이다. 그러나 진중권이 말한 '서사'의 측면에서 본다면 어떻게 될까? 문제의 핵심은 산업화 세력이든 민주화 세력이든 본인들이 만들어낸 폐쇄적인 서사에서 주인공의 위치에 있다는 것이다. 산업화 세력에게 '북한과 그 추종자들'이라는 빌런이 있었다. 민주화 세력에게는 '독재자와 그 부역자들'이라는 빌런이 있었다. 그들은 빌런이 존재하는 한 어떠한 고난을 겪더라도 굴하지 않고 영웅으로서의 책무를 짊어져야 했다. 더구나 이 도식에서 두 힘센 세대는 서로에게 빌런이었다. 상대편이 퇴장하지 않는 한 퇴장할 수 없었다. 이런 의미에서 본다면 진

추월의 시대

중권이 인문학적 분석으로 '살해'를 논한 것도 판단의 적절성과는 상관없이 산업화 세대가 '죽었다'고 선언해야 민주화 세대 역시 퇴장할 수 있다는 본능적인 메시지 전략일 수 있다. 따라서 그들이 자신들의 잘못에는 관대한 '내로남불'의 모습을 보이는 이유도 단지 이기심 때문이 아니다. 빌런이 퇴장하지 않는 한 히어로가 '작은 흠결'을 핑계로 하차할 수 없다고 실제로 생각하고 있기도 한 것이다. 남들이 보기엔 욕심을 부리면서 직을 고수하는 것일지 모르나 주관적으로는 국가와 민족을 위해 공적 책임을 지는 숭고한 행위다. 이쯤 되면 일관성이 미약한 것이 아니라 일관성이 너무 과해서 문제라고 할 수 있다.

여기서 '역사화해서 집에 잘 보내드리기'라는 방책이 가지는 전략적 함의가 드러난다. 히어로의 위선을 지적하는 것으로는 히어로를 퇴장시킬 수 없다. 유일한 방책은 히어로가 이미 자신의 미션을 달성하는 데 성공했음을 깨닫게 하는 것뿐이다. 사실 한국의 산업화 세대와 민주화 세대는 역사상 모든 사회에 존재했던 그 어느 세대와 비교해도 본인들이 의도한 바를 멋지게 성공시킨 세대이다. 그들을 '기득권'이나 '주류'로 비판하는 논의가 어떤 문맥에서는 가당찮은 이유다. 그들이 '기득권'이나 '주류'가 아니라는 것이 아니라, 인류 사회 대부분의 영역에서는 그들만큼 공로도 세우지 못한 이들이 '기득권'이나 '주류'로 군림하며 살아가기 때문이다. 특히 후발주자의 사회에서 산업화에 공로를 세운 이들은 싱가포르의 권력자나 일본의 우익들이 그랬던 것처럼 별다른 도전을 받지 않고 권력을 유지하는 것이 보통이다. 그러니 곧바로 산업화 세대의 공로를 인정하지 못했던 민주화 세대가 발흥한 것은 산업화 세대의 입장에서는 섭섭할 수 있겠지만 한국 민주주의를 위해서는 축복이었다고 볼 수 있다.

'역사화해서 집에 잘 보내드리기'에서 '역사화'는 '성과를 인정하고 상대화하기'라는 작업을 포괄한다. 산업화와 민주화의 두 폐쇄적 서사에서 걸어 나와 상대화할 때 양쪽 다 대한민국에서 성공을 거두었음을 인지할 수 있다. 하지만 어떻게? 어제까지 안 되던 일들을 무슨 수로? 여기에 후속 세대의 역할이 있다. 후속 세대는 산업화 세대나 민주화 세대처럼 본인들의 역사적 역할을 세대의 이름으로 받지 못할 것이다. 그러나 그들의 삶 속에는 산업화와 민주화의 성과가 오롯이 박혀 있다. 소득 격차 문제가 존재하지만 홧김에 직장을 때려치우고 몇 달간 제3세계로 영적 여행을 떠날 수 있는 선진공업국 사회 내부의 소득 격차다. 권위주의 문제가 존재하지만 민주주의 사회 내의 권위주의다. 고도성장으로 모든 것이 바뀐 사회이기에 곳곳에 아직 변하지 않은 부조리가 있다. 변한 것과 변하지 않은 것 사이의 투쟁으로 바람 잘 날 없지만 그 모든 불협화음의 방향이 미래를 향해 있는 역동적인 사회이기도 하다. 그 점을 보여주면서 두 성공한 세대를 인위적으로 끌어내리는 것이 아니라 은퇴 연령에 도달했을 때 집에 잘 보내드리는 것이 후속 세대의 임무가 될 것이다.

이러한 문맥에서는 86세대의 '기득권'이 과연 '80을 위한 정치'를 방해하는 것인지 불분명하다. 기득권이란 본래 기본적으로 성채를 쌓으려는 속성이 있다고 해도 그러하다. 여기서 문제의 핵심은 86세대가 기득권이 됐다는 것이 아니라, 그 기득권을 활용한 성채를 쌓으려는 시도를 무마하는 제도적 변혁일 것

추월의 시대

이다. 앞선 논의에서도 암시됐듯이 86세대는 이전 세대보다 훨씬 더 많은 숫자의 동질적인 그룹이 권력 언저리에 있기에 문제라는 논의는 가능하다. 뒤에 검토해볼 사회학자 이철승 교수의 논의가 그러한 종류이다.

유럽의 68세대가
한국의 86세대보다
뛰어나다고?

혹자는 86세대가 주체적으로 한국 사회의 방향을 조금 나쁜 쪽으로 바꾼 것처럼 말하기도 한다. 서구(특히 독일) 68세대와 86세대를 비교하는 논의에서 흔히 그런 접근이 나온다. 최근 그러한 논의를 다시 꺼내 든 사람은 독문학자 김누리 교수인데, 이러한 접근은 우석훈·박권일의 《88만원 세대》(2007)에서 이미 나왔던 것이다. 김누리 교수(1960년생)와 우석훈 박사(1968년생)는 넓은 범위에서 86세대에 속하는 만큼 86세대 내부의 진보적인 견해에 해당하는 것일 수 있다. 김누리 교수의 글[36]과 우석훈 박사의 책[37]에 실린 비판을 요즘 식으로 다시 서술해보면 다음과 같다. '86세대는 보편적인 사회보장제도, 사회변혁의 길로 한국 사회를 이끌지 않고 부동산 투기와 사교육 열풍을 조장하는 등 각자도생의 길을 걸어가 한국 사회를 경쟁지상주의의 장으로 만들었으며, 그들의 자녀를 계층적으로 끌어올리는 데만 집중했다.' 사실 두 사람의 글에서는 부동산 얘기가 나오지 않는다. 부동산 문제는 86세대보다 그 윗세대부터 출발했기 때문에 책임을 물리기가 애매하다고 느꼈을 수 있다. 하지만 부동산 문제가 교육 문제와 함께 21세기 한국 사회에서 가장 민감한 문제였고, 최근에는 86세대와 부동산 문제를 연결 지어 설명하는 이들이 많은 만큼 이러한 요약이 더 정확할 것이다.

문제는 유럽 사회에서 68세대라고 딱히 86세대와 다른 평가를 받고 있는 것도 아니라는 점이다. 오히려 한국에서 86세대를 비판하는 방식은 유럽에서 68세대에 대한 비판을 참조한 모조품이라고 해도 할 말이 없을 만큼 닮았다. 예를 들어 68혁명 40주년이던 2008년 〈동아일보〉가 프랑스에서 세대론과 사회계층론을 접목해 주목받은 파리정치대학교 사회학과 루이 쇼벨 교수와 인터뷰한 내용을 참조할 수 있다.[38] 해당 기사에 따르면 68세대는 풍요를 누렸지만 이를 다음 세대에 전해주지 못한 이기적인 세대이며, 20세기 최대의 풍요와 복지를 누렸지만 대물림에 실패했다. 연금을 100퍼센트 수령했으며 누구나 쉽게 대학을 가는 시대에 쉬이 졸업하고 취직하여 학력에 대한 보상을 받았다. 반면 젊은 세대는 대학을 나와도 직장을 잡기 어렵다는 점에서 그들 세대와는 크나큰 차이가 있다.

놀라운 점은 유럽에서 68세대를 향한 비판의 내용이 86세대와 흡사하다는 것뿐만이 아니다. 한국의 86세대 비판가들이 68세대를 상찬하는 바로 그 내용이 68세대가 비난받는 이유라는 점이 문제이다. 이를테면 유럽의 68세대는 부동산과 교육으로 각자도생의 성을 쌓지 않고 보편적인 사회연금을 추구했다. 그 결과 68세대는 한 명도 빠짐없이 사회연금의 혜택을 누렸다. 그들 부모 세대는 물론이거니와 자녀 세대도 그만큼의 연금 혜택은 받지 못했다. 어떤 의미에서 본다면 68세대는 86세대보다 훨씬 더 원초적인 의미에서의 기득권 세대인 셈이다. 86세대가 부동산과 교육으로 구축할 수 있는 기득권을 누리는 비율이 20~30퍼센트에 불과하다면, 사회연금으로 구축한 혜택은 68세대의 거의 전원에게 빠짐없이 고르게 분배되었을 테니 말이다.

　대학 교육의 문제 역시 마찬가지다. 우석훈 박사는 프랑스의 68세대가 대학 국유화를 쟁취한 것이 업적이라고 말한다. 그러나 프랑스의 대학 진학률은 40퍼센트를 조금 넘는 것으로 알려져 있다. 대학 진학률이 70퍼센트에 육박하는 한국과는 상황이 다르다. 한국의 86세대가 대학 국유화를 쟁취했다고 했다면 지금의 대학 진학률을 유지할 수 있었을까? 한때 진보 진영의 일각에서는 한국의 무분별한 대학 진학을 비판하면서 대학 진학률을 떨어뜨리는 운동을 전개해야 한다는 제안이 나오기도 했다. 하지만 최근에는 어쨌든 높은 대학 진학률이 한국 사회가 변화에 기민하게 적응하는 원동력이 될 거라고 평가하는 추세다. 대다수 노동자들이 구조조정이나 산업 환경의 변동으로 인한 업종 변경에 대처하기 위해서는 직업교육에 그치지 않고 대학 교육까지 받는 쪽이 유리하기 때문이다. 한국처럼 내수 규모가 크지 않고 수출 비중이 높은 북유럽 국가들의 대학 진학률이 대부분 60퍼센트를 상회하는 데도 이유가 있는 것이다. 어떤 사회의 어떤 제도가 더 잘 작동하며, 좋은 결과를 산출해냈는지를 평가하기는 쉬운 일이 아니다. 오늘날에 이르러서는 독일이든 프랑스든 단순히 그 사회의 어떤 특성이나 제도가 한국 사회보다 앞선다고 단언할 수 없기도 하다. 이제는 86세대를 68세대에 견주어 깎아내리는 것이 무의미한 이유다.

유럽의 체제와 한국의 현재를
비교하는 비평은
사실상 무의미하다

김누리 교수와 우석훈 박사의 연배에서 짐작되듯이, 68세대를 동경한 것도 86세대 자신들일 수 있다. 제3세계의 민주화 투쟁을 이끈 86세대에게 선진국에서 권위주의 반대 투쟁을 펼친 68세대가 아련한 동경의 대상이었을 수는 있다. 그러나 한 발 떨어져서 역사화하고 상대화할 수 있는 후속 세대의 시선으로 보면 86세대의 고난과 성과가 훨씬 더 실질적인 것이었다. 68혁명은 세상에 좋은 것을 가져다주기도 했겠지만 그것이 무엇인지 정의하기조차 어려운 '추상적' 운동이었다. 68세대는 한국의 86세대가 산업화 세대와 싸운 것처럼 막강한 경쟁자를 가진 적도 없다. 86세대가 세상사에 적응하는 과정에서 하나씩 만들어낸 삶의 양식들을 모조리 그들이 기획한 부조리라고 비난하는 것도 타당하지 않은 일이다. 86세대가 다시 한 번 68세대를 본받아 한국 사회를 혁신하는 마지막 임무에 종사해야 한다는 것도, 그들 외엔 세상을 바꿀 주인공이 없다고 생각하는 '퇴장할 수 없는 히어로 서사'의 진보적 버전에 해당한다. 우리 사회는 차라리 더 이상 86세대에게 사회변혁의 임무를 부과하지 말아야 한다. 이 역시 '역사화해서 집에 잘 보내드리기'라는 방책의 함의 중 하나일 것이다.

애초에 68세대와 86세대를 비교하면서 86세대의 각성을 요구하는 전제에 대해서도 비판할 부분이 있다. 그들은 여전히 현재의 유럽 사회가 한국 사회보다 더 우월하며, 우리는 그 길을 따라가야 한다고 생각한다. 이것은 소련 붕괴 이후 1990년대 중반부터 한국 진보 담론이 "새는 좌우의 날개로 난다"라는 말로 대표되는 노선으로 바뀐 이후의 관습이다. "새는 좌우의 날개로 난다"는 말 자체는 작고한 원로 진보 지식인 리영희 선생이 1994년의 저작에서 밝힌 것이다. 이후 1990년대 초반부터 2000년대 초반까지 대중 교양도서 시장에서 베스트셀러를 내면서 작은 영역에서나마 진보 담론을 형성했던 홍세화, 진중권, 박노자, 김규항 등의 지식인들이 그러한 노선이었다.[39] 이들은 혁명적 사회주의를 벗어나는 대신 '새는 좌우의 날개로 날듯이' 한국에도 좌파 노선이 필요하며, 그것은 유럽식 좌파여야 한다고 본 사람들이다. 대부분 유럽의 사회민주주의 체제를 지지하거나 그렇지 않더라도 그 체제를 거쳐야 할 정거장으로 보고 한국에서도 진보 정당 운동을 지지했다. 그러나 이러한 흐름은 2008년 금융위기 이후 한국이 남유럽 국가들을 경제적으로 추월하기 시작하고, 유럽 사회에서도 이런저런 문제들이 발생하기 시작하면서 상당 부분 심리적 타당성을 상실한 측면이 있다. 2010년대에도 조금 낡은 시선이었다고 볼 수 있으며, 그렇기에 2020년의 시점에서 86세대와 68세대를 비교하는 데 유럽식 사회국가를 이정표로 당당하게 제시하는 것은 조금 민망한 지점이 있다.

심리적인 부분이 아니라 사회학의 영역에서도 그렇다. 사회과학에서 자본주의를 이해하는 이론 중 하나로 '자본주의의 다양성(VoC, Variety of Capitalism)'이 있다.[40] 예전에는 자본주의가 발전하면서 모든 국가의 사회경제 제도가 '하나의 글로벌 스탠더드'로 수렴될 줄 알았다. 예컨대 경쟁력 있는 금융을 바탕으로 시장 만능주의를 설파했던 신자유주의론자들은 모든 자본주의 국가는 고도로 발전하면 신자유주의 체제의 모습을 지닐 거라고 생각했다는 것이다(뒤집어본다면 이런 믿음 체계에서는 어느 국가가 신자유주의를 따르지 않으면 더 이상 발전할 수 없을 거라고 봤다는 것이다). 그런데 현실 세계에서 일어나는 체제의 변동을 보니 각 사회가 아무리 다른 나라의 제도를 따라 하려고 해도 서로 다른 경로로 발전하고 다른 유형을 지닌 사회의 모습을 나타낸 것이다. 그 이유는 각 사회의 독특한 제도들이 모두 유기적인 연결망을 형성하고 역사적으로 구축된 자산 속에서 '경로 의존'을 따라 구성되고 진화하기 때문이라고 한다.[41] 가령 유럽의 교육제도와 대학의 커리큘럼은 유럽의 노동시장 제도 및 문화와 연결되어 있고, 미국의 교육제도는 미국 노동시장의 특징과 연결되어 있다는 식이다. 기본적으로 '자본주의의 다양성'은 LMEs(Liberal Market Economy, 영미식 자유시장경제)와 CMEs(Coordinated Market Economy, 독일식 조정시장경제)로 나눠서 국가들을 비교하는 이론 틀이지만, 그 안에서도 각 국가의 역사적 배경과 경로에 따라 경제·사회적 차이들을 찾는다는 것이다. 이런 관점으로 보면 미국식 교육제도에서 노벨상이 더 나온다고 해서 유럽 대학을 미국식으로 바꾸자는 주장은 이념적인 차원에서 비판하기 이전에 실효성이 없다고 한다.[42] 한국에 유럽의 어떤 제도를 이식해야 한다는 논의에도 똑같이 적용될 수 있는 비판이다.

추월의 시대

86세대의
권력 집중에 대한
논의에서 놓친 것

이제는 사회학자 이철승 교수의 논의를 검토할 시간이다. 그의 저서인 《불평등의 세대》(2019)에서 1930년대생으로 대표되는 산업화 세대, 1960년대생으로 대표되는 민주화 세대, 그리고 1990년대생으로 표상한 청년세대, 3세대에 걸쳐서 불평등이 어떻게 형성되고 축적되었는지를 설득력 있게 보여주려 했다. 이철승 교수의 논의는 크게 보아 언론에서 '86장기독재론'과 '86세습론'으로 소개됐다. '86장기독재론'(책에 나온 용어로는 '386세대의 장기 생존')은 86세대가 다른 세대와는 달리 획득한 권력자원을 일정 시간이 지나 다른 세대에게 넘기지 않고 오래도록 점유할 것이라는 전망을 담고 있다. 일찍이 우석훈 박사도 그러한 전망을 했다고 볼 수 있겠지만, 그는 데이터를 근거로 설명하지는 못했다. 더구나 2007년 관점에서 볼 때 86세대가 이후 정치권력을 상실하고 10여 년을 헤매면서 실현되지 못한 예언이었다고 볼 수 있다. 이철승 교수의 예언은 우석훈의 예언의 '지연된 실행'이라고 할 수도 있다.

한편 '86세습론'은 장기독재의 결과가 자녀 세대의 불평등을 산출하리라는 전망이다. 1980년대생 또래들이 하는 얘기로는, "86세대 부장님이 자녀 혼수를 한 것만으로는 성에 차지 않아 자녀 아파트까지 사주려고 집에 가기 싫다네"에 해당한다. 정년 연장의 문제까지 엮이는 영역이며, 일반적인 불평등 문제와 세대의 특수성 문제가 함께 얽혀 있다.

이철승 교수의 논의는 우리 저자들에게 논박의 대상은 아니다. 오히려 '역사화해서 집에 잘 보내드리기'라는 방책이 필요한 이유에 해당하는 측면이 있다. 86세대가 시민사회단체와 노동조합의 동원 네트워크를 잘 활용했고, 정치권력으로도 수월하게 진입했으며, 그 선두주자들이 2000년대 중반을 기점으로 기업과 정당에서 수뇌부로 부상한 이후 장기 생존하고 있으며, 한국의 연공서열제도가 가장 잘 작동하던 시기를 활용하여 더 많은 소득을 올리게 될 것이라는 분석에 굳이 반박할 이유는 없다.

그럼에도 불구하고 첨언해야 할 부분들은 있다. 논의의 시작에서 살펴봤던 86세대에 대한 서로 다른 정의의 문제와도 관련 있는 이야기다. 86세대가 1960년대에 태어난 대다수를 말하는 것인지, 대학에 한 번이라도 입학한 사람들만 칭하는 것인지, 그중에서도 학생운동에 적극적으로 참여한 이들을 칭하는 것인지, 그러면서도 정치권에 입문한 사람들까지 칭하는 것인지를 구별하지 않고 이 정의들을 임의로 오가면서 기득권이라는 근거만을 확충하는 경향성을 보이는 것이다. 우석훈 박사가 본인의 저술에서 '이미 30대 중반에 자신들의 대변인을 정치 조직의 정점에 올린 386세대'[43]라고 표현한 부분에서도 발견된다. 2007년 시점에서 우석훈 박사가 말하는 대변인은 물론 노무현 전 대통령을 의미한다. 하지만 우리는 현재 시점에서 2002년 86세대의 때 이른 승리가 백일몽으로 끝나고 보수 정권 10년의 시대가 개막된다는 사실을 알고 있다.

굳이 정치적 영역에서 따져본다면 86세대 학생운동권의 정치권 진출은 2000년 총선에서 김대중 대통령에 의해 시작되었

　　　　　　　　　　　　추월의 시대

고, 2004년 총선에서 대통령 탄핵 역풍에 의해 무더기로 당선자가 나왔다. 그러나 흔히 생각하는 것과는 달리 86세대는 민주당에서 확연한 주류 그룹을 형성하지는 못했다. 86세대 학생운동권 정치인들의 입장에서는 민주당 내부에서 리더를 해보거나 만들어본 적은 없다고 생각하는 것이다. 그렇기에 지켜보는 사람들의 입장에서는 정치적인 무언가를 내걸고 사람들에게 평가받는 일 없이 오래도록 민주당에서 버틴 이들이라면서 더 얄미워하는 경우가 있다. 2002년에 86세대는 때 이른 정치적 승리를 거두었다. 노무현 대통령을 당선시킨 핵심 요인은 당시의 2030세대였던 1960년대생부터 1980년대 초반생까지의 지지라고 봐야 할 것이다. 2002년 대선은 한국 대선의 역사에서 처음으로 지역 분화가 아닌 세대 분화가 화제가 된 선거였다.[44] 물론 당시까지는 여전히 지역주의가 강고하기는 했다. 그러나 친노 세력의 PK 공략이 생각만큼 효과를 거두지 못한 반면, 오히려 세대 결집으로 지역주의를 넘어설 수 있었다.

그러나 86세대는 당시에 정치적 승리를 거뒀고, 특히 2004년 총선에서 동년배 정치인들이 진입하기는 했으나 아직은 사회경제적으로 기성세대의 주류는 아니었다. 86세대의 장기독재를 지적하는 논의들에서는 이 점을 간과하는 경우가 있다. 정치권, 언론계, 대학, 그리고 일부 상위권 대기업의 풍경만을 살핀다면 2000년대 중반 어느 시점에 주류가 된 그들이 쭉 그 자리를 놓지 않았다고 할 수도 있다. 담론계에서 자주 묘사되는 영역이기에 사회의 상당 부분을 대표하는 것처럼 여겨지지만 그렇다고 사회 전체는 아니다. '86세대 장기독재론'에서는 이러한 영역들을 사회 전체로 확장해서 그들의 권력을 과잉되게 묘사하는 경향이 있다. 심지어 이철승 교수의 논의조차 그렇다.

기업과 정당의 사정을
같다고 볼 수 있을까?

이철승 교수의 논의에서는 86세대의 선두주자들이 2000년대 중반을 기점으로 기업과 정당에서 수뇌부로 부상한 후 1997년 금융위기의 칼날을 피해 2000년대 기업 내부에서 최대 다수가 됐다고 묘사한다.[45] 그러나 현실적인 맥락을 고려한다면 조금 부정확하고 여러 맥락을 뭉개는 구석이 있다. 앞서 살펴보았듯이 정치 영역에서 2000년대 중반은 86세대 선두주자들이 국회의원이 된 시점이지 수뇌부가 된 시점은 아니다. 후속 세대는 86세대가 국회의원이 된 나이에 의원이 되지 못했다는 문제가 있지만 여하간 사실관계는 그렇다. 이런 오해가 발생한 건 2002년 노무현 대통령 당선의 착시 효과 때문으로 보인다. 노무현 전 대통령은 86세대 참모들의 영향과 보좌를 받았지만 그 자신은 86세대가 아니다.

86세대가 1997년 금융위기의 칼날을 피해 2000년대 기업 내부에서 최대 다수가 된 것은 사실이지만, 2000년대 중반을 기점으로 기업에서 수뇌부가 되었다는 서술과 앞뒤가 맞지 않는다. 수뇌부가 최대 다수가 될 수는 없지 않은가. 이는 공무원 조직의 상황을 보면 명료하게 알 수 있다. 노무현 정부 때 공무원 사회의 일부 86세대들은 정부에 호응하여 조직 내에서 이런저런 시도를 했는데, 파장만 일으킬 뿐 별다른 결과를 내지 못했다는 식의 일화들이 있다. 2000년대 중반에 86세대가 연공서열 구조에서 조직을 리드할 '짬'이 되지 못했기 때문이다. 이철승 교수가 지적한 바(이전에는 박해천 등의 논자들이 지적했다) 그들이 IMF 정리해고의 칼날을 피해 살아남았기 때문에 다른 세대에 비해 다수가 생존한 것은 분명하지만, 연공서열 구조에서 주류가 되는 시점은 당연히 2000년대 중반 이후다. 소위 86세대가 사회경제적으로 주류가 되는 것은 노무현 정부 시기가 아니라 그들의 승리가 패배로 변하고 권력이 저편으로 넘어간 보수 정부 10년의 어느 시점이었다.

86세대 특유의 시민사회단체에서의 네트워크가 정치권 입문에 어떠한 영향을 미쳤는지를 분석하는 것은 타당한 일이다. 이철승 교수의 책 초반부 논의는 여기에 집중되어 있다. 그러나 이러한 경향성은 '정치 영역에서 86의 기득권'이라는 훨씬 더 협소한 문제에 대응하는 것이지 사회 전체의 문제는 아니다. 한국은 명망 중심의 사회이기 때문에 대부분의 사람들에게 '국회의원이 되고 싶으냐?'고 물어보면 그렇다고 대답할지도 모른다. 그러나 '20년 동안 생계가 곤란한 시민사회운동을 한 다음에 국회의원이 될 수 있다면 하고 싶으냐?'고 묻는다면 조금 망설일 것이다. '20년 동안 생계가 곤란한 시민사회운동을 한 다음에 국회의원이 될 가능성이 한 15퍼센트쯤 된다면 하고 싶으냐?'라고 묻는다면 손사랫짓할 이들이 다수일 것이다. 따라서 시민사회단체에서의 네트워크가 정치권 입문에 미친 영향을 분석하는 일은 그것을 원했던 이들에게나 '특권'일 뿐이다.

앞서도 말했지만 86세대는 사회운동을 적게 할수록 사회에서 더 큰 이득을 보았다. 굳이 '시민사회운동을 하다가 정치권 입문을 하려면' 86세대라는 점이 더 유리했겠지만, 다른 세대와 마찬가지로 시민사회운동 자체가 정치권 입문을 보장하거나 그 과정에서 고소득을 보장하는 것은 아니었다. 시민사회운동이 86세대의 후속 세대에서 재생산을 하지 못하고 민주당 등 기성 정당에 합류하게 된 것은 그 자체로 존재하는 현상이다. 그렇게 올라탄 이들은 동년배 86세대에 비해 (적어도 정치권 입문 전에는) 기득권을 누리지 못한 사람들이었다. 게다가 시민사회운동에 참여한 86세대 중 대다수는 정치권에 올라타지도 못했다.

물론 이철승 교수가 "친구가, 친구의 친구가 권력을 잡았다는 것은 그만큼 나의 권력도 증대되었음을 의미한다"[46]고 적은 것은 함의가 있다. 86세대 혹은 그들의 약간 선배 세대까지 포괄하는 민주화운동 세대의 말을 들어보면 자신들 또래가 경제활동을 하고 민주화운동에 대해 부채감을 가지고 있었기에 그들의 도움을 받은 측면이 분명히 있다. '수배당하다가 친구를 찾아가면 돈통에서 그냥 원하는 만큼 꺼내 가라며 넘겨줬다'라는 증언들이 있었다. 그러나 이런 경험담은 수배 생활을 하는 이들 중 비교적 수월한 세대였다는 뜻이지, 동년배 직장인보다 높은 소득을 올리거나 권력을 누렸다는 얘기와는 거리가 멀다. 지금 지적하는 것이 바로 그 문제다.

이를테면 학생운동은 00년대 학번부터 급속하게 퇴조하고 이후 시민사회단체나 정당으로 합류하는 비율도 줄어든다. 그렇기에 86세대나 90년대 학번 세대가 후속 세대를 제대로 키우지 못했다고 비판할 수 있다. 그러나 다른 측면에서 보면 보통 1980년

추월의 시대

대생이었던 00년대 학번들은 주로 시민사회단체나 정당에서 비전을 보지 못하고 동년배들과 비슷하게 사회생활을 했다. 그렇기에 그들은 86세대와 손발을 맞춰 아래에서 작업하면 언젠가는 기회가 올 거라고 여겼던 90년대 학번 세대들에 비해 덜 착취당한 면도 있었다. 하지만 이철승 교수의 방식으로 시민사회단체의 네트워크를 분석하는 차원에서는 마치 90년대 학번들이 00년대 학번들에 비해 더 많은 배려와 기회를 받은 것처럼 여겨질 것이다. 현실에서 경험한 바에 의하면 결코 그렇지 않다. 오히려 90년대 학번들이 가장 불우했다고 여겨지는 지점도 있다.

영역을 나누고
접근하는 방식이
필요하다

이처럼 86세대의 정치권력 획득 과정에는 지난 20여 년간의 부침이 있었고, 연공서열의 혜택으로 인한 사회경제적 권력의 정점은 오히려 정치적으로 패배한 순간에 찾아왔다. 그러니 이제 다시 정치적인 승리를 거두었다고 해서 86세대가 정년 연장을 획책할 수 있을지는 매우 의심스럽다. 그렇게 할 수 있다면 그 부분이 세대 간 전쟁의 가장 첨예한 전선이 될 것이다. 하지만 그런다 하더라도 86세대의 장기집권이나 세습 시도가 한국 사회 불평등 문제의 핵심이 될지는 의문이다. 이 싸움은 오히려 사회적으로 쉽게 승패가 날 수 있다. 86세대에게 별다른 명분이 없기 때문이다.

앞서 정치권, 언론계, 대학, 그리고 일부 상위권 대기업의 풍경만을 살펴보고 '86세대 장기독재론'이 유효하다고 봤다. 또한 이 영역들이 담론 영역과 밀접하다는 점에서 '86세대 장기독재론'이 설득력 있게 여겨지는 착시 현상이 있다고 지적했다. 그렇다면 정년퇴직을 피할 수 있는 영역이 어디인가? 정치권밖에 없다. 그것도 선출직들에게만 해당한다. 위에서도 말했듯이 '정치 영역에서 86의 기득권'은 별도로 다뤄야 하는 심각한 문제이다. 다만 이를 근거로 사회 전체에서 86의 기득권을 말하기에는 너무 협소한 사례일 뿐이다. 정치권, 언론계, 대학의 동 세대는 함께 공명하므로 담론계에서 바라보면 '86'이 전 사회를 지배하는 것처럼 여겨지지만 현실 사회는 그렇지 않다. 당장 대기업 상층부에 있는 일부 86세대들만 하더라도 소득이 적은 정치권 동년배들에게 밥은 사줄 수 있을지언정 그들을 위해 기업의 전략을 바꾸지는 못한다.

따라서 불평등을 완화하는 방책들을 실현하기 위해 고민하는 과정에서는 세대 간 투쟁보다 오히려 '무엇이 공정한가?'에 대해 상호 합의할 수 있는지가 중요하다. 최근 인천국제공항 정규직화 논란이 '진보적인 기성세대'와 '보수적인 청년세대'의 충돌로 오인되고 있는 것만 봐도 그러하다. 물론 이철승 교수도 그러한 논의로 나아간다. 그는 자신의 책 에필로그에서 현재보다 더 강력한 '임금피크제', 공무원 집단 내부의 임금 양보와 청년 고용 확대, 연공제에서 직무제로의 전환, 연금개혁, 상속 과정에서 세금을 징수하여 청년세대 주거권 보장을 위해 사용하도록 법제화, 국가가 관리하는 취업 및 창업 알선 기관 확장 등의 제도적 대안을 제시하고 있다.[47] 전적으로 동의한다. 문제는 일부 제

추월의 시대

안에 반대하는 것을 '진보적 대안'으로 생각하는 세력들이 있다는 것이다. 이들도 굳이 '86세대'라는 틀로 묶을 수 있지만 다르게 얘기하자면 노동계에 해당한다. 그리고 이들과 비슷한 생각을 하거나 이들에게서 벗어나기 어렵기 때문에 정의당 같은 진보정당의 운동 노선에 대해서도 의심해봐야 하고, 더불어민주당이 이들에게 포섭될 때는 전망이 보이지 않는다.

이철승 교수가 86세대를 주적으로 상정한 이유는 어떤 이들이 진보라고 내세우는 것이 실은 특정 영역 특정 세대의 기득권 고수에 불과하다는 점을 사회적으로 통렬하게 환기하기 위함이었을 것이다. 그러나 구체적인 문제 해결 단계에서는 영역별로 문제를 분절해서 지적하고 논쟁해야 한다. 그들이 '퇴장할 수 없는 히어로'에서 벗어나 본인들의 역사적 공로를 인정받고 집에 돌아가도록 하기 위함이다. 그런 과정 속에서 이철승 교수의 다음 문제 의식을 대면해야 할 것이다. 이철승 교수는 《불평등의 세대》의 한 부분에서 산업화 세대로부터 86세대에 이르기까지 완성된 한국형 위계구조인 '네트워크 위계'의 희생자가 청년과 여성이라고 썼다. 그러므로 그 교집합은 '젊은 여성'이 되며, 한국 사회에서 2010년대 후반 이후 급진적 페미니즘이 부상한 것, 그리고 그 반대편에 있는 '젊은 남성 보수'의 부상 또한 우연이 아니라는 것이다. 또한 이철승 교수는 청년 노동시장의 암울한 상황은 한국형 위계구조와 그에 기반한 발전 전략 자체가 재생산 위기에 봉착했다는 하나의 징표라고 분석했다.[48] 이러한 그의 주장은 현 시점에서 대한민국의 문제를 하나의 방향에서 절단한 단면도처럼 여겨진다. 86세대 비판이 얼마나 설득력이 있느냐와 별개로, 우리 사회가 이 문제를 심각하게 대면하지 않는다면 '세대 전쟁'은 사라지지 않을 것이다. 결국 '80을 위한 정치'도 이러한 청년들의 문제를 해결해야 한다. 이 문제에 대한 저자들의 진단과 해법은 '선진국 한국'의 위치를 규명한 후, 8장에서 다시 제시하게 될 것이다.

추월의 시대

저자 노트
한윤형

만나지 않을 것 같았던 것들이
서로 만나기까지

열 살도 되기 전에 민족주의자가 됐다. 아마도 초등학교 2학년 때인지 3학년 때인지 계몽사판《만화 한국사》20여 권을 읽은 후였을 것이다.

초등학교 5학년 정도 됐을 무렵 김진명의《무궁화꽃이 피었습니다》(1993)가 한국 사회를 강타했다. 또래 친구 몇몇에게 글쓰기를 가르쳐주셨던 친구 부모님에게 빌려서 한달음에 읽었다. 아이들에게 빌려주기에는 조금 야한 부분이 있는 책이었지만, 그분은 그 책을 어린아이에게도 너무 읽히고 싶었는지 흔쾌히 빌려주셨고 내가 재밌게 읽는 것을 보며 즐거워했다.

전여옥의《일본은 없다》(1993)와 이우혁의《퇴마록》(1994)을 읽은 게 아마 그다음이었을 것이다. 당시 이우혁의《퇴마록》을 읽으면 '환단고기' 유의 사이비 역사학 논리에 일부 젖어들지 않을 수 없었다. 전여옥에 대해서는, 그래도 그 책만으로 만족하지 않고 나중에《일본은 있다》(1994)까지 찾아 읽기도 했다. 다소 미심쩍은 구석들이 있었기 때문일 것이다.《일본은 있다》는 그리 재미있는 책은 아니었지만 진득하게 읽으면 일본 근대사의 맥락 약간과 '난학'이라는 단어 정도는 학습할 수 있었다.

돌이켜보면 1990년대의 한국은 열등감과 자신감이 묘하게 교차하는 시기였던 것 같다. 당시 출판시장의 동향을 살펴보면, 1990년대에 들어 한국인들은 갑자기 세계 속에서 우리가 어떤 위치를 점하고 있으며 어떤 모습으로 보일지에 대해 관심을 가지게 되었던 게 아닌가 한다. 예민한 10대를 보냈던 나에겐 그 시기 한국 사회의 관심사가 포개졌다. 자연스럽게, 혹은 강박적으로, '일본'이란 대상이 화두가 됐다. 중학생 때는 그 유명한 이

어령의《축소지향의 일본인》(1986)도 찾아 읽었고, 수학자 김용운이 저술한《한국인과 일본인》(1994) 시리즈 4권이 그때의 내게는 상당히 깊은 내용의 책이었다. 김진명의 소설에 대해서라면, 그의 두 번째 작품인《가즈오의 나라》(1995)까지 찾아 읽었다. 이때 나는 중학생이 되어 있었다. 이 소설은 내게 광개토대왕릉 비문 논쟁을 처음으로 접하게 만든 책이었다. 나중에는《몽유도원도》라는 제목으로 다시 나온 소설이다. 부끄럽지만 이 소설을 읽은 후 짧은 시기 동안 장래에 역사학자가 되겠노라고 떠들고 다닌 이력이 있다. 이후로는 김진명의 소설을 읽지 않았다. 이우혁의《퇴마록》시리즈도 어느 순간부터 손이 가지 않았으며 그의 후속작들도 챙겨 보지 않았다. 왜냐하면 중학생이 된 후 도서관에서 좀 더 본격적인 역사책들을 뒤져보기 시작하면서 '환단고기' 유의 논리에서 빠져나오고 있었기 때문이다. 그래도 지금 생각해보면 고구려 강역을 터무니없이 늘린 지도가 들어 있는 책들에는 깜빡 속았다. 고구려와 백제와 신라가 한반도에 없었다는 얘기에도 몇 년간은 신빙성이 있다고 생각했다.

김대중 정부가 일본 대중문화를 개방한 이후 고등학생 때엔 김지룡의《나는 일본 문화가 재미있다》(1998)와《재미있게 사는 사람이 성공한다》(1998)와 같은 종류의 책도 읽었다. 그즈음엔 교양도서로 나온 인류학 책이나 역사학 책을 좀 더 읽으면서, 이어령이나 김용운으로부터 탈출하려고 애쓰기도 했다.

스무 살이 되기 직전, 1990년대 후반부터 2000년대 초반까지 집중적으로 열렸던 진보지식인들의 담론을 접하게 됐다. 이 순서대로 읽진 않았지만 홍세화, 진중권, 김규항, 박노자 등의 책을 읽었다. 나는 진보주의자가 되었고 위에서 적은 10대 시절의 지적 편력을 숨겼다. 20대 시절에 돌이킬 때는 그게 '지적' 편력이라고 여겨지지도 않았다. 그때 기준으로는 여덟 살 무렵부터 스무 살 이전까지의 편력이 온전히 '흑역사'였다. 차라리 장르소설을 읽은 이력만을 내세울 정도였다.

20대 초반에 진보주의자가 되니 탈민족주의자가 되어야 하는 강박 비슷한 게 생겼다. 그 시절 대학에 가면 선배들이 손에 쥐어주던 책이 임지현의 《민족주의는 반역이다》(1999) 같은 책이었다. 뉴라이트 논란이 일어났을 때는 이영훈 등의 책을 대단히 심각하게 읽었다. 당시엔 그들을 반박하는 사람들보다 뉴라이트의 기본적인 논리가 더 탄탄하게 느껴졌다. 그래서 탈민족주의자의 시선으로 그들의 견고한 논리를 깨뜨리기 위해 안간힘을 기울였다. 사람들은 대부분 내가 왜 그런 노력을 기울이는지에 대해 이해조차 하지 못했다. 그 시절 생각을 정리하는 데 큰 도움을 줬던 책으로는 윤해동의 《식민지 근대의 패러독스》(2007) 같은 책이 있었다.

진보주의자가 되고 보니 동료들은 한국 전근대사에 너무들 관심이 없었다. 그들은 유럽 근대사나 러시아 혁명사에 훨씬 해박했다. 소수파가 됐고, 한국 전근대사 얘기는 일부 좋아하는 친구들끼리 모여서 했다. 한편 기성세대들은 내가 역사적 토의에 끼어들면 재미있다는 듯이 굴었는데, "자넨 젊은 친구가 역사에 그리 관심이 많나?"라는 얘기를 들으면 의아했다. 나는 그런 자리에서 빠져나온 뒤엔 동년배들을 향해 "무슨 1960년대나 1970년대 얘기도 아니고, 전근대사면 지나 나나 책에서 본 건데 젊은 친

구의 관심에 신기할 이유가 뭐가 있나?"라고 투덜대곤 했다. 사실 본인이 역사애호가라고 생각하는 많은 기성세대들이 2000년대 초반 즈음에 독서를 멈췄다면, 그들은 이미 내가 빠져나온 '환단고기' 유의 논리에서조차 완전히 헤어나오지 못했을 가능성이 컸다. 그래서 그들이 젊은이들의 역사적 관심을 쓰담쓰담하려는 듯한 태도가 더욱 불만이었다.

스무 살 이전의 꼬꼬마 민족주의자의 지적 편력과, 스무 살 이후 진보지식인들의 얘기를 받아들였던 역사와, 20대 중반 이후 뉴라이트의 관점을 수용하면서 대결했던 경험, 이것들이 언젠가 하나로 모일 수 있겠다는 생각은 불과 몇 년 전까지도 하지 못했다. 그런데 친구들과 함께 이 책을 쓰면서 그 모든 것이 연결되는 느낌에 희열을 느꼈다.

맥락적 지식과 경험적 통찰이 부족했던 어린 시절엔 글을 쓸 때에 논리에 집착했다. 논변이 없이는 글이 진행되지 않았다. 있는 주장을 뜯어보고 논박해가면서 거기다가 내 생각을 붙이는 게 글쓰기의 주요 작업이었다. 그런 방식을 누구는 재밌어했지만, 어떤 이들은 지겨워했다. 나이를 먹고 나니 통찰과 단언으로 글이 진행되는 게 오히려 남들에게 수월하게 받아들여질 수 있음을 알게 됐다. 서로 영역은 다르지만 유발 하라리나 벨 훅스 같은 저자들이 글 쓰는 방식을 일정 부분 흉내 내려고 노력하기도 했다.

이제는 뭐가 '흑역사'이고 아닌지도 애매해진 세상이긴 하지만, 내가 헤매고 방황했던 그 모든 것들을 담아서 여기까지 왔다.

추격의 시대에서
추월의 시대로

2019년 12월 중국 우한 지역에서 발생한 후 팬데믹Pandemic을 일으키며 현재진행형인 코로나19가 세상을 바꾸고 있다. 사태 초기만 하더라도 같은 코로나바이러스 계열로 인해 발생한 사스 사태(2003년)나 메르스 사태(2015년) 정도 규모라고 예측됐다. 하지만 예측은 보기 좋게 빗나갔다. 이번 코로나바이러스의 대유행은 전 세계 인류사에 가장 큰 영향을 끼친 재앙이자 세계사에 새로운 전환을 일으킬 사건으로 자리매김하게 될 것 같다. 코로나19 사태가 국제사회의 질서에 끼치는 영향력은 1970년대의 오일쇼크를 넘어설 것으로 예측된다. 어쩌면 코로나19의 대유행은 제2차세계대전 종결과 더불어 전 세계적으로 형성된 '전후 질서'를 허물고 새로운 이름의 질서를 세울지도 모른다.

추월의 시대

포스트코로나 시대의
의미

그러한 사실이 의미하는 것은 무엇일까? 우리가 지금 꼽는 선진 강대국의 리스트는 제2차세계대전의 주역들과 대충 겹친다. 당시 식민지였다가 오늘날 부국으로 꼽히는 나라는 흔치 않다. 1980년대 '아시아의 네 마리 작은 용'으로 묶였던 싱가포르, 홍콩, 대만, 그리고 한국 정도다. 이 나라들 역시 제2차세계대전의 주역들과 비교하면 존재감이 미약하다. 그중 한국이 상대적으로 큰 인구 규모와 몇몇 글로벌 기업의 국제적인 경쟁력, 특히 최근에는 자국 대중문화의 세계적 인기에 기대어 조금 다른 위치까지 올라왔다고 여겨졌다. '네 마리의 작은 용'이라는 말이 아직까지 통용되지는 않으며, 한국은 다른 위치에 진입했다고 평가된다.

물론 코로나19 사태가 가져올 변혁은 한국 사회에도 고통스러울 것이다. 코로나19 사태는 전후 질서에서 상식이었던, 특히 공산권 붕괴 이후에는 전 지구적 법칙이었던 세계화를 위협하고 있다고 평가되기 때문이다. 지금 이 순간에도 전 세계의 생산과 소비 구조가 엉키면서 대혼란이 일어나고 있다. 지난 수십 년간 무역으로 먹고살아 온 한국 사회가 겪어야 할 고통도 지난할 것이다. 그러나 그러한 고통으로 인해 겪게 되는 국력의 상대적 격차의 변동을 살핀다면, 한국은 분명히 상승하는 쪽이 될 것이다. 무역량이 줄어들어서 성장률이 낮아지더라도 다른 나라만큼 큰 폭으로 낮아지지는 않을 것이며, 국가 이미지는 오히려 상승할 것으로 전망되기 때문이다. 다른 아시아의 후발주자들을 바라볼 때 이러한 재편의 시간이 한국 사회가 국민소득 3만 달러를 넘어서서 어느 정도 여력이 생긴 시점에 닥쳐온 것이 행운이라고 할 수 있을 정도다.

하지만 한국 사회 대다수의 구성원들은 아직 그것이 '행운'이 될 수 있음을 깨닫지 못하고 있다. 한국 사람들은 자기들끼리 달리기를 하면서 서로 싸우느라 세계 속에서 자신들이 어떠한 위치에 이르렀는지 볼 수 없었다. 그러나 코로나19 사태 한복판에서 한국의 놀라운 모습이 드러났는데, 그에 대한 경탄은 오히려 외부의 시선에서 왔다.

코로나19 사태 과정에서 한국 사회에 무슨 일이 일어났는지를 좀 더 정확하게 살펴보기 위해 2020년 2월 중순의 시점으로 돌아가 보자. 중국에서 입국한 한국의 첫 확진자가 발생한 1월 중순 이후 한 달 동안 한국 사회와 정치권에서 제기된 논쟁은 '호칭 문제'였다. 당시엔 아직 이름이 정해지지 않아 '신종 코로나바이러스'라고 불렸던 이 병을 '우한폐렴'이라고 불러도 될 자유를 허하라는 것이었다. 또한 1월 말에서 2월 초에 중국을 막지 않은 문재인 정부가 이미 전염병이 창궐하는 상황을 쉬쉬하고 있다는 음모론이 거세게 떠올랐다. 네이버 댓글에는 당시 국내의 온갖 사건 사고를 그러모아 이 사망자들이 '우한폐렴' 사망자일 거라는 댓글들이 달렸다. 아직 사망자가 나오지 않았을 때는 다른 원인으로 사망한 이들을 코로나19 사망자처럼 엮었던 것이다. 지금은 코로나19의 특성을 어느 정도 알고 있기에 반박하기 쉽지만, 당시로서는 대처하기 어려운 악의적인 선동이었다. 이런 주장은 보수 유튜버들조차 대놓고 하지는 않은 것이기에 유튜브

추월의 시대

이외의 경로로 가짜 뉴스 댓글을 퍼 나르는 집단이 따로 있을 거라는 생각이 들었다. 당시 가짜 뉴스 유튜버들은 사망자에 대한 진단검사 결과 '음성'이 뜨면 '(사망해서) 음성당했다'는 식으로 조롱하는 정도였다.

지난 2월 중순,
문제의 '31번 확진자'는
어떻게 발견될 수 있었나?

다만 문재인 정부에게 '중국 종속적'이라는 이미지를 뒤집어씌우고 싶을 뿐 문제 해결과는 하등 상관없는 논쟁이 들끓는 동안 질병관리본부를 비롯한 방역 당국은 착실하게 할 일을 하고 있었다. 진단 키트 생산을 조기에 승인하고, 먼저 생산되는 물량으로는 중국 등 해외 방문 이력이 있는 이들 중 유증상자에 대해서만 진단했다. 당시로서는 그들이 감염원일 가능성이 가장 높았기 때문에, 한정된 물량으로 최선의 대응을 한 것이다. 그리고 질병관리본부는 진단 키트의 생산 물량이 늘어나기 시작하는 시기에 맞춰 진단 대상을 확대하기 시작했다. 의료진의 판단하에 해외 방문 이력이 없는 유증상자에게도 진단을 권유하도록 방침을 바꾼 것이다.

2월 18일 그 유명한 '31번 확진자'가 양성 판정을 받을 수 있었던 것도 이 때문이었다. 진단 키트 생산량 증가 덕분에 해외 방문 이력이 없는 유증상자에 대해서도 진단을 권유하게 되면서 발견할 수 있었던 것이다. 31번 확진자의 발견은 분명 방역 당국의 예측을 벗어나는 일이었다. 그는 당시 방역 당국이 형성했다고 믿었던 포위망의 바깥에서 발견되었기 때문이다. 그러나 방역 당국은 확률적으로 가장 효율적인 대응을 하면서 확률적으로 미약한 가능성을 경시하지 않았다. 말하자면 진단 키트 물량이 확보되자마자 포위망 바깥에서 수색을 시작했고 그 과정에서 31번 확진자가 발견됐다. 그런 의미에서 본다면 31번 확진자의 발견은 방역 당국의 실패이기는커녕 오히려 성공에 해당하는 일이었다. 이후 미국, 유럽 각국, 그리고 일본 등의 대응으로 보건대 소위 선진국에서도 기대하기 어려운 일이었다. 덕분에 2월 19일에는 31번 확진자의 접촉자가 대구 신천지 예배를 중심으로 광범위하게 퍼져 있다는 사실이 드러났다. 31번 확진자와 다른 경로로 경상북도 청도 대남병원 정신병원 폐쇄병동에서 코로나19 중증환자들이 발생했다. 이 발견이 없었다면 대구 지역에서의 확산은 걷잡을 수 없었을 것이며, 일정 시간이 지난 이후 사망자 수의 증가 폭도 전혀 달랐을 것이다.

이러한 돌발 상황에 대한 방역 당국의 선택도 대단히 드라마틱했다. '우한폐렴'이라는 호칭을 고수하던 이들은 애초부터 '중국인 입국 금지'라는 대책을 주장했다. 31번 확진자 이후 확진자가 폭증하고 2월 20일부터는 사망자까지 발생하면서, 중국인 입국 금지를 정부에 요구하는 흐름은 이후 1일 확진자 수가 잦아드는 총선 직전까지 절정에 이르렀다. 한편 일부 의학자 및 역학자들은 확진자가 폭증한 이후 방역 당국이 확진자의 이동 경로를 모두 추적하는 '봉쇄' 전략에서 탈피하여 지역 감염을 인정하되 중증환자에 대해서만 집중적으로 의료자원을 투입하는 '완화' 전략으로 이동해야 한다고 주장했다. 확진자가 폭증하는

추월의 시대

상황에서는 더 이상 '봉쇄'의 포위망은 무의미하다는 주장으로 충분히 타당성 있는 의견이었다.

그러나 방역 당국은 대구 신천지 예배 참석자와 신천지 신도, 그들과의 접촉자들을 향해 거대한 포위망을 구축하는 길을 택했다. 이때쯤에는 진단 키트의 생산량이 받쳐주었기 때문이다. 먼저 예배 참석자들 중 유증상자에 대한 진단이 이루어졌고, 나중에는 신천지 신도는 무증상자까지 진단했다. 폭증하는 확진자의 수많은 접촉자들에 대해서도 광범위한 진단이 이루어졌다.

'중국인 입국 금지'란 주장의 문제는 무엇이었나?

중국인 입국 금지를 주장한 사람들은 비웃었다. 한국 정부와 방역 당국의 조치를 '모기장을 열어놓고 모기약을 뿌리는' 일에 비유했다. 중국인이라는 감염원을 통제하지 않고 받아들이는 한 방역 당국이 다시 구축하려는 포위망은 아무 의미도 없다고 보았다. 중국인을 막지 않으면 다른 곳들이 뻥뻥 뚫릴 것이라고 주장했다. 사실 그들의 생각대로라면 대구·경북에만 숨은 감염자가 있을 리 없었다. 중국인들은 대구·경북보다 수도권에 훨씬 많이 들어오기 때문이다. '유입 중국인'이 감염원이라는 주장이 사실이라면 중국인 밀집 지역인 서울 대림동이나 외국인 노동자가 많은 경기도 안산시도 대구·경북 수준의 난리가 났어야 했다. 하지만 '중국인 클러스터'의 집단감염은 없었고 그들의 생각은 틀렸다.

대부분의 감염자들은 한국 방역 당국이 상정한 포위망 안

쪽에 있었고, 해외 입국자들은 숫자가 급격하게 줄어드는 가운데 관리되었기 때문이다.

이후 얼마 지나지 않아 3월 11일에는 세계보건기구(WHO)에서 코로나19 사태에 대해 감염병 최고 경고 등급인 '팬데믹'을 선언했고, 이 역시 뒤늦은 대응이었다는 평가를 받았다. 3월 초부터 입국 금지를 대안으로 생각했다면 중국인만을 대상으로 할 수 없었다는 뜻이다. 한국 정부는 3월 20일에는 유럽발 입국자 전원에 대해 코로나19 진단검사를 하겠다는 방침을 발표했다. 입국 금지로 대응하려 했다면 적어도 3월부터는 전 세계를 틀어막아야 했고, 언제 열어야 할지도 알 수 없었다. 그렇게 했다면 과연 몇 명의 한국 국적자들이 해외에서 치료받지 못하고 죽어갔을지, 한국 경제에 미치는 영향은 어땠을지 가늠하기도 어렵다. 당시 중국 봉쇄로 성공한 뉴질랜드와 대만, 베트남 등의 성공 사례가 있지만, 이후 상황을 복기해보면 중국과 한국을 폭넓게 봉쇄했는데도 실패한 미국, 이탈리아, 이란, 러시아, 이스라엘 등의 사례가 확연하게 드러났다. 중국 봉쇄만이 답이라고 볼 일은 아니었다.

당시 상황에서 따져보더라도 중국발 전체 입국자를 막을 필요는 없었다. 전체주의 국가인 중국이 감염병 확산 상황을 더 일찍 공유하지 않아 전 세계 다른 나라의 대응을 불가능하게 했다는 비판은 더없이 타당한 것이었다. 그러나 중국은 그러한 전체주의 국가였기 때문에 경기도의 80퍼센트 넓이에 해당하는 인구 1천만 우한시 전역을 문자 그대로 '봉쇄'해버렸다. 이 봉쇄는 전염병 '봉쇄 전략'에서 의미하는 '봉쇄'가 아니라 일상에서 사용

추월의 시대

하는 문자 그대로의 '봉쇄'였다. 우한시가 속한 후베이성에서는 타 지역으로 나갈 수 없었으며, 그 지역 주민들은 전체주의 국가의 명령하에 '사회적 거리두기'를 강제당했다.

한국 역시 후베이성에서의 입국은 이미 금지한 상태였다. '중국의 통계는 믿을 수 없다'는 이들이 후베이성 외 모든 성에서도 감염병이 확산됐음이 분명하다고 우겼지만 중국이 그래야 할 이유는 없었다. 왜냐하면 중국의 목적은 되도록 빨리 '세계의 공장' 지위를 회복하는 것이었기 때문이다. 통계를 왜곡했다면 차라리 봉쇄한 우한시나 후베이성에서의 피해를 축소했을 것이다. 후베이성 외 지역에서도 사태가 심각해졌다면 그 지역에 대해서도 '사회적 거리두기'를 강제하는 식으로 외부에 알려졌을 것이다. 그랬다면 한국 등 다른 나라들은 후베이성 입국 금지에 더해 상황이 심각해 보이는 몇 개의 성에 대한 입국 금지 조치만 추가하면 되는 것이었다.

애초에 '중국인 입국 금지'는 정책적 제언이 아니었다. 왜냐하면 전면적인 중국인 입국 금지 대책은 과거 보수 정부라 하더라도 함부로 사용할 수 있는 방책이 아니기 때문이다. 그것은 세월호 참사가 단순한 해상교통사고였으며, 박근혜 정부는 운이 없었을 뿐이며, 문재인 정부가 이를 활용해 부당하게 정권을 빼앗았다고 믿은 이들의 악다구니였다. 그들이 실제로 하고 싶은 말은 다음과 같았다. '너희는 사람 목숨이 이윤보다 중요하다고 말했다. 그런 이유로 박근혜를 조롱했고, 그를 향해 침을 뱉었으며, 정권을 뺏어갔다. 그러니 너희는 금전적 손해가 얼마가 된다 하더라도 국민의 목숨을 지켜야 한다. 어서 중국인들을 모두 막아라. 그러지 않으면 너희는 세월호 참사를 비난할 자격이 없다. 너희는 애초에 정권을 가질 자격이 없다. 어서 중국인들을 막아 경제를 파탄 내고 너희가 틀렸으며 박근혜가 옳았다는 사실을 입증해라. 어차피 너희가 정권을 잡은 이상 경제는 파탄 날 수밖에 없는 것 아니겠느냐.'

'완화' 대응 필요 주장에도
질본은 추적을
포기하지 않았다

그러나 세월호의 과적 문제나 구조 과정의 문제들을 지적하는 것과 중국인 입국 금지는 전혀 다른 것이었다. 규모도 달랐을 뿐 아니라 중국인 입국 금지는 사람을 살릴 수 있다고 확신할 만한 대안도 아니었다. 국내외 언론에서 역학 전문가들이 말한 것을 종합해보면, 입국 금지 조치는 1~2주 정도의 지연 효과를 낼 뿐 결과적으로 최종 감염자 수를 떨어뜨릴 수는 없다고 한다. 그런데 코로나19 사태는 중국 측에서 초기 상황을 오판해 한 달 정도 외부에 상황을 은폐한 상태에서 출발했다. 애초에 지연할 수 있는 1~2주가 있었는지 여부조차 알 수 없었다. 한국에서 중국인 입국 금지 관련 논의가 시작된 것이 2월 초인데, 이때쯤에는 이미 감염병의 국내 유입이 시작된 시점이었다. 문제가 된 31번 확진자에게 전파한 사람이 중국에서 왔다 하더라도, 14일의 잠복기를 고려할 때 2월 초 이전에 들어왔는지 이후에 들어왔는지조차 확신할 수 없었다.

한편 한국 정부와 방역 당국이 전염병 문제에 '봉쇄' 대응을 끝내고 '완화' 대응으로 이동해야 한다고 주장하는 전문가들의 건의도 꾸준히 나왔다. 당시로서는 일정 부분 타당해 보였고 검토해야 하는 의견으로 생각됐다. 이 제언의 핵심은 다음과 같았다. '방역 당국의 포위망은 이미 무너졌다고 봐야 한다. 지역감염도 이미 시작됐다고 봐야 한다. 이런 상황에서는 공세적으로 확진자를 추적해서 찾아내는 작업이 더 이상 무의미하다. 초기와는 달리 확진자를 발견했다고 문자를 보내고 동선을 공개하면 지역경제만 망가질 뿐이다. 의료기관과 의료인들의 피로도도 엄청나다. 더 이상 버티지 못한다. 시민들이 사회적 거리두기를 유지하되 일상생활을 하게 해야 한다. 코로나19 환자의 경우 경증환자는 자가격리를 하며 환후를 지켜보되, 중증환자에게는 의료역량을 투입해야 한다. 그래야 의료 붕괴가 일어나지 않고 코로나19 환자에게만 집중하다가 여타 질병 환자들이 사망하는 일을 막을 수 있다.'

그러나 결과적으로는 한국의 방역 당국이 택한 길이 사망자를 훨씬 더 줄이는 길이었다. 코로나19 환자에만 집중하면 여타 질병 환자들이 사망하는 일이 일어날 거라는 우려는 일부 사례에서 나타났다. 특히 대구에서는 초기에 모든 확진자를 입원시킨다는 잘못된 방책을 채택하여 의료기관에서 혼란이 있었다. 그러나 이후 확진자를 증상별로 네 단계로 구분하고 중증환자 중심으로 확보된 병상에 입원시키는 방책이 정착되면서 혼란은 진정됐다. 일정 시간이 지난 후 완치자 숫자가 빠르게 늘어나기 시작하면서 대구·경북의 확진자 폭증으로 시작됐던 의료 붕괴 우려도 넘어갈 수 있었다. 한국의 방역 당국이 지역감염을 인정하고 추적을 포기했다면, 많은 숫자의 '숨은 감염자'를 놓치고 재유행이 발생하면서 의료기관과 의료인들에게 과부하가 걸릴 수 있는 상황이었다.

'133개국 중국인 입국 금지'라는 언론의 거짓말

2월 중순에 한국은 확진자 숫자로 보나 사망자 숫자로 보나 세계에서 중국 다음으로 위험한 곳으로 보였다. 세계 여러 나라가 한국인 관광객을 입국 금지했다. 그 상황에서 한국의 언론들은 부정확한 정보를 확산해 정부 당국을 흔들면서 '중국인 입국 금지' 주장에 힘을 실었다. 2월 17일 〈뉴스1〉은 '중국인 입국 제한국 또 늘어⋯총 133개국'이란 제목의 기사를 내보냈다. 전날인 2월 16일에 중국 이민관리국에서 공개한 '관련 각국 입국 절차상 제한 조치'라는 문건을 기사화한 것이었다. 그러나 여기서 제한 조치는 '중국인 입국 금지'에 국한된 것이 아니었다. 미국, 몽골, 북한처럼 광범위한 중국인 입국 금지 조치를 실시한 나라도 포함되어 있었지만, '항공편 제한', '비즈니스 입국만 가능', '후베이성 같은 특정 지역만 제한'과 같은 다양한 조치를 포괄한 것이었다. 또한 중국에 대한 제한 조치만을 추려내서 적은 것도 아니었다.

1. 모든 여행객의 체온 측정(아프가니스탄).
2. 주요 개항지에서 예방 검사 실시(아르헨티나).
3. 바레인 국제공항 모든 입국자 체온 검사 실시(바레인).

4. 중국발 직항 항공편 이용 바르샤바 쇼팽 국제공항 입국자는 질문서 작성(이름, 주소지, 연락처 등 정확한 정보 기입) 및 제출(폴란드).

5. 방역 모니터링 강화, 이상 증세 발견 시 전문 의료진이 심층 검사 진행(에콰도르).

6. 모든 공항·항만에 세관, 검역 강화(콜롬비아).

문건에는 한국에서 이미 시행하고 있는 평범한 조치들이 많았다. 말하자면 코로나19 관련해서 입국 절차가 어떻게 강화됐는지, 입국 시에 건강 관련 체크를 하는지, 발열 검사를 실시하는 나라는 어딘지를 소개하는 자료였던 것이다. 중국 이민관리국은 자국민들에게 검역 조치가 강화된 나라들의 구체적인 조치 내용을 알리는 것이 목적이었다. 심지어 한국 역시 그 목록에 포함되어 있었다. 왜냐하면 한국은 당시 일본과 마찬가지로 후베이성에서 출발하거나 경유한 입국자를 통제하고 있었기 때문이다. 한국은 해당 문건의 45번에 적혀 있었다. 이 문건은 애초에 중국인 입국 금지를 시행하는 133개국을 적은 것도 아니었을뿐더러, 설령 그렇게 우긴다 한들 133개국 중에 한국이 포함되는 모순된 상황이 되는 셈이었다.

그러나 무성의한 왜곡은 좀 더 악의적인 왜곡을 낳았다. 2월 17일 〈뉴스1〉의 '중국인 입국 제한국 또 늘어…총 133개국'의 내용을 거의 그대로 가져와 2월 23일자 〈머니투데이〉 기사에서는 '전 세계 133개국 중국인 입국 금지…한국 안 하나 못 하나'라는 제목으로 바뀌었다(이후 어떤 지적을 받았는지 기사 제목이 '중국인 전면 입국 금지, 한국 안 하나 못 하나'로 교묘하게 수정되었다). 〈뉴스1〉과 〈머니투데이〉 기사의 사이에는 〈세계일보〉와 〈국민일보〉 등에서 받은 기사가 각종 커뮤니티로 전파되었다. 말하자면 "133개국이나 중국인 입국 금지를 하고 있는데 한국만 하지 않는다"는 여론몰이가 일어나자 〈머니투데이〉가 사람들이 원하는 정보를 좀 더 노골적으로 제목에 담아 다시 한 번 '장사'를 한 것이다. 몇 번의 왜곡을 거쳐 한국도 포함된 133개국의 검역 방책 목록을 '중국인 입국 금지 리스트'로 몰아가면서 왜 그 133개국을 따라가지 않느냐고 묻는 코미디 같은 일이 벌어진 것이다.

**무능했던 한국의 담론,
방역 당국의 활약을
알지 못했다**

결국 1월 말부터 극우 유튜버들의 주장, 청와대 국민청원, 인터넷 커뮤니티의 의견 등으로 나돌던 '중국인 입국 금지'라는 제안을 제1야당도 받아가게 되었다. 당시 미래통합당 박인숙 의원이 2월 19일에 당장 중국인 입국 금지를 해야 한다고 발언했고, 2월 24일엔 지도부에 해당하는 심재철 원내대표가 '즉각 중국 전역에 대한 입국 금지 조치를 취하라'고 발언했다.

당시에도 주어진 사실관계들은 있었다. 일단 코로나19가 이미 전 세계적으로 확산되는 중이었다. 더 이상 중국과 한국만의 문제로 남지 않을 터였다. 2월 19일에는 이란, 2월 21일에는 이탈리아에서 확진자와 사망자가 거의 동시에 발생했다. 이건 하나의 신호였다. 이들 나라는 확진자를 미리 추려내고 관리하고 동선을 추적한 한국과는 전혀 다른 심각한 양상으로 전염병이 창궐하기 시작했다는 의미였다. 한국은 1월 20일에 첫 중국인 확진자가 발생했고 1월 24일에 첫 한국 국적 확진자가 발생했는데, 사망자는 2월 20일에 처음 발생했기 때문이다. 이란과 이탈리아에서 지역감염이 '감지'된 상황은 이미 중동이나 유럽에 병이 유입됐거나 곧 유입될 거라는 사실을 의미했다. 특히 유럽연합(EU) 국가들 간의 이동은 무척이나 자유로웠기 때문이다. 이란과 이탈리아는 1월 말에서 2월 초에 중국발 항공편을 모두 끊어버리는 등, 한국보다 더 적극적으로 중국과의 교류를 끊으려고 노력했던 나라들이었다. 입국 금지 조치가 방역과는 별개이며 한국이 택한 방식이 더 옳았다는 사실을 그 시점부터 예상할 수 있었던 셈이다.

2월 중순에는 확진자 수 폭증 데이터만 있었던 게 아니었다. 진단 키트 생산량이 늘어나면서 진단검사 숫자가 비약적으로 확대되고 있다는 데이터가 있었다. 하루에 수천 수만 건의 진단검사가 행해졌다. 그리고 검사 수 대비 확진 판정 비율은 점점 낮아지는 추세였다. 말하자면 방역의 포위망을 다시 구축하는 데 성공하고 있다고 판단할 만한 흐름이었다. 그러나 보수 언론과 제1야당은 이러한 데이터를 받아들이고 해석하는 것을 거부했다. 사실이 어떻든 상관없다는 악의이든, 막연하게 자국을 재난 대처 후진국으로 치부하던 관성 때문이든 결과적으로는 철저한 무능의 발로였다. 한국 정부와 방역 당국, 특히 질병관리본부가 훌륭한 행정 조치를 취하고 있다는 점이 당시에는 제대로 평가받지 못했다. 진보 언론 역시 보수 언론과 제1야당이 내세우는 주장의 허점을 제대로 공박하지 못했다. 한국에서는 일부 커뮤니티를 시작으로 진단검사 숫자 확대와 검사 수 대비 확진 판정 비율을 눈여겨봐야 한다는 얘기가 나오기 시작했지만 처음에는 맹목적인 정부 지지자들의 '정신승리'로 치부될 뿐 확산되지 못했다.

방역은
'발본색원'이 아니라
'확률'의 문제다

'중국인 입국 금지'를 대안으로 내세운 이들이 알지 못했던 것은 방역이 '발본색원'으로 대처할 수 있는 문제가 아니라 '확률'의 문제였다는 것이다. 발본색원으로 문제를 해결하려고 한다면, 논리적으로 볼 때 외국인 입국 금지보다 훨씬 근본적이고 확실한 대안이 있다. 바로 전 인류가 각자 자기 집에서 문을 걸어 잠그고 코로나19의 잠복기로 알려진 2~3주 동안 누구와도 접촉하지 않는 것이다. 논리적으로 볼 때 이렇게 하면 전염병 유행은 확실하게 끝난다. 현재 감염자들 중에 2퍼센트가량이 사망한 이후 적어도 사람들 사이에서는 더 이상 코로나19의 감염원이 존재하지 않게 되는 것이다.

중국이 자국 내 감염병의 대확산 이후에 사망자를 수천 명 수준으로 관리할 수 있었던 것은 전체주의 정권이 인민의 집에다 대고 외출하지 말라고 못질을 할 수 있었기 때문이다. 못질을 하지 않은 정부의 명령을 그나마 준수하려고 노력이라도 하는 것이 동아시아인들일 것이다. 그 외 지역은 어림도 없다. 미국인

추월의 시대

들은 외출 금지 조치는커녕 그저 얼굴에 마스크를 쓰라는 방침에도 '자유 침해'를 운운하고 마트에서 신경질 내면서 물건을 던지거나 총을 들고 거리로 쏟아져 나오지 않았던가.

발본색원을 할 수 없다면 확률을 줄여야 한다. 가령 현시점에서 감염병이 대확산된 유일한 국가가 중국이라 하더라도 중국발 유입 자체를 차단하는 것보다 중국발 유입을 줄인 후 게이트를 집중 검사하는 것이 확률적으로 우월한 선택이다. 왜냐하면 중국발 유입 자체를 막아버리면 당장 1~2주는 아무도 들어오지 않더라도 반드시 들어와야 하는 이들은 다른 나라를 경유해서라도 들어오기 때문이다. 그래서 중국발 유입을 차단하지 않았을 때는 게이트 앞에 방역 역량을 집중 배치하면 되지만, 차단할 경우 전체 외국발 유입자 중 누가 감염원인지를 알 수 없게 된다.

또한 '무증상 감염자'가 존재한다는 사실도 확률을 허물지는 못한다. 코로나19 방역 과정에서 널리 관찰되었듯이 전체 감염자의 25퍼센트 정도 무증상 감염자라 하더라도 유증상자가 감염자일 확률이 무증상자가 감염자일 확률보다 훨씬 높다. 그러므로 증상자를 중심으로 먼저 검사하는 것이 타당하다. 발열 체크가 여전히 유의미한 수단인 이유도 거기에 있다. 코로나19에 잠복기가 있고 무증상 감염자도 존재하기 때문에 우리나라는 확진자의 밀접 접촉자는 증상 여부에 상관없이 진단검사를 실시했다. 역시 확률을 따른 것이다. 한국은 이런 식으로 병을 관리해 성공을 거두고 있다.

한국에서 코로나19에 대한 공포는 첫 사망자가 나온 2월 20일부터 점증되어 주말이 지난 월요일 2월 24일이 되자 절정에 이르렀다. 서울의 모든 약국과 편의점마다 '마스크 품절'이라고 써 붙였던 시점이 2월 24일이었다. 그러나 이때 이미 해외에서는 한국의 대응에 찬탄하는 사람들이 나타났다.

외신이 먼저 주목하게 된
K-방역의 탁월함

미국 FDA의 전 국장 스콧 고틀립Scott Gottlieb이 트위터에서 하루에 두 번, 오전과 오후에 발표되는 한국 질병관리본부(KCDC) 보고서의 상세한 내용과 그것을 가능하게 한 빠른 진단 능력에 찬탄한 것이 2월 21일이었다. 그는 한국어를 하지 못했지만 질병관리본부의 보고서는 영문으로도 게시되고 있었는데, 거기에 적힌 숫자와 표들이 의미하는 바가 너무나도 명확했던 것이다. 스콧 고틀립의 트윗은 다수 사람들에 의해 번역되면서 한국 커뮤니티에 퍼져나갔다. 서울의 모든 약국과 편의점마다 '마스크 품절'이라고 써 붙였던 2월 24일에는 〈타임〉지에서 '한국의 확진자 증가는 높은 수준의 진단 역량, 언론의 자유, 민주적 책임 시스템이 반영된 결과'라고 지적했다. 이를 필두로 비슷한 내용의 외신 진단들이 나오면서 분위기가 반전되기 시작했다.

외신들의 한국 칭찬이 일부 커뮤니티를 넘어 전체 온라인으로 확산되면서 클릭 수를 보장하자, 며칠 지나지 않아 주류 보수 언론도 그 같은 외신 기사들을 번역해서 기사화하기 시작했다. 그것은 일종의 투항이었다. 이후에는 급속한 태세 전환을 정당화하기 위해 질병관리본부와 정은경 본부장은 영웅시하면서도 문재인 정부는 따로 떼어내어 비판하는 식의 '갈라치기' 신공이 펼쳐졌다.

하지만 한국 사회의 코로나19 대처 수준이 어땠는지에 대해서는 이미 주어진 자료가 명확하게 말하고 있다. 현재(12월 18일 시점) 코로나19 사태로 전 세계에 7,500만 명이 넘는 확진자와 170만 명에 육박하는 사망자가 발생했다. 한국의 확진자는 4만 7천여 명으로 전체 확진자의 0.5퍼센트를 약간 넘는 수준이며, 사망자는 700여 명이 안 되어 전체 사망자의 0.05퍼센트 미만이다. 한국의 인구는 5,200여만 명이므로 세계 인구 77억의 0.67퍼센트가량 된다. 즉, 한국의 확진자 수도 세계 평균 미만인데 사망자 수는 세계 평균의 10분의 1 이하라는 것이다. 특히 한국은 그동안의 확진자 증가 추이와 감염 경로 추적 상황을 볼 때 '숨은 감염자'의 비율이 세계 어느 나라보다 적은 것으로 판단되므로 이 수치는 다른 어떤 나라보다도 사실에 근접한 것이다.

다른 나라는 수치상 확진자나 사망자가 한국보다 적어 보인다 하더라도 과연 방역에 성공한 것인지 아니면 통계상 집계가 되지 않은 것인지부터 따져봐야 한다. 집계된 숫자로만 보더라도 코로나19로 인해 사망자가 1만 명 이상 발생한 나라는 총 25개국, 1천 명 이상인 나라는 총 76개국이다. 한국은 최대 사망자 기준 88위에 머무르고 있다. 혹자는 이것도 많다고 시비를 걸지 모르나 세계 평균 수치와 비교해봐야 한다. 대한민국은 인구수가 세계 28위이니 그보다 아래쪽이면 세계 평균보다 양호한 성적이다. 더구나 한국보다 사망자 수가 적은 나라들도 한국보다 인구가 훨씬 적은 나라, 통계를 믿을 수 없는 나라, 해외 교류가 거의 없이 고립된 나라 등 별도의 이유가 있다는 점을 고려하면, 대한민국이 코로나19 방역에서 세계 최고 수준의 대응을 보여줬다는 사실은 분명하다.

이에 대해서도 역시 해외 기관에서 평가한 자료가 있다. 지난 7월 초 컬럼비아대학교 제프리 삭스 교수의 주도로 발간된 '2020년도 지속가능발전 보고서(Sustainable Development Report 2020)'에서 한국이 OECD 국가 중 코로나19 초기 대응도 평가에서 1위로 집계되었다. 이 조사에서는 인구 100만 명당 사망률, 전파 억제율, 경제활동 제한(이동 감소율)과 감염 억제 정도 등 3가지 요소를 중점 평가했다. 한국은 총평에서 1점 만점에 0.90점으로 2위를 차지한 라트비아의 0.78에 비해 큰 격차를 보였다. 특히 전파 억제율은 높으면서 이동 감소율은 낮다는 점이 눈길을 끌었다. 한마디로 요약하면 경제활동을 제한하지 않으면서 방역을 효율적으로 하여 시민들의 생명도 살리고 경제적 타격도 최소화했다는 것이었다.

사태 초기 중국을 강도 높게 막아버린 미국의 사망자 수가 30만 명에 육박했고, 뒤늦게 중국 국경을 봉쇄하여 '한국은 왜 저렇게 못 하냐'라는 말을 이끌어낸 러시아의 사망자 수도 4만 명에 육박한다. 한국 관광객을 태운 비행기를 돌려보낸 이스라엘의 사망자 수도 2,800명을 돌파한 상황이다(이스라엘 인구는 865만여 명으로, 한국의 5분의 1도 되지 않는다). 어떤 기준으로 평가해도 'K-방역'의 성과는 부인할 수 없다.

추월의 시대

추월의 시대는
롤모델이 사라지는
시대다

코로나19 정국의 한복판에서 한국 사회는 어느 순간 모두를 추월해버렸고 앞에 아무도 없음을 깨닫게 되었다. 사실 한국 사회는 이미 객관적으로 '추격의 시대'를 지나 '추월의 시대'로 진입하고 있었다. 코로나19 사태라는 역사적인 사건을 맞이하여 한국 사회가 국가 역량을 발휘하자, 이제는 지구상의 모두가 대한민국이라는 신흥선진국의 '추월 데뷔전'을 관람해버린 상황이 펼쳐진 것이다. 종종 전쟁을 통해 상대적인 국가 역량의 변동이 적나라하게 드러나는 것처럼 말이다.

우리 모두는 '추격의 시대'의 대한민국에서 태어난 사람들이다. 하지만 대다수는 대한민국이 여타 선진국들을 앞지르는 '추월의 시대'를 경험할 가능성이 높다. 경제정책과 산업정책을 말할 때는 '추격형 경제'에서 '선도형 경제'로 전환해야 한다고 한다. 문재인 정부의 한국형 뉴딜에 관한 연설문 곳곳에도 그러한 인식이 박혀 있다. 그러나 '선도'라는 표현은 아마도 특정 산업 분야의 특정 기술에 대해 성립하는 것이다. 한국 사회 전체가 다른 선진국에 대해 선도적인 역할을 하기는 쉽지 않을 것이다. 일단 객관적인 국력의 크기에 한계가 있고, 불확실성이 큰 세상에서 어떤 방책이 더 우월한지 가늠하기 어려운 암중모색의 시기가 자주 펼쳐질 것이기 때문이다. 한국 사회의 시민들은 앞으로는 선진국에 뒤지지 않는다고 느끼며 살겠지만, 그렇다고 한국 사회가 세계에 대해 '이렇게 살아야만 한다'는 메시지가 충만한 곳이라고 보기는 어렵다. 한국 사회의 발전 과정 자체가 그런 방식으로 이루어지지도 않았다. 그래서 '추격'으로 시작한 이들이 '추월'을 경험하는 시대가 펼쳐질 것이라고 예견한 것이다.

'추월의 시대'에는 무엇을 해야 할까? 어떤 것들이 바뀔까? 가장 직접적인 변화는 '롤모델'이 사라진다는 것이다. 한국은 이제 '롤모델'을 꼽고 그 방향으로 진격하는 것이 아니라 본인들이 해왔던 것이 무엇인지를 설명하고, 그것의 장단점과 한계를 정리하고, 보완책을 제시할 수 있어야 한다. 그렇게 해야 'K-스탠더드'가 성립할 것이다. 그런 다음 K-스탠더드를 타국이 수용할 수 있는지, 어떤 조건에서 수용 가능한지 판별할 수 있다.

'롤모델'을 추격하는 전략은 제조업에 비유하자면 상대방의 완제품을 뜯어보고 그대로 만들어낸 과정에 해당한다. 그러나 이 역시 단순한 복사가 아니라 역량을 쌓는 과정이었다. 비유하자면 미국, 일본, 유럽 각국의 다양한 롤모델 제품을 분해해서 재조립하듯이 뜯어보고 그대로 만들다 보니, 정확히 설명할 수는 없더라도 그 모형들의 장단점이 한국인의 삶의 결에 맞춰 재배치되기도 했다는 것이다. 추격을 위해서는 단순히 지금의 물건이나 기술을 모방하는 것만으로는 부족했다. 그들이 시간을 소모하며 헤맨 시행착오까지 일정 부분 경험해야 했다. 그래야 왜 그렇게 해야 하는지를 이해하고 암묵지를 획득할 수 있었으며, 지금의 물건이나 기술이 성립된 이유를 알게 되어 기술을 자체적으로 혁신해나갈 수 있었다.

앞서 말한 한국 우익의 롤모델 국가가 미국이 아니었다는 것도 비슷한 얘기다. 한국 우익들은 미국적 삶의 가치, 미국적 자유주의, 미국적 민주주의를 그대로 수용하는 것은 거부해왔다. 어떤 의미에서 이것 역시 롤모델이 '한국인들의 삶의 결에 맞춰 재배치'되는 과정이라고 볼 수 있다. 미국이 '리버럴'의 나라라면 한국은 '씹선비'(선비처럼 굴면서 주로 도덕적 문제로 남에게 심한 참견을 하는 사람을 가리키는 은어. 비하어에는 때로 많은 의미가 담겨 있다)의 나라다. 미국처럼 이런저런 자유를 허용하자고 하면 포털사이트에는 '그건 그 나라 사정이고 우리는 우리 문화가 있다'는 식의 댓글이 달리곤 한다.

한국 진보파의 '롤모델'은 1990년대 후반에서 2000년대 초반에 '유럽식 사회민주주의국가'로 재정립됐다. 그리고 20년이 지났다. 이제 한국은 어떤 지점에서는 유럽을 추월한 것이 분명한데, 진보파들도 그 사실을 받아들이지 못하고 있다. 가령 정의당이 지난 총선 공약에서 유럽식 '전 국민 주치의제' 시행을 제안한 것을 생각해보자. 이 제안 자체는 놀랍지 않다. 주치의제는 4년 전인 2016년에도 정의당의 총선 공약이었기 때문이다. 하지만 '주치의제가 코로나 확산을 막을 수 있다'는 식으로 공약 취지를 설명한 것은 너무한 일이다. 주치의제는 분명 장점이 있다. 그러나 의사가 되도록 많은 환자를 받아야 고소득을 올릴 수 있고, 환자 역시 각종 병원을 자주 가는 식으로 구조화된 한국의 실정에 어떻게 접목해야 할지는 더 고민해봐야 한다. 무엇보다 주치의제 나름의 장점은 코로나19의 확산을 막는 것과는 거의 아무런 상관이 없다고 봐야 한다. 이것은 유럽 각국보다 한국의 의료체계가 오히려 코로나19의 확산을 막는 전투에서 효율적이었다는 사실로 명백히 입증됐다.

여전히 한국 사회는 세계 각국으로부터 배울 점이 많다. 미국의 제도, 유럽 각국의 제도, 일본의 제도, 그리고 필요하다면 특정 분야에서 혁신을 이룩하고 있는 개발도상국 국가들의 제도도 참조해야 한다. 그러나 다른 나라의 제도를 참조해서 적용하려면 먼저 한국의 현실을 고려해야 한다. 한국의 현행 제도에 녹아들어서 그 취지에 맞게 발휘될지, 한국인들이 중시하는 가치나 삶의 결에 융합됐을 때 어떤 결과를 낼지 등을 모두 고려해야 한다. 지금까지는 이런 것들을 고려하지 않고도 잘해왔다. 특정 국가의 제도를 도입했을 때 문제가 발생하면 무지막지한 속도의 '한국적 피드백'으로 문제를 해결해왔다. 물론 문제가 발생하면 피드백으로 교정한다는 기제는 미래에도 효율적일 것이다.

하지만 향후 '80을 위한 정치'를 위해서는 한국 사회의 성과를 객관적으로 평가하고 점검하는 작업이 반드시 필요하다. 우리가 좀 더 다양하게 고려하고 우리 자신을 파악할 수 있다면, 시행착오를 더 줄일 수 있다. 단순히 남이 만든 공산품을 뜯어보고 재조립해가면서 기량을 향상하는 것이 아니라 설계도면 단계부터 치열한 토의를 하고 의도를 관철해나가는 것이다. 그리고 이 설계도면을 그릴 수 있을 때 우리는 'K-스탠더드'가 무엇인지 국제사회에 설명할 수 있을 것이다. 그때 비로소 우리는 누군가를 롤모델로 삼는 것을 넘어서 한국 사회를 다른 나라의 롤모델로 제시할 수 있을 것이다.

코로나19 사태가 세계사적인 사건이란 점은 대한민국의 세계적 위상이 사태 이전과 완전히 달라진다는 의미이기도 하다.

앞서 말했듯이 우리가 현재 꼽고 있는 선진 강대국 리스트는 제2차세계대전의 주역들과 대충 겹친다. 마찬가지로 코로나19 사태라는 전 세계적인 준전시 상황이 지나간 이후에는 한국을 주연으로 포함하는 새로운 시대의 시트콤이 시작될 수 있다. 지금 이 책을 읽는 이들 중 대다수가 그 광경을 직접 목도하게 될 것이다.

한국, 매를 먼저 맞고 미래로 가다

문화인류학자 조한혜정 명예 교수(연세대학교)는 자신의 저서 《선망국의 시간》(2018)에서 한국을 '선진국보다 앞서서 망해가는 선망국先亡國'이라고 평가한다.[49] 여기서 말하는 '선망국'의 '망국'은 이영훈 이승만학당 교장이 말하는 '망국 예감'과는 사실상 전혀 다른 맥락의 개념어다. 이영훈에게 '망국'은 미국과 일본이라는 '표준 문명'에서 한국이 거칠게 이탈하고 있다는 데서 예감되는 사태였다. 반면 조한혜정 교수가 말하는 '망국'은 우리가 그 표준 문명의 우등생으로서, 스승들보다 그 가르침을 더욱 과격하게 실천해온 결과로 발생한 사태다. 그래서 한국이 20세기 내내 따라잡기를 시도한 그 선진국들보다도 '먼저 망한 나라', 즉 '선망국'이 되는 것이다.

선망국의 참뜻, '매를 먼저 맞다'

조한혜정 교수의 진단은 비록

추월의 시대

비관론의 정서 위에 있긴 하지만, 이영훈처럼 망상적 문맥 위에 있지는 않다. 많은 개발도상국 국민들의 선망을 사고 있는 한국이 OECD 국가들 중 가장 높은 자살률, 가장 긴 노동시간과 가장 짧은 수면 시간, 가장 낮은 출산율, 가장 높은 우울지수를 기록하고 있기 때문이다.[50] 한국 사회의 문제를 의인화해서 우울증으로 표현한다면 그것은 '열등생의 우울'이 아니라 '우등생의 우울'이라는 얘기다.

앞서의 인용문에서 "세상이 계속 좋아질 것을 믿는 문명"이 수명을 다했다는 진단도 의미심장하다. 코로나19 사태 이후 우리는 예를 들어 올해 '-1~-2퍼센트' 경제성장률이 예측되는 한국이 OECD 국가 중 가장 양호한 상황이라는 보도를 접했기 때문이다. 경제성장과 '내 삶의 좋아짐', 그리고 '세상의 좋아짐'을 당연시하던 시절 성장률 예측이 '4퍼센트'에서 '3퍼센트'로 떨어져도 큰일이 난 것처럼 여기면서 누구 때문에 이런 일이 벌어졌는지를 공방하던 때와는 전혀 다른 국면이 펼쳐진 것이다.

한국이 어느 순간부터 '또 다른 특색을 지닌 하나의 선진국'이 되어가고 있으며, 어떤 의미에서는 한국 사회에서 발생하는 문제들이 세계를 선도하고 있다는 예감은 2010년대 이후 꾸준히 누적되어 왔다. 이러한 변화의 흐름은 '추격의 시대에서 추월의 시대로'라는 진단과 어느 정도 일치한다. 그러나 조한혜정과 같은 진보적 인문학자들도 예측하지 못한 게 있었다. '선망국'이란 절묘한 말로 묘사한 그 상황, 한국이 기존 선진국들보다 먼저 변화의 충격을 수용한 그 상황이, 모든 것이 뒤집어지는 변혁의 시대에는 적응력을 갖추는 길이 됐다는 것이다. 한국 속담에 '매도 먼저 맞는 것이 낫다'는 절묘한 말이 있다. 한국이 변화의 물결을 수용하면서 당장은 한국 사회의 시민들이 힘들 거라는 점에서 그것은 분명히 '먼저 맞은 매'에 해당한다. 그러나 덕분에 한국 사회는 코로나19에 대한 대처에도 유능했고, 팬데믹 이후 사회 변혁의 전망에서도 상대적인 여유를 가질 수 있게 됐다.

코로나19 대처에서 '비대면 경제'의 필요성이 부각된 가운데 한국 물류 시스템의 우수성이 빛을 발한 것이 하나의 예시였다. 한국의 물류 시스템은 진보적인 시선에서 보면 전 국민의 편의를 위해 택배 노동자의 노동력과 삶을 착취하는 악랄한 것으로 인식되었다. 택배기사는 소위 특수고용노동자로서 노동자의 온전한 권리를 행사하지 못했다. 플랫폼 유통업체들의 경쟁적인 새벽 배송은 그들의 건강과 삶의 안정성을 파괴하면서 이룬 혁신으로 평가받았다. 그러나 한국의 발달한 택배 운송망을 통해 자가격리자들의 집 앞에 구호물품이 배달되면서, 한국의 택배 시스템은 '지극히 비인간적인 것'에서 '지극히 인간적인 것'으로 얼굴을 바꾸었다. 비록 최근 택배기사들의 자살로 인해 문제가 여전하며 해결책이 필요하다는 사실도 분명해졌지만, 이런 문제들에 먼저 맞닥뜨린 만큼 새로운 합의점을 찾아나갈 수 있다는 전망도 의미를 지닌다.

자동화로 인한 일자리 문제에 관해서도 한국은 '먼저 매를 맞은' 상황에 놓여 있다. 조한혜정 교수는 인공지능과 가상현실, 사물인터넷 등의 도입이 '일자리 전쟁'을 초래할 것이라고 진단한다. 그리고 서울대 유기윤 교수 연구팀의 연구 결과를 인용하면서, 2050년 무렵부터 네 계급으로 도시가 재구성될 것이며 일

반인들은 최하위 계급을 형성할 것이라고 내다보았다.[51]

이러한 진단은 이제 어느 정도 익숙한 얘기다. 하지만 이 문제를 분석할 때 각국에서 자동화로 인한 일자리 대체가 어느 정도 진전되었느냐 하는 점이 잘 알려지지 않았음에 주목해야 한다.

한국에서도 몇 년 전부터 4차 산업혁명이란 말이 널리 통용되고 있다.[52] 뚜렷한 정의는 없지만 흔히 인공지능과 인터넷, 빅데이터 같은 최신 기술이 융합되어 그동안 인간이 해왔던 일들을 효율적으로 대체한다는 의미 정도로 활용됐다. 이것이 일부 사람들에게는 새로운 세상에 대한 장밋빛 미래상을 제시했지만, 대부분의 사람들에겐 일자리가 인공지능이나 로봇으로 대체된다는 공포를 가져다주었다. 2017년 4월 27일 한국언론진흥재단 미디어연구센터가 발행한 《미디어이슈》(3권 4호)에 실린 〈4차 산업혁명에 대한 국민들의 인식〉에 따르면 응답자 중 89.9퍼센트는 '4차 산업혁명으로 전체적인 일자리가 줄어들 것'이라고 전망했다. 또한 응답자 중 76.5퍼센트가 '4차 산업혁명은 내 일자리를 위협할 것'으로 내다봤다(20~50대 성인 남녀 1,041명을 대상으로 온라인 설문조사를 한 것으로 표본 오차는 95퍼센드 신뢰 수준에서 ±3.0퍼센트포인트였다).

한국, 로봇의 위험에서
안전한 4차 산업 강국?

그러나 '노동자의 일자리를 뺏는다'는 4차 산업혁명이란 조류가 어느 날 느닷없이 등장한 건 아니다. 인공지능과 빅데이터라는 이름으로 칭해지지는 않았지

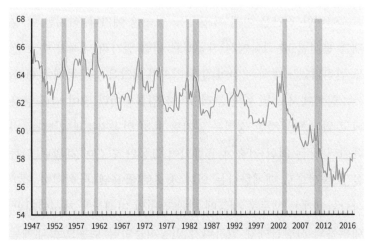

미국의 GDP에서 노동이 차지하는 비중의 변동(2017)   (단위: %)

• 음영 부분은 불황기를 나타낸다(불황의 판단 기준은 NBER, 전미경제연구소).
• 출처: 미국 노동통계국.

만 로봇과 컴퓨터 자동화 시스템은 산업에 꾸준히 적용되면서 노동자를 대신해왔다.

1950년대부터 이미 그 모습을 드러냈던 자동화는 1990년대가 되면 단일 기계의 자동화 수준을 넘어서서 중앙통제식 기계장치, 재료 처리, 도구 관리, 검사 등 전 생산 공정을 통합적으로 운영할 뿐 아니라, 설계, 물류 보관, 회계 등 사업 전반을 유기적으로 결합해내는 거대한 통합적 자동화 시스템으로 발전하고 있다.[53]

4차 산업혁명이라는 명칭이 너무 과장되었다는 여러 지적이 있는 것처럼 새로운 기술이 갑자기 세상을 통째로 바꾸어놓

추월의 시대

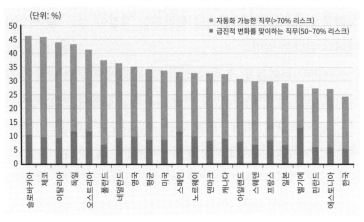

OECD 각국의 자동화로 인한 직업 대체율(고위험군과 중위험군) 비교(2016)

(단위: %)

■ 자동화 가능한 직무(>70% 리스크)
■ 급진적 변화를 맞이하는 직무(50~70% 리스크)

- 자동화로 인한 일자리 실제 손실은 제기되는 주장들에 비해 적지만 실제로 일자리 자체의 변화는 급진적이다.
- 영국 자료는 잉글랜드와 북아일랜드 자료를 합산한 것이고, 벨기에 자료는 플레미시 커뮤니티Flemish Community 자료이다.

을 만큼 유별난 변화를 가져다줄지는 아직 알 수 없다. 하지만 분명한 것은 기계와 자동화 기술이 인간의 노동을 대체하는 현상은 꽤 오래된 경향이라는 점이다.

이것은 지표로도 나타난다. 2017년 발표된 미국 노동통계국 보고서[54]를 살펴보면 2000년 이후 GDP에서 노동이 차지하는 비율은 눈에 띄게 낮아졌다. 물건을 만들고 돈을 벌어들이는 데 필요한 인간의 노동력은 계속 줄어들더니 이제는 절반 수준까지 떨어졌다.

2016년 OECD가 발표한 자료[55]는 더 충격적이다. 자동화로 인한 직업 대체율(자동화로 인한 직무 대체율이 70퍼센트를 넘는 고위험군과 50~70퍼센트에 해당하는 중위험군을 포함한 수치)이 적게는 25퍼센트에서 많게는 45퍼센트를 넘어선다. 기술 발전과 자동화로 인해 위기에 빠지거나 사라지는 직업이 평균 3분의 1가량이나 된다는 의미다.

여기서 눈여겨볼 게 하나 있다. 이 자료에 따르면 한국은 자동화로 인한 위기에서 제일 안전한 나라라는 점이다. 자동화로 인한 직무 대체율이 70퍼센트를 넘는 고위험군은 6퍼센트밖에 되지 않고 50~70퍼센트에 해당하는 중위험군과 합한 수치도 25퍼센트에 못 미친다. 조사 대상국 중 가장 낮은 수치이며, 가장 높은 슬로바키아에 비해 거의 절반 수준에 해당한다. 어떤 이유로 이런 결과가 나타난 걸까? 한국개발연구원(KDI)은 이 자료 등을 분석하여 2017년 3월 8일에 발표한 〈4차 산업혁명의 고용 효과〉 보고서에서 "자동화에 대한 선행 투자와 근로자의 교육 수준 등이 한국의 향후 자동화 확률을 낮추는 요소로 작용했다"고 분석했다. 이 보고서를 인용 보도한 〈연합뉴스〉는 보고서 논지를 다음과 같이 요약했다. "그동안 우리나라는 4차 산업혁명에 대한 준비가 미흡한 국가로 여겨져 왔다"고 설명하면서, 하지만 "이미 자동화가 많이 진행된 만큼 다른 나라에 비해 제조업에서 4차 산업혁명의 악영향을 받을 여지가 낮다는 분석이다."[56]

이 분석대로라면 한국은 여타 선진국에 비해 자동화를 먼저 실시한 결과 일자리에 미치는 부정적인 영향을 이미 수용한 셈이다. 그야말로 '매를 먼저 맞고' 적응하고 있었던 것이다. 구체적으로 2016년 국제로봇협회(IFR)가 발표한 제조업 노동자 1만 명당 로봇 수만 살펴봐도 그런 사실이 증명된다. 한국의 제조업 분야 로봇 도입 수는 1만 명당 531대로, 압도적인 1위다. 전 세계

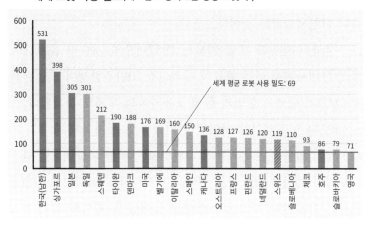

세계 로봇 사용 밀도(제조업 노동자 1만 명당 로봇 수)

세계 평균 로봇 사용 밀도: 69

531 398 305 301 212 190 188 176 169 160 150 136 128 127 126 120 119 110 93 86 79 71

한국(남한) 싱가포르 일본 독일 스웨덴 타이완 덴마크 미국 벨기에 이탈리아 스페인 캐나다 오스트리아 프랑스 핀란드 네덜란드 스위스 슬로베니아 체코 호주 슬로바키아 영국

• 출처: 국제로봇협회(IFR)의 〈월드 로보틱스 리포트 2016World Robotics Report 2016〉

평균은 69대이고, 한국 다음으로 높은 싱가포르의 398대보다 한참 높은 수치다. 3위 일본은 305대, 4위 독일은 301대로 제조업이 강한 나라들의 로봇 도입 수가 상대적으로 높았는데, 한국은 그중에서도 특출나게 높게 나타났다.

한국의 노동자는
1987년부터
로봇과 싸웠다

한국의 노동자들은 다른 나라에 비해 이미 로봇과의 경쟁을 많이 경험했고, 일자리도 이미 빼앗길 만큼 빼앗겼다는 얘기다. '자동화 도입에 제일 안전한 나라'라는 것이 한국 사회가 기술 발전과 자동화로 인한 부정적 영향을 덜 받는 무풍지대라는 의미가 아니다. 이미 사회 저변에 그 영향이 반영되었다는 뜻이다.

한국의 자동화 도입 역사는 1987년으로 거슬러 올라간다. 한국 현대사에서 아주 중요한 사건인 6·10민주항쟁이 있었던 바로 그해다. 새로운 헌법과 함께 노동자들의 투쟁도 시작됐다. 여느 때보다 노동쟁의가 잦았던 시기였다. 노동자들의 요구가 거세지자 기업들은 노동자들과 타협하고 합의를 이끌어내는 대신 로봇에서 해법을 찾으려고 했다. 1982년 겨우 14대였던 산업용 로봇은 1989년에 약 1,400여 대로 늘어났다. 기업의 로봇 투자 금액도 1986년 51억 원에 불과했으나 1989년에는 540억 원까지 늘었다.[57]

한국이 산업용 로봇 및 CNCComputerized Numerical Control 공작기계를 다른 나라보다 더 적극적으로 들여오게 된 데는 2가지 이유가 있었다. 하나는 한국의 제조업이 워낙 자동화를 도입하기 쉬운 방향으로 자리를 잡았다는 점이며, 다른 하나는 한국의 노동자와 기업 간의 불신이 생각보다 심했다는 점이다. 한국의 제조업은 대기업이 대단위 공장을 세워 완성품을 조립하고, 주변에 있는 하도급 공장이 필요한 부품을 납품하는 형태다. '얼마나 빨리', '효율적으로' 생산하는가에 주안점을 뒀다. 설비만 잘 구축되면 '누가 들어와서 일하든 상관없는' 구조가 되었다.

물론 완성품 제조업에 숙련 노동자가 전혀 필요 없는 것은 아니다. 새로운 생산기술을 적용하고 문제를 해결하기 위해서는 숙련 노동자가 더욱 중요하다. 대표적인 경우로 독일을 들 수 있다. 독일은 2011년부터 '인더스트리 4.0'이라는 슬로건을 내걸

추월의 시대

고 제조업 위기에 대처하기 시작했다. 인더스트리 4.0의 핵심인 '스마트 팩토리'는 최신 기술을 기반으로 생산 과정 일체를 고도로 자동화해 숙련 엔지니어들이 통제하는 방식이다. 독일은 스마트 팩토리를 통해 생산성을 극대화하고 여기서 발생하는 경쟁력으로 더 많은 노동자를 고용하고 제조업을 유지할 수 있을 거라고 봤다. 하지만 한국의 제조업은 '숙련 노동자'를 육성하는 방식 대신 더 많은 기계를 도입해 공정을 최대한 단순하게 만드는 방향으로 대처했다. 숙련 노동자가 담당해야 할 공정을 기계가 담당하면서, 이를 통제할 엔지니어의 부담은 더욱 과중되었다.

한국의 제조업이 이렇게 자리를 잡은 데는 노사갈등이라는 요소가 크게 작용했다. 숙련 노동자를 양성하기 위해서는 필수적으로 노동자 교육이 필요하다. 하지만 노사 간 신뢰도가 바닥이고 정보도 서로 공유되지 않는 상태였기 때문에, 회사 측은 별다른 효과를 기대할 수 없다며 노동자들에 대한 교육훈련에 투자하지 않았다. 마찬가지로 노동자들도 작업장에서 품질관리나 제도 개선 등에 참여할 동기부여를 받지 못했다. 결국 현장에서는 중숙련 이하의 노동자는 넘쳐나지만 숙련공은 부족한 비효율이 발생했다. 이 문제는 곧 생산성 저하로 이어졌다.

여기서 파생되는 문제는 또 있었다. 강한 교섭력을 가진 제조 대기업 노동조합은 스스로 고용안정과 임금인상을 쟁취했다. 하지만 기업 입장에서는 낮은 생산성에 높은 비용을 치르는 데다 고용 경직성까지 높아진 셈이었다. 기업들은 하도급 업체에 대한 '낮은 납품단가' 요구와 '비정규직 고용'으로 돌파했다. 물론 대기업들이 하도급 업체를 마냥 후려치기만 하지는 않았다.

통상적인 편견과는 다르게 호경기에는 수익률을 높이고 불경기엔 수익률을 낮추는 식으로 대기업의 영업이익률을 조정하고 협력업체의 생존에 신경 쓰면서 생태계를 유지해왔다.[58] 그러나 대기업 노동조합과 여타 노동자 사이의 교섭력 격차가 '대기업-하도급-재하도급'으로 이뤄지는 일종의 '계급적 임금 격차'를 만들어낸 것은 사실이다.

고용 회피를 위한
자동화와 엔지니어 충원

기업의 관점에서 한번 생각해보자. 한국의 제조기업들은 1990년대를 기점으로 대기업이든 중소기업이든 할 것 없이 자동화에 매진했다. 제조업이 자동화를 추진한 데는 2가지 목적이 있었다. 일단 반복 동작을 제거해서 노동생산성을 향상하는 동시에 노동력을 대체하는 효과를 거두기 위한 것이었다. 한국의 제조기업들은 대체로 노동생산성을 명분 삼아 노동력 대체를 꿈꾸면서 자동화를 도입하기 시작했다. 노동생산성이란 명분이 필요했던 이유는 1987년 노동자 대투쟁 이후 폭발적으로 성장한 노동조합과의 협상을 회피하거나 협상력을 높이기 위함이었다.

한국의 자동화 역사에서 1990년대부터 2000년대까지는 첫 번째 목표를 달성하기 위한 1단계 자동화 안착 과정이었다. 그리고 2010년대 내내 두 번째 목표를 달성하기 위한 2단계 자동화 과정이 이어졌다.[59] 현대자동차를 예로 들어보자. 현대자동차는 법원 판결에 따라 사내 하청 노동자를 정규직으로 전환한 사례를 제외하면, 2015년을 기점으로 생산직 노동자 채용을 기피해왔다. 정년퇴직하는 노동자가 1년에 2천~3천 명인 것을 감안하면 5년 내에 생산직 노동자의 30퍼센트 이상 감원되는 효과를 낳았다.

그러나 기업은 생산직 숙련 노동자의 퇴사로 역량 손실이 발생하는 것을 바라지는 않았다. 결국 자동화를 통해 생산직 숙련 노동자의 숫자를 줄여나간 현대자동차를 비롯한 제조기업들의 선택은 엔지니어 충원률을 높이는 것이었다. 산업사회학 관점에서 보면 고졸 생산직 노동자가 떠난 자리를 대졸 이상의 엔지니어가 채우는 형국이 됐다. 엔지니어 집단을 운용하는 방식에서 한국 제조업의 독특한 특성이 드러났다. 이렇게 충원한 엔지니어들을 '기민한 엔지니어' 집단으로 육성한 것이다.

한국 기업들은 R&D 연구 인력만을 충원하는 유럽의 일반적인 방식을 따르지 않았다. 유럽식이었다면 엔지니어의 임무는 원천기술을 개발해 특허를 내고, 이 특허를 기업의 비밀로 만들면서 시제품을 출원하는 것에서 끝났을 것이다. 그러나 한국 현장에서는 생산직 숙련 노동자가 떠나가고 있었고, 기업은 그들이 없는 현장에서 엔지니어를 그렇게 활용할 수 없었다. 한국의 제조기업들은 생산성을 높이기 위해 생산현장과 접촉하는 '생산기술팀'을 운영하기 시작했다.

한국 제조업에서 엔지니어 중심 생산기술팀을 설명하는 핵심 키워드는 '기민함'일 것이다. 일본식 제조 혁신은 중간관리자들이 현장과의 교류를 통해 '서로 애쓰자'고 독려하면서 함께 해결책을 찾는 방식이다. 반면 한국은 엔지니어들이 생산기술팀을 통해 톱다운TOP-DOWN식으로 목표를 제시한다. 한국식 생산기술팀은 '집요한 프로젝트 문제 해결 능력'을 통해 현장의 요구를 최적화 관점에서 재정리하고 해결책을 찾아간다. 예를 들어 2020년 2월 말 한국에서 코로나19 사태의 중대한 기점이 됐던 '마스크 대란' 상황을 살펴보자. 이때 삼성전자 생산기술팀의 '생산기술 프로'들이 중소 규모 마스크 공장까지 찾아가서 활약했다. 그들은 1~2주에 걸쳐 노동자들 동선을 고려한 생산설비 재배치를 하고, 자동화 설비를 운영하는 방식에 도움을 줬다. 삼성전자 생산기술팀의 도움을 받은 마스크 공장들은 생산성이 수십 퍼센트 향상됐고, 마스크 대란을 조기 진압할 수 있었다.

한국 제조업의 자동화는 이미 세계 최고 수준이다. 그리고 엔지니어들은 물론 노동자들 역시 자동화 결과 새로 배치된 작업 현장에 적응한 상황이다. 그들에게는 이미 자동화가 새로운 이슈가 아니다. 숙련 노동자의 '암묵지'가 사라지는 상황을 염두에 두고 엔지니어들로 구성된 생산기술팀이 역량을 쌓아왔기 때문에, 자동화로 인해 생산직 노동자의 혁신이 사라지는 문제도 이미 극복된 상태다.

자동화가 낳은
'기민한 생산 방식'

생산기술팀의 기민한 대응은 한국 제조업 전체를 '기민한 생산 방식'으로 끌어올렸다. 현대자동차 울산공장의 노동자는 할당된 작업을 다 마치고 나면 스마트폰으로 주식을 하거나 유튜브를 본다. 이 광경을 본 다른 한국인들은 생산직 고액연봉자들이 설렁설렁 일한다고 비판한다. 하지만 일견 설렁설렁하는 것 같아도 울산공장 노동자들의 생산성은 결코 낮지 않다.

삼성전자 IM 사업부의 생산직 노동자는 1분에 6대 혼류생산(한 라인에서 다양한 제품을 생산하는 것)을 해낸다. 삼성전자 중국 공장에서는 똑같은 생산설비를 가지고도 같은 생산성을 내지 못한다. 노동자 개개인의 숙련도가 떨어져 혼자 스마트폰 전체 조립을 하는 것도 불가능하다. 그래서 중국 공장에서는 전체 공정을 20개 부분 조립으로 나눠서 분업으로 대응하는 '20인 셀'이 운영된다. 한국 공장과 같은 혼류생산이 이뤄지지 못한다.

한편 삼성전자 베트남 공장은 중국보다 생산성이 높아 '6인 셀'이 운영된다. 베트남은 지속적으로 숙련도와 기민함이 상승하는 중이라고 한다. 이 때문에 한국 기업들이 특별히 선호하는 지역이 되었다. 베트남에 진출한 한국 기업인들은 베트남 노동자들이 유교문화 탓인지 한국과 기질이 잘 맞는다고 생각한다. 그래서 한국의 제조업 기지가 중국에서 이탈해 베트남으로 자연스럽게 흘러 들어가고 있다.

한국의 생산기술팀 엔지니어들이 만들어낸 '기민한 생산 방식'의 작업장은 새로운 유형의 숙련 노동자들을 육성하는 중이다. 본국 공장에서는 높은 생산성을 유지하면서 해외 공장에서는 20인 셀-6인 셀 등 다양한 방식으로 운영 가능하다. 자동화 시대 이전의 숙련 노동자 중심 공장보다 범용성과 호환성이 더 뛰어난 방식이라 할 수 있다. 한국 제조업은 이를 통해 국내 공장과 해외 직접투자 공장에 모두 적응할 수 있는 '기민한 체질'을 갖추게 되었다. 이는 일자리 상실만을 우려해 자동화를 차일피일 미뤄왔던 선진국들은 아직 도달하지 못한, 디스토피아에 먼저 들어간 선망국이 찾아낸 의외의 해법이었다.

이 해법은 오프쇼어링Offshoring과 리쇼어링Reshoring이 함께 논의되는 지금 시기에도 함의가 있다. 오프쇼어링이란 산업 선진국들이 높은 인건비 때문에 설비투자를 개발도상국으로 이전하는 현상을 말한다. 최근에는 4차 산업혁명 이후 이전한 공장이 다시 돌아오는 현상이 나타날 거라고 전망하기도 하는데, 이를 리쇼어링이라고 부른다.

1980년대까지 한국 기업들은 선진 공업국 제품의 도면과 설비를 보고 그대로 조립만 하는 주문자 상표 부착 생산(OEM, Original Equipment Manufacturing)이 다수였다. 미국, 일본, 독일 등의 선진 공업국으로부터 기술 원조를 받거나 기술 협력을 진행하는 경우도 간혹 있었지만, 대부분 차관을 끌어오는 것이 전부였다. 그러나 1990년대 이후부터는 한국 기업들도 자동화를 진행하면서 규모의 경제 확보를 위한 막대한 설비투자를 시작했다. IMF 구제금융 사태 이후부터는 외국인 직접투자(FDI, Foreign Direct Investment) 유치를 통해 문호를 개방하면서 함께 기술이나 경영 합작을 하는 단계에 이르렀다.

그러나 한국의 대기업들은 선진 공업국으로부터 외채를 빌리거나 투자를 받는 것을 넘어 한 발짝 더 나아갔다. 2000년대를 전후하여 본격적으로 해외에 직접 공장을 짓기 시작한 것이다. 현대자동차는 동남아와 중국을 거쳐 동유럽과 북미로 향했다. 삼성전자는 베이징에 공장을 지었다. 개발도상국에서 세제 혜택 등을 미끼로 자본투자를 유치하는 흐름에 올라타 설비를 이전한 것이었다. 한국 대기업들이 이렇게 FDI의 물결에 올라타게 된 배경에는 중국과 동남아시아의 개방이 있었다. 인도의 나이키 공장과 같은 부정적인 사례들로 대표되는, 흔히 스웻샵(Sweat Shop, 열악한 환경에서 저임금을 받으며 노동하는 작업장)이라 불리는 노동력 착취의 이미지가 바로 FDI를 통해 유치된 공장들의 이야기였다.

'한국식 오프쇼어링'은 어떻게 성공을 거두게 되었나?

한국식 오프쇼어링은 조금 다르게 진행되었다. 현지 공장에서도 기민한 생산 방식을 택하려고 했다. 미국이나 일본의 오프쇼어링은 대기업 공장이 해당 지역에 들어가 주변의 협력업체를 확보하는 방식이었다. 반면 한국의 현대자동차나 삼성전자는 국내 협력업체를 모조리 끌고 들어가는 방식을 택했다. 이런 경우 한국의 협력사 관리 방식이나 노사 관리 방식을 그대로 정착시키기가 용이하다는 장점이 있었다. 동유럽에서 현대자동차의 성공 사례는 한국식 협력사 관리 방식의 성공이었다고 해도 과언이 아니다.

미국의 기업들이 리쇼어링 과정에서 헤매는 상황과 비교해보면 한국의 방식이 지닌 함의를 더 정확하게 알 수 있다. 오바마 정부부터 트럼프 정부까지 이어진 리쇼어링 정책은 어느 정도 성과가 있었다. 떠나간 기업들이 돌아오면서 9년간 약 35만 개의 일자리가 새로 생겼다. 하지만 그것만으로 미국의 전략을 '성공'이라고 평하긴 어려웠다. 일단 리쇼어링으로 돌아와 제대로 자리 잡지 못한 기업들이 많았다.

대표적인 경우가 오티스 엘리베이터이다. 2011년 오티스 엘리베이터는 멕시코의 생산 라인을 축소하고 미국 사우스캐롤라이나에 새로 제조공장을 지었다. 그러나 미국으로 자리를 옮기고 얼마 되지 않아 부진을 겪었다. 오티스가 리쇼어링에 실패한 이유는 크게 2가지였다. 일단 이전해 온 지역인 사우스캐롤라이나에 충분한 공급 체인이 구축되지 않았다. 엘리베이터 생산에 필요한 부품을 공급하는 업체가 주변에 구축되지 않았기 때문에 부품 조달에 문제가 생겼고, 생산이 더뎌지면서 동시에 물류 비용이 늘어났다.

문제는 이뿐만이 아니었다. 당장 필요한 인력을 구하는 데도 애를 먹었다. 새로 공장을 설립함에 따라 오티스는 미국에서 신규 인력을 충원해야 했다. 하지만 기존에 유관 산업이 존재하지 않았던 사우스캐롤라이나에서 충분히 숙련도가 쌓인 인력을 충원하기란 쉽지 않은 일이었다. 생각보다 생산 인력을 구하는 데 어려움이 생기자 오티스는 더 높은 임금으로 유인했고, 이는 생산 비용 증가로 이어졌다. 하지만 높은 임금을 내걸어도 여전히 인력 충원은 어려웠다. 미국 사람들은 '일자리가 있으면 이동하는 한국인'과 달리 한번 터 잡은 지역을 쉽게 바꾸지 않는 경향이 있었기 때문이다.

어쩌면 리쇼어링 자체가 쉽지 않은 과제였는지도 모른다. 제조업의 생산 거점 이동은 본사 하나만 옮겨서 될 일이 아니다.

거기서 일하는 사람들, 부품을 공급하는 하도급 업체들이 패키지로 이동해야만 가능했다. 결국 미국의 리쇼어링은 정부의 압박에 타협하기 위한 방책 중 하나로 활용되거나 아니면 흉내 내기에 그치는 경우가 대다수였다.

한국은 교역 의존도가 워낙 높아 리쇼어링은 어렵지만 오프쇼어링은 유리한 측면이 있었다. 바로 재벌 대기업이 제조에 필요한 부품사를 직접 거느리는 수직계열화와, 그 재벌 부품사인 원청에 종속돼 전속 납품을 하는 하청 구조였다. 이미 패키지가 구성되었기에 생산기지 이전이라는 의사 결정은 다른 나라보다 훨씬 간단하고 효율적으로 이뤄낼 수 있었다.

물론 이것은 한국만의 독특한 방식이라기보다 다른 나라 기업들도 하고 싶었지만 차마 그렇게까지는 실행하지 못한 방식일 것이다. 여전히 재벌기업을 나쁘게만 보려는 이들은 이러한 한국의 방식을 재벌기업에게 지극히 유리한 '한국식 노사 관계'를 유지하기 위한 것이라고 비판할 수도 있다.

그러나 협력업체를 모조리 끌고 들어가는 방식은 중소기업에도 큰 기회를 제공했다. 게다가 한국 대기업들은 한국식 노사 관계에 안주하지 않고 '컨트리 마케팅'의 관점에서 현지 룰을 기민하게 적용하곤 했다. 예를 들어 베트남에서는 공산당이 제시한 가이드대로 행동했고, 중국에서는 해당 성의 노동 지침에 따라 임금과 쟁의 방식을 유연하게 설정했다. 그러면서도 동시에 한국식으로 지역사회 잔치 등에 적극적으로 결합하면서 경조사를 조직해내는 데 성공했다. 해당 지역의 인심을 얻지 못하면 인도의 나이키 공장처럼 '글로벌 규탄 대상'이 되기 일쑤이다. 한국

기업들은 시행착오를 많이 겪긴 했어도 그런 혐의에서는 상대적으로 자유로운 편이었다.

특히 한국 기업들이 미국에 진출할 때는 거의 예외 없이 해당 지역의 6·25 참전 용사들을 '모셔와서' 한국인 임직원 전원이 큰절을 올리는 것으로 지역사회의 행사를 시작했다. 이런 방식은 지역사회 사람들에게도 큰 감명을 주었다. 2019년 기아자동차가 자기네 공장이 위치한 조지아주 웨스트포인트 사람들을 주인공으로 내세운 '익명의 위대한 이들'이라는 광고를 제작해 화제가 된 것도 이런 맥락에서 볼 수 있다.

한국의
자동화 도입 역사는
많은 것을 시사한다

지난 30년간 한국 제조기업의 설비투자는 대부분 자동화였다. 임금 인상으로 인한 생산단가의 상승을 막아보자는 기업의 의도였다. 결과적으로 자동화가 진행될수록 한국의 제조업 공장에는 과거만큼 사람이 필요하지 않게 되었다. 이것은 한국 경제 전체로는 효율성이 높아지는 계기가 되었으나 개별 노동자 입장에서는 양극화의 단초였다. '선망국' 한국에서는 이미 '기계가 할 수 없는 분야를 도맡아 하는 고임금 고숙련 노동자'와 굳이 기계에 맡기지 않아도 충분히 저렴한 '저임금 저숙련' 노동 분야로 나뉘고 있었다.

남들보다 먼저 수용하고 도입한 자동화의 물결이 한국 제조업에 미친 영향도 막대하지만, 사실 한국의 자동화 도입 물결은

추월의 시대

제조업에만 국한되지 않았다. 자동화 도입은 한국 산업계 전반에 표준처럼 작동했다. 자동화 기술을 도입함으로써 최대한 필요 노동력을 배제하고 소수의 관리 인력에만 적정한 임금을 주어 고용 안정을 보장했다. 그리고 별다른 숙련이 필요하지 않은 단순 반복 업무는 하도급을 통해 저렴한 가격으로 제공받았다. 말하자면 자동화 도입이 노동시장의 이중 구조를 고착화하고 공고히 하는 데 기여한 것이다. 기업은 고용 유연성 확보를 위해 단순 반복 업무를 비정규직으로 채우기 시작했으며, 이들은 '언제든 대체될 수 있는 값싼 부품'으로 자리 잡게 되었다. 직격탄을 맞은 건 노동시장에 신규 진입해야 하는 청년층이었다. 청년들은 버티고 버티다 운 좋게 대기업 정규직에 취직되거나 평범하게 저임금 비정규직으로 내몰렸다.

한국에서는 이미 지하철에서 역무원들을 찾아보기 힘들다. 대부분 지하철 요금을 교통카드로 결제하는데, 카드 충전조차 무인화 기계가 대신한다. 검표원도 필요 없다. 혼잡 시간대 역사의 안전을 책임지는 것은 사람이 아니라 스크린도어다. 심지어 최근 개통하는 노선들에는 기관사 없이 전자동으로 운전하는 전동차가 다닌다. 지하철 역사에는 최소한의 안전관리 인력만 남아 있다.

그나마 기계 대신 저임금 노동자를 많이 고용했던 분야가 서비스업이었다. 그러나 여기도 변화의 조짐이 보이고 있다. 현 정부 들어 나타난 최저임금의 급격한 인상은 '굳이 기계에 맡기지 않아도 되는 영역'을 기계에 맡겨야 되는 영역으로 바꾸고 있다. 일종의 사회적 구조조정이 일어나는 상황이다. 최근 몇 년 사이 패스트푸드점을 중심으로 키오스크 도입이 확대되는 추세이며, B2C 기업들은 고객 응대 센터의 규모를 줄이고자 챗봇 개발에 박차를 가하고 있다. 비대면 은행이 등장하면서 창구 인력은 점점 필요 없게 되는 대신 개발자가 더 필요해졌다. 최저임금 인상률이 높게 결정되면 키오스크 업체의 주가가 오르는 풍경도 벌어졌다.

OECD는 자동화의 도입이 특히 반복적인 업무에 종사하는 노동자들과 저학력 노동자들에게 더 심한 타격을 입힐 것이라고 분석했다. 그리고 노동자들 사이의 불평등을 더 강화할 것으로 봤는데, 이것은 한국의 현재 상황과 일치한다. 한국의 소득불평등 수준은 미국 다음 순위이며, 저임금 노동자의 비율도 미국과 아일랜드 다음이다.

이제 한국에서 '정규직과 비정규직의 격차 문제'는 더 이상 화두조차 아닌 수준이 됐다. 비정규직은 이제 고용불안 직종만을 뜻하는 것이 아니기 때문이다. 비정규직이란 말은 이미 '저임금 저숙련 일자리'를 대체하는 말로 자리 잡았다. 저숙련 노동자들은 로봇과 경쟁해야 하기 때문에 자기 값어치를 로봇보다 싸게 팔아야 유지된다. 한편 고숙련 노동자들은 자신이 기술을 보유하고 있는 한 굳이 한 직장에 얽매일 필요가 없다. 어찌 보면 상층도 하층도 유연해졌지만, 그 양상은 전혀 다른 셈이다. 정규직을 지켜내야 한다는 기존의 진보적 대안도, 정규직 기득권이 문제이니 정규직을 때려 부숴야 한다는 대안도, 일종의 허수아비를 치고 있는 셈이다.

'선망국' 한국의 현실에는 명과 암이 함께 있다. 기업은 새로운 경쟁력의 계기를 만들어냈지만 노동자들의 사정은 더욱 힘들어졌다. 그러나 결국 다른 선진국들도 이 길로 올 수밖에 없다면 먼저 맞닥트린 문제에서 해법을 찾아낼 수 있다. 다른 나라들은 '천천히 맞아도 될 매'라고 생각했지만, 코로나19 사태라는 역사적 사건 이후 가속화되면서 우리보다 더 '급박하게 자주' 매질을 당해야 할 판국이다.

기후변화 문제에는
대처하지 못한
'선망국'의 명암

한국이 '선망국'이 아닌 분야와 비교해보면 명암이 더 분명해진다. 한국이 '선망국'이 아닌 분야는 바로 기후위기 대응 문제다. 한국은 이명박 정부 시절 '저탄소 녹색성장'을 국정 운영 기조로 내걸었으나 원자력발전을 염두에 뒀기 때문에 국제적 표준에서 매우 뒤떨어져 있다. 탄소 배출 감축 문제에서는 한국이 향후 다른 선진국보다 더 '급박하게 자주' 매질을 당해야 한다. 이 과제를 생각하면 여타 영역에서 '먼저 매를 맞은 것'이 별일이 아니라는 생각은 들지 않을 것이다. 탄소 배출을 줄이기 위해 노력하면서 갈등을 겪는 유럽을 향해 '저소득층 전기세나 올린다'고 조롱할 수는 없지 않은가.

진보주의자들은 이 '선망국'의 풍경이 다만 먼저 펼쳐진 디스토피아에 불과하다고 폄훼할는지도 모른다. 그런 이들에게 해법을 물어보면 대부분 '고용 유지'를 말한다. 기업의 상황이 힘들어지면 고용 유지를 위한 '국유화'를 대안으로 내세운다. 물론 우리는 2009년 쌍용자동차 사건처럼 하루아침에 수천 명을 내보내는 식의 폭력적인 구조조정은 되도록 피해야 한다. 그러나 쌍용자동차와 같은 문제의 해법을, 또 다른 예시인 대우조선 문제에 대한 해법을 무작정 국유화로 내세울 수 있는 것도 아니다. 산업생태계가 변동되고 하나의 산업의 경쟁력이 퇴조하는 상황에서 구조조정 문제를 사회적으로 합의하는 것은 결코 단순한 문제가 아니다.

다른 한편에는 기본소득론자들이 있다. 기존의 진보주의자들은 기업이 고용을 회피하는 디스토피아를 노동운동의 관점에서 거부하고 국유화를 요구한다. 반면 기본소득론자들은 그 디스토피아는 회피할 수 없는 현실이므로 사회운동의 관점에서 이것은 수용하되 국가를 향해 '기본소득'이란 이름의 새로운 소득을 요구한다. 양쪽 다 일리는 있고 논리적으로 깔끔한 주장이다. 그러나 두 주장은 논리적으로 일관된 것이기에 서로 충돌한다. 우리에게 주어진 현실의 문제들은 그러한 해법으로 대처할 수 없다. 우리는 특정 기업에게 2009년 쌍용자동차에서 발생한 것과 같은 무책임하고 과격한 구조조정을 유예해줄 것을 요구하면서도, 특정 기업이나 산업을 살리기 위한 최소한의 구조조정을 수용해야 한다. 한편으로 우리는 미래의 어느 시점에 기본소득이라는 제안을 수용할 것을 염두에 두면서도 그것에 구애받지 않는 다양한 복지정책을 활용하여 사회적 안전망을 구축해나가야 한다.

또한 사회운동 차원의 대응뿐만 아니라 산업생태계 차원의 대응, 개개인이 경쟁력을 갖춰나가는 적응 역시 인정해야만 한

추월의 시대

다. 한국의 노동자들이 창구 직원과 검표원에서 벗어나 대리운전을 하거나(그것도 카카오대리 같은 플랫폼에서), 배민(배달의민족) 라이더가 된 것은 개탄할 문제만은 아니다. 그들이 처한 '유연한 일자리'라는 현실에는 물론 개선점과 지원책이 요구될 수 있다. 하지만 시민 다수가 지금의 일자리가 사라질 수 있으며 전혀 몰랐던 플랫폼에서 새로운 일자리가 생길 수 있다는 점을 알고 있고, 그런 변화에 대응하기 위해 사회문제에 관심을 기울이고 스스로를 교육해야 한다는 점도 이미 알고 있다는 사실은 사회 전체적으로 볼 때 커다란 경쟁력이다.

영국의 유명한 좌파 감독 켄 로치의 영화 〈나, 다니엘 블레이크〉(2016)가 한국에 개봉되었을 때 극장에서 관람한 수만 명의 좌파들조차 50대 즈음의 육체노동자로 보이는 주인공 다니엘 블레이크가 컴퓨터를 전혀 사용하지 못하는 모습을 낯설어했다. 마우스 사용을 어색해할 정도로 컴퓨터를 어려워하는 모습은 한국에서 주로 70대 이상 노년층에서나 볼 수 있다. 그런 이들조차 관공서에 가면 컴퓨터를 대신 사용해서 문제를 해결해주는 공무원들의 안내를 받을 수 있다. 한국의 좌파 관객들은 영국 사회의 뒤틀린 복지제도를 향해 인간의 존엄을 외치는 다니엘 블레이크의 메시지에 공감하면서도 그가 극중에서 보여준 목공예 실력을 활용해서 인터넷 쇼핑몰에 자기 작품을 유통했으면 어땠을까 하는 감상을 가지기도 했다.

또 한국에서는 2010년대에 기업형 슈퍼마켓(SSM)이 등장하면서 재래시장과의 상생 논란이 있었다. SSM의 입점을 제한하고 지정된 공휴일에는 영업하지 못하도록 규제하는 한편 재래시장은 새로이 정비하고 공통으로 카드 결제 시스템을 만드는 등의 적응 과정을 거쳤다. 이제는 돌고 돌아 SSM이 이커머스와 편의점 사이에서 생존 전략을 고민하는 시점이 됐다.

더구나 한국은 수출 중심 제조업 경제에 해당한다. 이 사실 또한 오랫동안 일본과 같은 내수 중심 경제와 비교되면서 한국 경제의 단점으로 여겨졌다. 수출 중심 제조업 경제로 출발했지만 완만하게 내수 중심 경제로 이행한 일본의 길을 따라가지 못했던 것이 일본만큼의 규모를 확보하지 못한 한국 경제의 질곡으로 여겨졌다. 그러나 요즘은 그 차이가 한국이 일본형 장기 불황에 빠지지 않을 수 있는 논거로 활용되기도 한다. 내수경제의 성장은 저출산 고령화에 막혀서 한계에 부딪히고 정체하게 되지만, 한국은 무역 규모를 늘려나가면서 성장해온 국가이므로 오히려 그 덫에 빠지지 않을 수 있다. 자동화를 먼저 도입한 한국 기업의 혁신은 지금 시점에서는 눈에 띄는 장점으로 보이지 않는다. '연봉 1억 정규직'들을 건드리지 않기 위해 실시한 자동화이기에 그들이 퇴사하기 전까지는 영업이익률의 개선이 눈에 보이지 않는다.

그러나 이제는 그들의 은퇴 연령이 코앞이다. 숙련 노동자들과의 공존을 통해 다른 방식으로 적응해왔던 유럽 자동차공장의 엔지니어들이 현대기아자동차의 자동화 시스템을 견학하러 오는 세상이다. 결과적으로는 강고한 노동조합의 부조리한 요구에 대응한 한국 재벌 대기업의 자동화가 돌고 돌아서 한국 경제에 새로운 기회가 됐다. '노동자가 빠져나가고 기계가 들어찬 공장'이 디스토피아가 아니면 뭐냐고 묻는 이들도 있을 것이다. 하

추월의 시대

지만 더 정확하게 얘기하면 '잔업 포함 연봉 1억 노동자'가 나간 자리에 사회적 합의에 따라 최근 논의되는 '광주형 일자리'처럼 '주 44시간 기준 기본급 연봉 3,500여만 원 노동자'가 들어올 수 있게 된다. 지금은 그러한 사회적 합의를 대기업 정규직 노조가 가장 극렬하게 반대하는 실정이다. 물론 국내 공장의 숫자가 같다는 전제하에 퇴직하는 숫자만큼의 노동자가 들어오지 못할지도 모른다. 하지만 자동차공장에서 '주 44시간 기준 기본급 연봉 3,500여만 원 노동자'가 일하는 세상은 '과로노동 연봉 1억 원청 정규직 노동자'와 '과로노동 연봉 3천만 원 하청 노동자'로 양분된 세상보다 정의롭다. 그리고 대다수 일자리가 사라지고 정부에 기본소득을 요구해야 하는 세상보다 더 보람차기도 하다.

기업경영이 아니라
사회경영에도
'기민한 대응'이 필요하다

아마도 우리는 'AI와 로봇이 노동을 대신할 시대'를 살아가는 것을 언제까지나 회피할 수는 없을 것이다. 조한혜정 교수는 우리가 그러한 시대를 대비하여 직접민주주의 시대의 그리스인들처럼 질문하는 능력을 키워야 한다고 주문한 바 있다.[60] 한국 사회는 그동안 너무 각박하게 근대화를 추구하다 보니 서구 선진국과 일본 등이 머뭇머뭇하며 수용하지 않았던 것들까지 너무 빨리 수용해버렸다. 이미 그 부작용도 경험하고 있다. 그러나 그렇기 때문에 한국 사회의 시민들은 '우리가 지금 무슨 문제에 맞닥뜨렸는지' 더욱 선명하게 인식할 수 있다. 이것은 결코 만만한 자산이 아니다.

　이번 장에서 집중해서 살펴본 일자리 문제만 해도 그렇다. 결국 지금 초점을 잡아야 할 것은 '어떤 비정규직을 정규직으로 돌려야 하는가'와 같은 차원의 문제가 아니다. 먼저 교육을 통해 고숙련 노동자를 많이 배출해야 하고, 다음으로는 중숙련 직종의 글로벌 경쟁력을 높여야 한다. 문제를 다시 정리하면 답안의 내용도 달라진다. 사회 일각에서 쓸모없는 허영으로 여기고 비난받았던 한국 사회의 높은 대학진학률 역시 고숙련·중숙련 노동자의 경쟁력을 제고하는 데 도움을 주는 것으로 평가받을 수 있게 된다. 무역에 의존하는 한국에는 내수경제를 기반으로 한 안정된 산업이 드물다. 많은 산업이 국제무역의 상황과 제조업 경쟁력의 변동에 따라 요동치기 때문에 생애주기 동안 두세 번의 업종 변경은 대비해야 한다. 그렇기에 고학력이어야 한다. 한국처럼 무역의 비중이 높은 북유럽 국가들의 대학 진학률이 대부분 60퍼센트를 상회하는 것은 우연이 아닌 것이다.

　현대기아자동차를 예로 들면 이제는 자동차 제조기업에서 모빌리티 서비스 기업으로 전환하려는 흐름 위에 있다. 제조업의 기반은 유지하겠지만 수익 사업에서 중심이 되지는 않을 것이라는 의미다. 실제로 현대자동차는 지자체와의 협력을 통해 다양한 형태의 '차량 구독 모델'을 시험하고 있다. 한 달에 30여만 원을 내고 필요할 때마다 도로를 누비는 자율주행차를 '집어 타고' 이동하는 풍경이 근 미래에 펼쳐질 수 있다.

　글로벌 거대 완성차 회사의 미래 비전이 외주 생산을 통해 차량을 생산하되, 그 차량을 가지고 서비스하는 방향으로 변화

　　　　　　　　　　　　　　　추월의 시대

하고 있는 것이다. 자동차 업계가 전기차 중심으로 재편되면 완성차 공정에도 과거만큼 많은 인력이 필요하지 않게 된다. 그렇게 되면 생산직은 대거 줄어들 수밖에 없다. 기존 인력의 정년퇴직만으로 조정이 될 수 있을지, 아니면 중간에 대량해고가 필요할지 여부는 남아 있지만 말이다. 결국 고용은 신기술 연구 인력, 서비스 운용 인력, 자동화 공정 운용 인력들로 축소될 것이다.

이런 경우에 어떻게 해야 하느냐의 문제가 남는다. 진부한 원론부터 말한다면 산업정책과 복지정책 모두에서 기존의 대안을 벗어나는 혁신이 필요하다. 최근 정치권과 학계에서 기본소득 논의가 꾸준히 나오는 이유도 이와 무관하지 않다. 보편적 기본소득이 현시점 대한민국의 재정 상황에서는 거의 불가능하다 하더라도, 미래 사회에는 인류 대부분이 일자리가 없다면 언젠가는 보편적 기본소득이 필요할 것이라는 전망 역시 완전히 밀쳐낼 수 없을 것이다.

그러나 '기민한 대응'의 본질은 근본적인 대응이 아니라 각각의 변화 국면에서 필요한 대응을 찾아내는 것이다. 그러면서도 문제의 핵심을 파악하고 그에 대응하는 방향만큼은 확실하게 잡아야 한다. 원래 민주주의 정치는 '기민한 대응'과 잘 어울리지 않는다. 그러나 민주주의 정치에서도 상대적으로 기민한 대응을 이끌어낼 방법은 있다. 사회 구성원 상당수에게 우리가 현재 처해 있는 문제가 무엇인지, 그리고 그 문제에 대한 해법의 방향은 무엇인지 공유하는 것이다. 사회 구성원 다수가 피드백이 빠르고 과거의 판단을 벗어나 생각할 수 있는 한국 사회의 시민들에게 우리의 문제와 해법의 방향을 공유해야 하는 것이다. 다음 장

에서는 여전히 평범한 인간의 삶에 가장 중요한 일자리 문제와
관련해 한국 사회에서 핵심적으로 극복해야 할 것이 무엇인지
논의해보고자 한다.

공채공화국을 타파하라

박근혜 정부 시절 구조개혁이란 말이 유행했다. 이제 와 기억하는 이는 별로 없지만 공공개혁, 교육개혁, 금융개혁, 노동개혁을 포괄해 4대 구조개혁이라 일컬었다. 공공개혁 부문에서는 공무원연금 일부 개정이 성과를 거뒀고, 교육개혁 부문에서는 일과 학습을 병행하기 위한 자유학기제와 저출산 고령화에 대비한 대학구조 개혁이 논의됐다. 금융개혁 부문에서는 인터넷 전문은행 설립이 허가됐다. 노동개혁 부문에서는 근로시간 단축, 비정규직 사용 기간 연장, 파견근로 확대, 청년고용 창출 등을 추진했는데 특히 노동계로부터 '노동개악'이라는 비난을 받았다.

구조개혁이란 말은 묘하게 구조조정을 연상하게 한다. 구조조정이 특정 기업이나 산업에 관련된 것이라면, 구조개혁은 사회나 산업생태계에 관련된 것으로 범위가 완전히 다른데도 말이다. 박근혜 정부 시절 논의된 내용들도 유연화, 규제 철폐, 급여체계 및 연금체계 정비, 일자리 창출과 일자리 감축 등의 문제와

추월의 시대

맞물려 있었으니 심정적으로는 유사하게 보인다. 그러나 구조조정이 보통 부실 부문을 도려내는 문제라면 구조개혁은 좀 더 포괄적으로 인센티브 체계를 개편하고 개인의 기회비용에 영향을 주어 사회를 합리화하려는 시도에 해당할 것이다. 진보 진영에서는 구조조정 자체를 죄악시하고 구조개혁 논의도 비슷한 방식으로 반대하려는 경향성을 보인다. 하지만 현 정부의 경제정책 책임자 중 한 명인 김상조 청와대 정책실장은 과거 저술과 칼럼을 통해 구조조정의 필요성을 여러 번 역설한 바 있다.[61]

박근혜 정부의 방식이 타당하지는 않았다 하더라도 특히 공공부문과 노동부문을 포괄하는 일자리 문제에 대한 개혁적 접근은 필요한 것이 사실이다. 이것은 5장 말미에서 이철승 교수가 지적한 한국형 위계구조, 연공서열 구조에 기반한 '네트워크 위계'를 재정비하는 작업이기도 하다. '86세대 기득권'이 문제의 핵심이 아니라면 오히려 다른 방식으로 이 문제를 정면으로 대면해야 한다.

특히 제조업 영역에서는 문제가 더 첨예해진다. 원청-하청 피라미드에서 원청 노동자가 '연봉 1억 원'을 받을 때, 피라미드의 맨 밑에 있는 하청 노동자는 '연봉 3천만 원'을 받는다는 참혹한 문제에 맞닥뜨린다. 이런 현상이 부조리하다는 것에 대다수가 동의할 것이다. 하지만 원청 정규직 노동자의 임금 삭감이 필요하다는 논의에 이르면 구조조정보다 토의하기가 힘든 얘기가 된다. 그래서 '광주형 일자리'처럼 노사민정 대타협에 기반해 지속 가능한 양질의 '상생형 지역 일자리'와 같은 우회적 정책 대안이 나타났다. 광주시와 현대차가 합작법인을 설립하고 공장을 지어서 기존 완성차 업체의 절반 수준의 임금(주 44시간 기준 연봉 3,500여만 원. 기존 원청 정규직의 연봉 1억 원도 기본급이 아니라 초과노동 잔업수당을 합한 액수다)을 지급하는 대신 정부와 지자체가 복리·후생 비용 지원 등을 통해 임금을 보전하는 방식이다. 상당히 합리적인 대안이지만 대기업 정규직 노조의 반대로 난항을 겪고 있는 실정이다.

노동계의 문제도
'86세대'의 문제일까?

이 문제는 흔히 '86세대 문제'와 함께 묶이거나 사실상 동일한 것으로 취급되곤 한다. 원청 정규직 고액 연봉자들의 연령대가 보통 1960년대생으로 소위 86세대의 고졸 동년배에 해당하기 때문이다. 또한 그 시절 민주화운동과 노동운동의 구성원들은 상당 부분 겹쳤거나 상호 교류가 많았다. 그들 세대의 관점으로는 민주화운동의 부산물과 노동운동의 부산물은 자신들이 건설한 결과물이라 여겨질 수 있다.

그렇다고 두 집단을 마치 하나인 것처럼 포개는 것은 상층부 리더나 활동가 중심으로 사태를 편향적으로 바라보는 것일 수 있다. 민주화운동 세력과 넥타이부대 사이에 상당한 거리가 있었던 것처럼, 노동운동가와 원청 정규직을 단순 동일시해서 묶기는 어렵다. 민주화운동과 노동운동 사이에 존재하는 상당히 큰 동심원이, 대졸 86세대와 동년배 고졸 중 원청 정규직 사이의 동질성을 보장하지는 않는다. 오히려 그렇게 동질적이지 않은 것들을 하나로 묶어 86세대라고 명명하면, 86세대의 역사적 성과

추월의 시대

를 과장하는 동시에 그들을 엄청난 기득권으로 몰아갈 뿐이다.

　여기서는 이 영역의 집단도 개혁 대상이 된다는 사실을 지적해두기로 한다. 지금으로서는 정부든 정치권이든 재벌 대기업이든 그들을 대상으로는 아무런 해법을 찾지 못한 채 그저 은퇴하기만을 기다리고 있는 실정이다. 그들의 '자연 은퇴' 이후에는 광주형 일자리 같은 대안에 반대할 세력도 없으니 정부정책의 운신의 폭도 넓어질 것이다. 5장 말미에서 소개한 이철승 교수의 정책적 대안을 다시 검토해보면 다음과 같다.

　1. 현재보다 더 강력한 '임금 피크제'.
　2. 공무원 집단 내부의 임금 양보와 청년 고용 확대.
　3. '연공제'에서 '직무제'로의 전환.
　4. 연금개혁.
　5. 상속 과정에서 세금을 징수하여 청년세대 주거권 보장을 위해
　　 사용하도록 법제화.
　6. 국가가 관리하는 취업 및 창업 알선 기관 확장 등.

　위 여섯 개의 대안은 자산 상속 문제를 지적한 다섯 번째를 제외하면 한 가지 방향으로 포개진다. 그 방향은 과연 무엇인가? 구체적인 사안을 따져보면 이철승 교수가 제시한 개별 정책은 타당할 수도 있고 타당하지 않을 수도 있다. 임금 피크제를 실시한다 하더라도 적절한 삭감 액수가 어느 정도인지 시비를 걸 수 있고, 청년 고용 확대를 논할 때도 비율 문제를 거론할 수 있다. 이처럼 구체적이고 세부적인 문제에만 집중하면 모든 종류의 구

조개혁 정책에 반대할 수 있다. 마치 최근의 노동계가 사실상 임금 피크제에도 반대하고, 직무급제에도 반대하는 흐름과 흡사하다. 물론 정부가 내세운 임금 피크제와 직무급제 전환 시나리오에 문제가 있을 수 있다. 하지만 노동계가 둘 다 반대하면 결국 '(나 혹은 우리는) 연공제에 따른 임금 인상을 포기하지 않고 정년까지 더 많은 임금을 받다가 퇴직하겠다'는 황당한 이야기가 완성된다.

개별 정책의 타당성을 검증하기 전에 "큰 틀에서 어떤 효과를 의도하는가?"에 대한 방향을 정하는 것이 중요하다. 우리 사회가 방향 전환에 합의할 수 있다면 정책적 토의 역시 축적 가능하다. 이 사안이 행정수도 이전처럼 직관적인 설득력을 가질 수 있다면 한국 사회는 또 한 번의 질적 전환을 이룩하게 될 것이다.

'시험 선발'을 기본으로 간주하는 세상을 벗어나자

근본적으로 검토해야 할 부분은 바로 인력 채용의 방식 자체다. 콕 집어 말하자면 '공채공화국'을 벗어나야 한다는 것이며, '시험 선발'을 기본으로 삼는 통념을 벗어던져야 한다는 것이다. 사실 이것은 우리의 통념에서 너무 심각하게 벗어나는 일이기에 곧장 이 방향으로 가자고 말하기가 쉽지 않다. 그러나 최근 공채를 없애는 대기업이 생기는 추세로 보아 실질적 필요성 차원에서는 턱밑까지 다가온 문제라고 볼 수 있다.

추월의 시대

이 제안의 가장 큰 난관은 우리 사회에서 공채를 통한 선발, 특히 시험 선발이 공정함의 표준이라는 점이다. 시험 선발 외 다른 방식은 모두 '낙하산'이나 '지갑을 주운 것'이라는 통념이 강하게 작용한다. 좀 더 넓은 문맥에서 본다면 대학입시에서 수능 정시 선발과 수시 선발에 대한 논란도 이와 흡사하다. 물론 모든 통념에는 근거가 있다. 공채가 대세인 세상에서 특채는 대부분 '낙하산'이거나 '지갑을 주운 것'이기 쉽다. 또한 수시보다는 수능이, 수능보다는 학력고사가 더 공정했다는 믿음에도 경험적 근거가 있다. 로스쿨보다는 사법고시가 계층 상승 사다리로 잘 작동했다는 견해 역시 마찬가지다. 그러한 믿음이 실제 자료와 배치된다고 해서 그 경험적 믿음이 쉽사리 해체되지도 않는다.

그러나 여기서 생각해봐야 하는 측면이 있다. 먼저 학력고사나 사법시험이 더 공정했고 계층 상승 사다리로 잘 작동했다는 경험은 그 시대의 특수한 문맥 안에서 유효한 것이다. 당시의 '시험 선발'이 상대적으로 공정하다는 것은 대부분 수험생 부모들의 생활수준이 비슷비슷했고, 부유층은 극히 일부였다는 맥락에서 성립된다. 지금은 자녀 세대의 수험 생활을 온전히 뒷받침할 수 있는 계층이 10~20퍼센트가량 되기 때문에 설령 옛날 제도로 돌아간다 한들 이들과 그 바깥 집단의 격차를 피할 수 없다. 시험 준비 시간이 길어지고 비용 역시 예전보다 훨씬 커진 세태 앞에서는 '시험은 공정하다'는 믿음이 무력해진다. 사실 수시 선발이나 로스쿨에서 드러나는 격차 역시 보통은 10~20퍼센트의 집단과 그 바깥 집단의 격차이다. 말하자면 '옛날이 더 공정했다'는 향수 섞인 접근은 계층구조가 달라져서 계층 재생산의 양상이 달라진 문제를 제도 탓으로 돌리는 범주 오류에 해당한다. 수시 선발이나 로스쿨의 경우 계층 격차를 제도적으로 보완할 수 있지만 옛날 제도를 다시 도입한다면 격차 문제에 대처할 수도 없게 될 것이다.

또한 지금의 한국 사회에서 대입과 채용 문제를 단순 비교하는 것은 적절하지 않다. 기업의 채용은 사회 보편적 관점에서 유능함을 평가하는 것이 아니라 기업의 효율적인 이윤 추구를 위해 필요한 인재를 걸러내는 과정이기 때문이다. 시험 선발이 사회 보편적 유능함의 잣대가 될 수 있을지를 묻기 이전에 근본적인 차이가 있는 것이다. 이 점을 혼동하면 자신들이 서열화한 기업 피라미드의 꼭대기에 인천국제공항공사가 있다는 이유로 보안요원 정규직 전환을 '뒷문으로 SKY에 입학한 학생들' 취급을 하며 분개하게 된다.

채용에 대한 관점을 바꾸자는 제안은 기업 중심 관점에서 문제를 바라보는 것만도 아니다. 왜냐하면 신규 채용 인력이 줄어든 현실에서 시험 선발이 기본인 공채 시스템은 '취준생'들에게도 보편적인 손해를 끼치고 있기 때문이다. 공채 시스템을 통하지 않은 채용이 모두 '낙하산' 내지 '지갑을 주운 것'이란 통념은 오히려 공채 영역 자체를 축소해나갈 때 비로소 해소될 수 있다.

기업에서 공채를 줄이거나 없앤다고 하면 대부분의 청년세대는 '사다리 걷어차기'를 당하고 있다는 느낌을 받는다. '좋은 일자리'의 문을 닫아버리고 청년층은 저임금 노동에만 종사하라는 뜻으로 받아들인다. '조국 사태'와 '인천국제공항 사태'에서 드러난 청년들의 민심을 허투루 볼 수는 없다. 그러나 조금 더 따

추월의 시대

져보면 이 제안은 결코 '사다리 걷어차기'에 해당하는 것이 아니다. 청년층의 터져 나오는 불만을 고려해 상황을 제대로 설명하면서 충분한 이해를 구하기 위해 노력해야 할 것이다. 하지만 사태를 단순화하고 그들의 불만을 조직화해 모든 종류의 변혁에 저항하는 흐름에는 분명히 반박할 필요가 있다.

'좋은 일자리'의 숫자는 이미 줄어든 상태이고, 공채라는 채용 양식을 억지로 유지한다고 그 문제를 해결할 수 있는 것도 아니다. 오히려 공채라는 인재 선발 양식이 민간 영역에서라도 사라지고 수시 채용으로 전환된다면 취업 준비 기간에 헛힘을 쓰지 않게 된다. 중견·중소기업에서부터 역량을 쌓아 성과를 내서 이후 '좋은 일자리'의 길에 합류하는 전략이 가능한 것이다. 말하자면 중소기업에서 직장 생활을 시작한 경우라도 대기업이나 공공부문으로의 진입이 가능해지면 '첫 직장'이란 이름의 신분 장벽이 허물어지게 된다.

'경쟁력 있는 취업준비생'의 입장에서도 마찬가지다. 현재의 체제는 시험 준비 기간 동안의 누수를 감내해야 하고, 첫 직장으로 '좋은 일자리'에 합류하느냐 못 하느냐에 따라 기대소득의 격차가 너무 크다. 대기업 취업에는 근본적으로 운이 작용하기도 하지만, 결국에는 계층 격차가 반영된다. 그보다는 좀 더 리그를 크게 넓히고 '시험'이 아니라 중견·중소기업에서 경쟁을 시작하여(물론 매우 능력 있는 사람이 첫 직장을 대기업에서 시작하는 사례도 있다) 이직을 도모해야 미래 기대소득이 '운'이나 '부모 소득'이 아닌 '개개인의 역량'에 좌우되는 것이다. 어째서 그러한지 찬찬히 알아보자.

공채 구조가 만들어내는
20대 후반의 높은 실업률

한국 사회에서 직업과 관련된 두 축이 '학벌'과 '공채'다. 그런데 지금은 이 두 축이 한국 사회의 역동성을 가로막고 있다. 2019년 한국은행은 〈한국과 일본의 청년실업 비교분석 및 시사점〉이라는 보고서를 발간했다. 청년층의 실업률을 다루는 내용 중에 흥미로운 점이 있다. 보고서에 포함된 청년층 실업률을 살펴보면 20대 초반까지는 한국의 실업률이 OECD보다 크게 높지 않다가 20대 후반에 크게 늘어난다. 그리고 30대 초반이 되면 낮아지면서 OECD 평균 밑에서 자리 잡는다.

그 의미를 해석하기는 크게 어렵지 않다. 20대 후반들이 취업 준비에 내몰려 있고 기간도 생각보다 길다는 뜻이다. 한국 언론들은 종종 '청년실업률'이 심각하다는 보도를 내보내면서 주요 지표 중 하나로 '체감실업률'을 제시한다. 체감실업률은 가장 확대된 실업 지표다. '근로시간이 주당 36시간 미만이면서 추가로 취업을 원하는 근로자'와 '비경제활동인구 중 지난 4주간 구직활동을 했지만 취업이 불가능한 경우'를 모두 실업자로 계산한다. 이를 청년층에 대입하면 '아르바이트를 하면서 취업을 준비하는 이들, 도서관에서 스펙 쌓고 토익 공부하는 이들'을 모두 실업자로 본다는 뜻이다. 한국의 청년실업률은 일자리 수 자체의 문제도 있지만 노동 공급자와 수요자의 미스매칭이 만들어낸 취업 지연에 더 가깝다고 할 수 있다.

이 보고서는 "한국의 50인 미만 기업체의 평균 임금(238만

연령대별 인구 비중과 실업자 비중

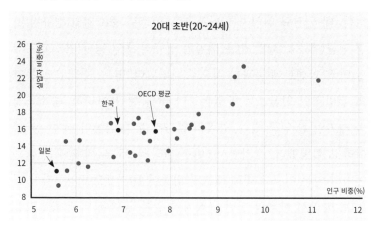

20대 초반(20~24세)

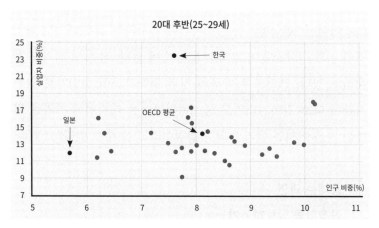

20대 후반(25~29세)

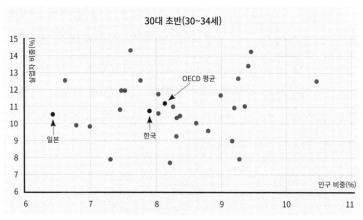

30대 초반(30~34세)

원)은 300인 이상 기업체 근로자(432만 원)의 55퍼센트에 불과하다. 대졸 신규 취업자를 기준으로 2015년 중소기업 정규직 초임 평균(연봉 2,532만 원)은 대기업 정규직 초임 평균(연봉 4,075만 원)의 62퍼센트에 불과한 것으로 나타났다"면서 "한국은 노동자의 전반적인 임금소득이 일본보다 낮을 뿐만 아니라, 중소기업과 대기업 간 임금 격차, 양질의 일자리 부족 현상이 더 큰 상황"이라고 설명했다. 그러면서 "반면 한국의 25~34세 인구는 같은 연령의 일본 인구에 비해 대졸자 비중이 10퍼센트포인트가량 더 높다. 따라서 한국의 청년 구직자가 일본 청년에 비해 중소기업을 회피하는 경향이 훨씬 강할 것"이라고 덧붙였다.

이어서 "한국에서는 중소기업에 입사하는 경우 대기업 취업자에 비해 생애소득이 크게 낮을 수밖에 없다. 점차 그 격차도 확대되고 있다. 그러므로 한국의 청년 구직자들이 실업자로 있는 기간이 다소 길어지더라도 중소기업보다는 대기업에 가기를 원하는 것은 어쩌면 합리적 의사 결정이라고 볼 수도 있다"고 했다.

공채는 과연
공정함을 담보하는가?

더구나 이직 시장에서도 차별적 구조가 이어진다. 한국에서의 '첫 직장'은 신분이다. 첫 직장으로 대기업에 입성했으면 다음 직장도 대기업으로 갈 수 있다. 물론 한 직장에서 평생을 버텨도 된다. 대기업에 입사한 이들이 갑자기 중소기업이나 스타트업을 가는 일은 잦지 않다. 보통 그것은 실패나 도전을 의미한다.

추월의 시대

반대로 중소기업을 거쳐 대기업으로 가는 길에는 매우 험난한 과정이 동반된다. 이것은 이동이 아니라 상위 단계로의 진입에 가깝다. 경계를 넘어서는 일이다. 충분한 포트폴리오를 만들고 실력을 쌓았음에도 '중소기업 출신인 너를 뽑아야 하는 이유'가 확실해야만 성공할 수 있다.

　페미니즘 운동이 활발해진 한국이지만 아직까지 고위급 임원 중 여성을 찾아보기는 쉽지 않다. 그러나 여성 임원들 중에 탁월한 능력을 보여주는 이들이 적지 않다. 그들 앞을 가로막은 어떤 장벽 혹은 유리천장을 뚫고 임원이 되었다면 같은 직급의 남성들보다 더 출중한 능력을 가지고 더 많은 노력을 기울여야 했을 것이다. 낮은 학벌이나 중소기업에서 출발한 사람들도 비슷한 처지에 놓여 있다. 자신들 앞에 놓인 편견의 장벽을 뚫기 위해서는 같은 실력을 인정받는 다른 친구들보다 훨씬 더 많은 노력을 기울여야만 한다.

　명문대와 비명문대를 가르는 '학벌의 장벽', 그리고 중소기업과 대기업을 가르는 '공채의 장벽'은 일방향으로 쌓여 있지 않다. 대기업 출신 노동자들이나 명문대 출신들은 웬만해서는 신분이 하락할 위험에 직면하지 않는다. 실제로 대기업에서 열심히 성과를 내려고 하는 이들은 종종 "대기업 내부에는 안전주의적으로 일하는 사람들이 많아 답답하다"고 말한다. 특히 정년이 보장되는 직장일수록 그런 말을 많이 한다. 그들은 자신들이 공채에서 획득한 신분이 떨어지지 않는다는 것을 잘 알기에 새로운 도전을 하거나 자기계발을 하기보다는 기업 안에서 잘 안착하고 안전하게 숨어 산다. 그러다 보니 회사에 활력이 사라진다.

그렇다면 '공정'이 무엇인지를 다시 한 번 물어보자. 과연 무엇이 공정일까? 원론적 답변을 한다면, 모든 사람이 자기 실력에 걸맞은 대접을 받을 수 있고 그 실력을 키우기 위한 조건을 비교적 공평하게 제공받는 것이다. 그런데 요즘 청년층 일각에서 흘러나와 사회에 수용되는 '공정론'은 그런 것이 아니다. 공채의 벽은 더욱더 견고해야 하고 학벌의 메리트는 더욱더 강해져야 한다. 그것이 최근에 나온 '공정론'의 이면이다. 이 벽이 얼마나 두꺼운지를 아는 이 나라의 취업준비생들은 모두 스펙을 쌓고 대기업 공채시험에 목을 맨다. 그게 얼마나 큰 영광과 리워드를 가져다주는지 알기 때문이다. 그리고 이것은 다시 '청년실업률 확대' 및 '취업 지연'으로 이어진다.

'시험 선발'이 유지·존속되면 '비용'의 문제도 생긴다. TO가 줄어든 상황에서 좋은 일자리를 주는 기업과 그렇지 않은 기업의 격차가 커지면 평균적인 시험 준비 기간은 길어질 수밖에 없다. 그 시간을 버티게 하는 것은 대개의 경우 돈의 역할이기에 필연적으로 계층 분리가 일어난다. 공정한 '시험 선발'인 줄 알았던 시스템이 사실상 음서제도처럼 작동하는 것이다. 지금도 공기업이나 재벌 대기업의 최종 면접 과정에는 '친지의 친지'들까지 동원해 줄을 대려는 사람들이 있다. 실제로 효과가 있는지 없는지는 알 수 없다. 최종 면접까지 올라간 이들이라면 이미 '친지의 친지들' 중에 해당 기업 임원 하나쯤은 걸릴 수도 있기 때문이다. 이쯤 되면 공채라는 것도 '낙하산'과 별 차이가 없거나 오히려 '낙하산'보다 더 효율적인 계층 분리 도구가 되는 셈이다.

한국 사회는 지금도 '시험 선발'에 사회적으로 과도한 정력을 쏟고 있다. 이것은 부모 세대가 겪은 삶의 경험에서 비롯된다. "교과서나 책에 나오지 않는 이야기, 언론이나 담론에서 다루지 않는 이야기, 시험 좋아하고 책 좋아하는 사람들은 잘 모르는 이 야기", "말하자면 인생의 실전 기술"[62]을 전파하겠다는 선언으로 시작하는 《성공이 뭔지 몰라도 일단 성공하고 싶다》(2019)의 저 자 김대영은 부모 세대가 겪은 삶의 경험에서 나온 전략을 실천 했을 때 생기는 문제에 대해 다음과 같이 간결하게 요약한다.

우리 부모님 세대가 아는 것은 자기들 또래에서 대학을 나온 드 문 친구들이 걸어갔던 길입니다. 전문직이라 해도 부모님 또래 의 전문직입니다. 당시는 대학에 가는 사람이 무척 적었기 때문 에 집에 여유가 있거나, 악착같이 공부한 이들만이 그 루트를 탔 습니다. 상당수 부모님들 입장에서는 자신들도 그 사람들 못지않 게 똑똑했지요. 그러니 집이 잘살거나, 이기적일 만큼 집안의 지 원을 끌어내 억지로 대학에 간 이들의 승승장구하는 삶이 너무 나 부러웠을 겁니다. 부모님들은 그러면서 자녀 세대에게 우리가 대학을 보내줬는데 왜 그만큼 잘살지 못하냐고 묻습니다. 환장할 노릇입니다. 지금은 너무 많은 사람들이 같은 루트에만 몰려 있 습니다. 고속도로도 아닌 곳에 차량이 몰려 이러지도 저러지도 못합니다.[63]

한국인들이 '시험'에 몰입하는 것은 이미 기존의 사회구조 를 전제로 하더라도 과열된 측면, 비합리적인 측면이 있다. 한 명 의 청년을 향해 실천적 조언을 할 때도 '시험공부'만이 답이 아닌 상황이 너무 많다. 김대영은 이 지점에 대해 다음과 같이 비판한다.

> 더 큰 문제는 바글바글한 거기가 고속도로인지도 의문이라는 겁니다. 고속도로라면 가장 많은 사람들이 가장 빠르게 이동하도록 하는 목적에 충실해야 합니다. 하지만 우리 사회가 암묵적으로 생각하는 최적화 루트는 그렇지 않습니다. 그 길은 간단히 말하면 '시험을 통한 출세'의 길이라 할 수 있지요. 명문대를 졸업해 전문직 자격증을 따는 루트, 그게 아니라면 공무원이나 대기업 정규직이 되는 루트입니다. 길목마다 시험이 있습니다.
>
> 시험공부는 모든 사람, 보통 사람을 위한 길이 아닙니다. 하지만 웬일인지 부모님과 선생님들은 우리가 그 길에 매달려야 한다고 말해왔죠. 사회 지도층 인사들도 종종 "청년들이 공무원시험에 올인하는 사회에는 희망이 없다"고 이야기합니다만, 집에 가서 자기 자녀에게는 전문직 자격증 공부를 시켰을 겁니다. 시험공부에 재능도 없고 부모가 잘살지도 못한다면, 그 길에서 경쟁해서 이길 확률이 얼마나 되겠습니까?[64]

이제 사회문제를 고민하는 이들의 역할은 이런 실천적인 조언에 덧붙여 모종의 재능이 있고 부모가 잘사는 청년들에게도 '시험 선발' 이외의 길이 의미 있는 선택지가 될 수 있는 방안을 고민하는 것이다.

공무원시험을 줄이고
어공을 늘려라

그러려면 민간기업 영역에서 '시험 선발'이 거의 사라지는 세태에 발맞춰 '공무원시험'의 규모도 줄이기 위한 정책적 고민이 필요하다. 공무원에 관한 정책에서는 보통 '공공부문 일자리 숫자' 논쟁과 '공무원연금 개혁' 논쟁이 치열하게 전개된다. 공무원연금 개혁의 핵심은 공무원연금과 국민연금의 격차를 조정하는 데 있다.[65] 박근혜 정부가 공공개혁의 일환으로 추진한 공무원연금법 개정으로 이 문제가 어느 정도 해소되었다는 의견과 불충분하다는 의견이 공존한다. 또한 '공공부문 일자리 숫자'가 많은지 적은지에 대한 논쟁은 지난 대선에서 문재인 대통령 후보의 공공부문 일자리 확충 공약 발표 때부터 치열하게 전개된 바 있다.

이 논쟁들은 제각각 의미가 있지만 공무원시험의 규모를 줄인다는 취지에서는 우회할 여지가 있다. 공무원의 정원에서 시험 선발로 충원되는 비율을 현저하게 낮추는 개혁 방안을 생각해볼 수 있다. 특히 행정고시라 불리는 5급 공무원시험은 폐지하고, 7급과 9급도 지금의 절반 정도만 시험으로 선발하는 방안은 어떨까? 지금도 공무원 사회에는 '어공'과 '늘공'이란 말이 있다. 어공은 '어쩌다 공무원'의 약자로서 시험 선발을 거치지 않은 특채 공무원, 주로 정무직 공무원을 의미한다. 늘공은 시험 선발을 거쳐서 들어와 정년이 보장되는 기존 공무원 집단을 의미한다. 5급 시험 폐지, 7급과 9급 시험 정원 축소라는 방안은 민간 영역 출신 어공을 정무직 공무원에 국한하지 말고 공무원 채용의 또 다른 표준으로 만들자는 제안이다.

　이 제안의 핵심은 현직들의 반발을 살 수밖에 없는 연금개혁이나 급여 동결을 우회하되 신규 채용부터는 공무원들에게 당연시되던 직무안정성을 일정 부분 회수하자는 것이다. 공무원들에게 직무안정성을 보장했던 것은 당시 공공영역보다 임금이 2배가량 높았던 사기업과의 형평성을 맞추기 위함이었다. 기본적으로 공무원이 박봉인 상황에서 어느 정도 양질의 인력을 끌어오기위해 필요한 조치였다. 하지만 지금은 사정이 조금 달라졌다. '고등교육을 받은 전일제 상용근로자 대비 교사 급여'를 보면 2010년대 이후 OECD의 비교에서 한국은 언제나 기준점인 '1'을 넘는 수치를 얻고 있다. 교사라는 직종은 어느 사회에서나 하는 일이 비슷하기 때문에 급여 수준을 비교하기 쉽다. 또한 어느 나라에서나 교사의 급여 수준은 공무원과 연동되어 있으므로 각국 공무원의 급여 수준을 확인하는 지표가 된다. 즉, 이 지표의 함의는 엄밀하게 평균을 비교해보면 공무원들이 비슷한 교육수준의 민간영역 노동자에 비해 임금도 높다는 얘기다. 공무원들이 박봉이란 통념은 이제는 대기업 정규직이나 공기업 직원과 비교했을 때 성립하는 말이다. 거기에 정년까지 보장되니 자연스럽게 전원이 국민연금보다 조건이 좋은 공무원연금을 수령하게 되는 문제까지 연결된다.

　물론 공무원이라는 직종의 특수성을 고려하면 '시험 선발'의 영역도 절반 정도는 남겨놓아야 한다. 그러나 향후 공무원들의 표준적인 삶의 행로는 시험 선발을 통해 들어왔든 경력직으로 들어왔든 공공부문에서 뼈를 묻지 않고 상황에 따라 민간영역으로 이직했다가 다시 돌아오기도 하는 형태로 재편되어야 한다. 특히 5급 이상 승진할 때 민간영역의 경험이 있는 사람을 오히려 우대하는 조치도 필요하다. 그러므로 아주 특수한 영역의 일부 직종을 제외한다면 민간영역에서도 곧바로 일할 수 있는 이들이 공공영역에 포진되어야 한다. 이렇게 되면 '공공부문 일자리 숫자' 논쟁이나 '공무원연금 개혁' 논쟁도 지금처럼 치열할 필요가 없을 것이다. 왜냐하면 공공부문과 민간부문의 이직이 자유로워지면 유럽의 여느 국가들처럼 불경기에는 공공부문 일자리 규모를 늘려서 실업자를 빨아들였다가, 호경기에는 민간부문을 향해 인력을 배출하면서 규모를 줄이는 방식으로 탄력적인 대응을 할 수 있기 때문이다. 또한 공무원연금의 조건이 아무리 좋다고 해도 30여 년을 꽉 채우고 연금을 수령하는 사람은 거의 없어지게 될 것이다.

어공이 늘어나면 정권이 교체될 때마다 여러 사람이 한꺼번에 교체되는 상황이나 낙하산 문제를 우려할 수 있다. 그러나 정권 교체 시에 이직이 기본이라면 대규모 이직은 공직사회의 체질을 개선하는 계기가 될 것이다. 어떤 공무원이라도 당장 민간영역에서 일자리를 구하고, 지금 받는 연봉 수준을 제안받을 수 있는 정도의 경쟁력을 유지해야 하기 때문이다. 또한 수시 특채가 보편화된 세상에는 민간영역이든 공공영역이든 낙하산이 더 표시가 날 수밖에 없다. 수시 특채에서는 '지금 이러저러한 자리가 비어 있으니 그 자리를 채워줄 수 있는 사람을 뽑아주세요'라는 요구로 인해 채용이 진행될 수밖에 없다. 홍보팀장을 뽑아달라고 했는데 영역이 전혀 다르고 해당 직책을 제대로 수행해본 경력이 없는 사람을 뽑을 수는 없다. '시험 선발'에서 낙하산이 표시가 나지 않는 이유도 신입은 어차피 1~2년 동안은 성과를 낼 수 없고, 내부 교육과 업무 숙련을 통해 배워나가야 하기 때문이다.

이는 한국 사회 시민들의 역동성을 활용하는 길이기도 하다. 일본사 연구자인 박훈 교수는 한국의 전근대사와 조선사에서도 그 역동성의 단초를 찾은 바 있다. "조선의 촌락은 일본에 비해 공동체적 성격이 희박했기 때문에, 촌락에만 생계를 믿고 맡길 수 없었던 백성들은 촌락을, 혹은 군郡 경계를 뛰어넘어 활발히 이동했다(지금도 한국은 이사 왕국이다).……조선의 사회는 역동적이고 신분제는 유동적이었다(다르게 말하면 거칠고 혼란스러웠다)"[66]라고 간파했다. 사실 한국 사회 시민들은 이사만 열심히 하는 게 아니라 이직률도 높았다. 그리고 이를 활용해 역동적이고 빠르게 성장하는 사회를 만들어왔다. 산업화 시절을 회고하는 체험담을 들어보면 막연하게 한국은 일본처럼 이직을 기피하는 노동자 문화를 가졌을 거라고 생각했지만 막상 미국에서 시행된 조사를 번역해서 살펴보면 오히려 미국 노동자와 같은 이동성이 있었다고 한다.[67]

첫 직장이
낙인이 되지 않는 사회

최근 지방의 제조업 분야에서 이직의 역동성이 떨어진 데에는 또 다른 이유가 있다. 4년제 대학이나 전문대학은 산학협력단과 IPP(기업연계형 장기현장실습)사

추월의 시대

업단을 통해 학생들을 취업시킨다. 200만 원짜리 일자리는 여기 저기에 많이 있다는 뜻이다. 도제 훈련을 모티프로 만들어진 IPP 의 경우 졸업 전에는 소정의 실습비를 받고, 졸업 이후 그 기업에 정식으로 취업한다. 내일채움공제까지 참여할 경우 회사는 세제 혜택을 받고, 취업하는 청년은 5년 후 3배로 목돈 마련도 할 수 있다. 그럼에도 남는 문제는 새로 입직하는 청년들이 5년 근속을 채우지 않거나 못 한다는 것이다.

대부분의 제조 중소기업은 여전히 창업주의 가족과 친지에 의존하는 영세한 경영 수준에 머물러 있다. 기술 수준도 마찬가지다. 그래서 임금이 지속적으로 상승하지 않는다. 200만 원으로 시작했는데 계속 200만 원이다. 실무 역량이 쌓여도 최저임금 인상 이외의 임금 상승 요인이 없다시피 하다. 원청 정규직과 그 바깥의 계층 분리가 현격해서 이직 전직에서 상향 이동 자체가 어렵다. 결국 이 문제는 현재의 원청 정규직 기득권이 퇴직하는 시기에 맞춰 새로운 사회적 합의를 이뤄야 완화가 가능할 것이다. '광주형 일자리'와 같이 직무에 근거한 임금 체계의 확산, 전 사회적 복지정책의 정비를 통해 회사 복지와 고임금에 기대지 않아도 되는 일자리 설계가 병행돼야 한다.

'시험 선발'의 세상을 해체하는 일과, 원청 정규직 세대의 은퇴 이후 사회적 합의를 통해 기득권 해소를 자연스럽게 유도하는 일은 큰 틀에서 만난다. '한국 사회의 이직 역동성'을 회복하기 위한 지향점이 그것이다. 지금까지는 공무원시험 등 시험 선발에 매진하는 것이 어느 정도 합리적인 선택일 수밖에 없었다. 이제 우리에게 절실한 것은 사회적 인센티브를 재배치하는 일이다. '첫 직장'이 낙인이 되지 않는 사회를 만들어야 한다. 한국 사회에서 가장 필요한 구조개혁이 바로 이 문제라는 것을 여러 층위에서 확인할 수 있다.

이철승 교수의 정책 대안 중 자산 상속 문제를 제외한 목록을 다시 열거해보자.

-현재보다 더 강력한 '임금 피크제'.
-공무원 집단 내부의 임금 양보와 청년 고용 확대.
-'연공제'에서 '직무제'로의 전환.
-연금개혁.
-국가가 관리하는 취업 및 창업 알선 기관 확장 등.

우선 이 정책 대안들이 이번 장에서 중점적으로 다뤘던 문제와 관련이 있다는 것을 알 수 있다. 그러나 근본적인 해결은 불가능하다는 판단하에 그 폐해를 어떻게든 완화하기 위한 제언이라는 사실도 확인할 수 있다. 이 '완화적 제언들'을 따른다 해도 결국 같은 집단과 싸우게 된다. 따라서 도대체 어떤 세상을 만들고 싶은 것인지, 어디로 가자는 것인지를 정확하게 설명하고 설득하지 않으면, 개별적인 정책 논쟁에서 승리할 가능성도 줄어들 수밖에 없다. 우리는 분명한 지향점을 공유해야 한다. '시험선발'의 영역이 줄어드는 세상, 공채공화국을 타파하는 세상으로 나아가야 한다. 그래야 한국 사회를 지속적으로 발전시켜온 역동성이 다시 회복될 수 있다. 공채를 유지하면서 '블라인드 채용' 같은 멀리 돌아가는 제도로 보완하는 것만으로는 충분하지

추월의 시대

않다. 특히 공대 전공인 경우 학벌은 확인하지 않더라도 특정 수업의 학점이 어떤지는 확인해야 그 학생의 역량을 알 수 있다.

　이것은 수도권과 지방, 학력에 따라 차별과 차등의 선이 그어진 노동시장의 문제를 해결하기 위한 제안이기도 하다. 앞으로도 전국 단위, 대한민국 단위의 경제 전망은 밝을 수 있다. 하지만 지역의 관점, 그리고 학력과 학벌의 관점에서 차별은 쉽게 사라지지 않을 것이다. 제대로 손쓰지 않으면 오히려 더 심각해질 것이다. 대한민국이 그저 외국인들이 멀리서 감상하기에만 아름다운 나라가 될지, 내국인 다수가 행복한 나라가 될지는 이 문제에 달렸다. 정치가 답을 제시해야 한다.

저자 노트
백승호

때로는 어떤 억울함에서 출발해
문제를 인식하기도 한다

우리 세대에서 나만큼 가난한 가정은 흔히 찾아볼 수 있었다. 그때의 한국은 지금보다 훨씬 더 빡빡했다. 단칸방을 전전하다 부모님은 이혼했고 나는 홀어머니 밑에서 하루하루를 밥 걱정하며 살았다. 지금은 차상위계층까지 정부 지원이 나온다지만 그때는 오로지 기초생활수급자에게만 한 달에 30만 원가량을 지급해주었다. 그 돈은 내가 고등학교를 졸업하자 끊겼다. 공부를 왜 해야 하는지 몰랐다. 나는 종종 엄마한테 '실업계 고등학교를 가겠다'고 말했고, 그때마다 혼났다. 왜 혼났는지 정확히 알 수는 없었다. 다만 나는 하루하루 삶과 노동에 찌들어 괴로워했던 엄마와 빵을 팔거나 고깃집에서 일하는 친구들을 보며 그게 맞는 길이라는 생각을 떠올렸을 뿐이다.

신도시 분당에는 '문제적 중학교'가 둘 있다. 하나는 광주에서 넘어온 친구들이 배정되는 학교, 또 하나는 구 성남에 거주하는 친구들이 배정되는 학교이다. 분당의 아주머니들이 우리를 싫어했다는 사실은 내가 대학교에 들어가고 나서야 알게 되었다. 철없던 시절 나는 '싸움을 잘하는 학교'에 다니는 것이 어느 정도 만족스러웠을 뿐이다. 분당에 있는 학교를 다녔던 게 어쩌면 내 인생에 영향을 줄 만큼 다행스러운 사건이었는지도 모른다. 그때 분당의 고등학교는 성적순으로 입학할 수 있었고, 중학교 때 성적이 안 좋았던 나는 중간쯤 하는 고등학교에 입학했다. 고등학교 2학년이 끝나 갈 무렵부터 친구들은 공부를 했고, 나도 별생각 없이 따라 했다. 엄마에게 채무를 지우고 겨우 대학에 갔다. 급식이 나오지 않는 대학에서는 종종 점심을 굶어야 했다. 학교가 끝나면 과외나 상담일 등을 하며 생활비를 벌었다. 대학을 10년 가까이 다녔다. 내게 남은 것은 별 볼일 없는 스펙뿐이었다. 나는 몇 번의 도전에도 공채의 문을 통과하지 못했고, 삶의 부질없음을 느끼다 결국 월 100만 원가량을 주는 회사, 흔히 말하는 X소기업에 들어갔다.

첫 직장부터 '방목'을 당했다. 월 급여 100만 원짜리 회사에서 체계적인 직업교육을 기대하는 것은 사치였다. 알아서 필요한 것을 찾았고 알아서 무언가를 만들어서 알아서 기여했다. 그러나 첫 직장은 나도 모르게 폐업했다. 누군가의 선의에 기대 계속 직장을 옮겨 다녔다. 그때도 지금도 똑같다. 나는 불안했고, 계속 뭘 모르고 산다는 자격지심에 공부했고 노력했다.

그러다 어느 날 언론사 경력 공채에 경력 없이 지원했고 운 좋게 합격했다. 나는 언론판에서 일할 생각이 없었다. 아, 그 말 앞에는 '감히'라는 부사를 붙여야겠다. 나는 감히 언론판에서 일할 생각을 하지 못했다. 아는 게 없었고 실력이 부족했고 공채에 하나도 붙지 못했던 낙오자에게 언론사는 사치였다. 나는 그 직장에서 굵직한 '단독'을 몇 번 터뜨렸다. 후배들에게도 좋은 평가를 받았다. 지금에야 말하지만 나를 채용했던 그 언론사는 맨 처음에 나를 '경력이 없다는 이유'로 면접에서 떨어뜨렸다. 내가 대학교를 다닐 때 흔히 듣던 말이 있다.

"중소기업 가면 X된다. 거기 가면 평생 중소기업맨이다. 대기업 간 친구 연봉의 반밖에 못 벌고 살 거다. 2년이 걸리든 3년이 걸리든, 그보다 더 걸리든 무조건 대기업 가야 한다. 하다못해 중견기업으로 가야 한다. 그게 인생이 풀릴 수 있는 유일한 방법이다."

추월의 시대

나는 중소기업에서 출발했고, 저 말이 얼추 사실이라는 것을 이제 정확히 안다. 그러나 벗어나기 위해 발버둥쳤고 빠져나오는 중이다. 언론사, 콘텐츠 제작사 등을 돌아다니며 직장 생활을 한 지 7년쯤 지났다. 나는 아침에 출근하면 한국은행, 국민은행, KDI, 한국과학기술기획평가원(KISTEP), 코트라(KOTRA), 금융연구원 등 주요 연구소에서 발간된 보고서를 읽는다. 출근길이나 시간이 남을 때 경제, 시사, 정치 뉴스를 읽거나 〈이코노미스트〉 같은 외신 기사를 읽는다. 집에 가면 외부 기고 원고를 쓰기 위해 관련 이슈를 찾아본다. 본업을 위해 일주일에 서너 편 이상 논문을 찾아 읽는다. 최근에는 몸값을 좀 더 높여볼 요량으로 'R' 같은 통계 프로그램을 공부하고 있다. 나는 종종 '내가 학창 시절 공부를 안 해서 벌을 받고 있다'는 이야기를 한다. 하지만 그건 그저 농담일 뿐이다. 정글을 헤쳐 나가며 생존해야 할 직장인의 필수 덕목을 지키고 있을 뿐이다.

7년 차 직장인, 글 쓰는 일을 주된 업무로 하고 사는 나는 종종 누군가의 글을 보고 '애들 공부 안 하고 사네'라는 말을 던진다. 어느 순간부터 그들이 입사 전에 기울였던 노력보다 내가 직장 생활을 시작하고 생존을 위해 기울였던 노력의 정도가 더 커졌음을 알게 되었다. 물론 그것은 내가 임의로 정한 재단이다. 누가 어느 정도의 노력을 기울였는지, 그 보상의 크기가 어느 정도여야 하는지는 알 길이 없다.

이 책을 쓰면서 동료들에게 '공채 이야기'를 넣자고 계속 이야기했다. 그렇게 졸라댄 이유는 어떤 억울함 때문이었다. 최근 연이어 불거진 '공정 논란'은 사실 내게는 조금 우스운 것이었다.

인천국제공항공사가 보안근무 직렬 근무자를 정규직으로 전환하겠다고 하자 엄청난 반발이 일었다. 나는 거기에 대고 '누구나 정규직이 될 수 있어야 한다'고 답할 생각은 없었다. '같은 직장에 근무하면 모두가 평등하게 임금을 받아야 한다'고 말할 생각은 더더욱 없었다. 노력을 기울이고 그만큼의 대가를 받아야 한다는 말에 동의한다. 다만 이 모든 전제를 인정하더라도 지금의 공정에는 동의할 수 없는 게 있었다. 바로 공정을 주장하는 이들이 이야기하는 노력의 의미다.

앞서 내 삶의 궤적을 언급한 이유는 가난했기 때문에 좋은 환경에서 공부할 수 없었다는 것을 강변하기 위함이 아니다. 다만 내가 가진 환경 때문에 내가 어떤 능력을 갖고 있는지, 무얼 잘할 수 있는지, 어떤 노력을 기울여야 실력을 높일 수 있는지를 늦게 깨달았다는 점을 설명하고 싶었을 뿐이다. 그리고 나 같은 사람이 여전히 사회 곳곳에 존재한다고 말하고 싶었을 뿐이다.

누군가는 대학을 간 이후에 삶의 방향을 정하고 노력을 시작하고 실력을 갈고닦는다. 또 누군가는 꼭 공부가 아니더라도 자신만의 전문성을 살릴 방향을 찾아 노력을 기울이고 실력을 쌓는다. 인천국제공항공사에 입사한 보안요원들은 실력을 검증받고 시험을 거친 후 선발된 인원들이다. 그들이 딱히 다른 보안직에 비해 월등한, 그러니까 인천국제공항공사의 다른 직원들과 비슷한 수준의 급여와 환경을 제공받는 것도 아니었다. 그저 그들에게 주어진 건 인천국제공항공사에서 안전하게 직무 활동을 유지할 수 있는 환경이었다.

'이들이 정규직이 되면 곤란하다'고 주장하는 사람들은 그 이유를 박탈감에서 꼽았다. 그 박탈감을 쉽게 정리하면 '인천국제공항공사는 아무나 쉽게 들어갈 수 없는 곳인데 저들이 들어갔다'는 의미다. 더 적나라하게 이야기하면 '좋은 대학을 나오지도 않은 이들이 어떻게 국내 최고 스펙을 가진 이들만 들어가는 인천국제공항공사에 입사하냐'는 말이다.

이것은 공정이나 노력과는 결이 다르다. 일종의 '신분론'인 셈이다. 자신이 이미 이뤄낸 자원, 대학 학벌이나 스펙만으로 모든 노력이 결정되어야 한다는 의미다. 이렇게 노력의 의미를 좁혀버린 것이 요즘의 공정이다. 그들이 노력의 의미를 축소하는 바람에 지금도 매일 아침부터 저녁까지 '풀 스케줄'로 노력하며 하루를 보내야 하는 내 입장에서는 배알이 꼴리게 된 것이다.

나는 서른이 넘어서야 내가 어디서 더 잘 쓰일 수 있는지 알게 되었다. 좀 늦었다고 생각했지만 이제라도 알게 되어서 다행이라고도 생각한다. 좋은 학벌을 얻고 대기업을 나오지 않았더라도 어느 분야에서는 뚜렷한 성과를 발휘할 수 있는 사람들이 있을 것이다. 그리고 한 직장에 입사했다고 끝이 아니라 거기서도 계속 노력을 기울이고 자기계발을 해야 시대의 변화나 기술의 발전에 뒤처지지 않을 것이다. 그래서 이 장을 제안하게 되었다.

추월의 시대

한국은 하루아침에 이루어지지 않았다

이쯤에서 우리는 이 책의 여기저기서 이야기했던 '자긍심'의 문제를 정리해야겠다. 서론에서 말했듯이 설령 담론이 극복하지 못하더라도 한국 시민들은 삶 속에서 열등감을 극복해나갈 것이다. 하지만 담론이 일상적 삶으로부터 그처럼 유리되어 있는 현실을 좌시할 이유도 없다. 사회구성원 대다수를 대변하는 정치를 위한 공동체적 동질성을 확보하고 유지하기 위해서라도 정당한 '자긍심'을 형성하는 것이 중요하다.

1963년 박정희의 말 vs 2002년 노무현의 말

그동안 산업화 세력과 민주화 세력의 한국 사회와 역사에 대한 인식은 대단히 편파적이었다. 두 세대는 암흑으로 가득 찬 한국사에서 자신들만이 빛으로 차올랐다고 생각했다. 그들에게 주어진 시대는 사실 그러한 착각을 부추길 여지가 많았다. 어쩌면 그러한 착각 속에서 그들의 성과도 더욱 높이 솟아오를 수 있었다. 그런 착각 속에서 가능했던 그들의 업적을 긍정하더라도 이제 와서 후속 세대가 그러한 세계인식에 동의할 이유는 없다.

산업화 세력은 박정희와 함께 '단군 이래 가난을 떨치지 못했던 반만년의 역사'를 일신했다고 생각했다. 그들 중 일부는 일본 제국주의 식민통치가 한국 사회에 '긍정적인 영향'을 미쳤다는 것을 인정했다. 나머지는 거기까지 생각하지도 않았다. 뉴라이트의 기대와는 달리 이승만 정부의 역할을 긍정한 이들도 거의 없다.

박정희는 1963년에 쓴 《국가와 혁명과 나》에서 이렇게 말한다.

> 우리의 반만년 역사는 한마디로 말해서 퇴영과 조잡과 침체의 연쇄사였다 할 것이다.……고식, 나태, 안일, 무사주의로 표현되는 소아병적인 봉건사회의 한 축도판에 불과하였다.[68]

대부분의 진보 지식인처럼 박정희의 역사인식이 일본 제국주의가 강점기 내내 조선인들에게 주입하려고 한 식민사관과 정확하게 일치한다고 비난을 퍼부을 필요도 없을 것이다. 왜냐하면 이제는 누구도 박정희가 쓴 것과 같은 극단적인 인식에 동의하지 않기 때문이다. 또한 박정희가 일제 식민교육의 틀에서 벗어나지 못한 사람이었다는 한계도 대부분의 사람들이 알고 있다.

그러나 더 중요한 부분이 있다. 박정희 개인이야 역사가도 사상가도 아니었지만, 당대의 한국인들에게 이 같은 논리가 잘 받아들여졌다는 점이다. 그들은 이런 얘기에 분개하기보다 차라리 새로운 역사를 만들어나가기로 결심하기에 이르렀다. 한국인들은 유격훈련장 조교의 욕설에 저항하지 않고, 이참에 새로운 사람이 되기로 마음먹은 신병처럼 굴었다. 20세기를 망국으로 시작한 한국인들의 콤플렉스가 만들어낸 거대한 추동력이 한국 사회 발전의 동력이었다. 박정희와 산업화 세대가 함께 그 동력을 이끌어냈다고 해도 무리가 아니었다.

그러나 박정희의 사고방식이 산업화 세력의 표준적 역사관에 큰 영향을 미쳤다는 점과, 2020년을 살아가는 우리가 그러한 인식에 동의할 필요가 없음은 분명히 밝혀야 할 부분이다.

반대로 민주화 세력은 중세 이후 한국사에서 최초의 정치적 변혁을 이룩하는 중이라고 생각했다. 많은 이들이 찬탄하는 2002년 노무현 후보의 대선 출마 수락 연설 중의 한 부분은 박정희의 인식과 묘한 대구를 이룬다.

조선 건국 이래 600년 동안 우리는 권력에 맞서서 권력을 한 번도 바꿔보지 못했습니다. 비록 그것이 정의라 할지라도, 비록 그것이 진리라 할지라도, 권력이 싫어하는 말을 했던 사람은, 또는 진리를 내세워 권력에 저항했던 사람은 전부 죽임을 당했습니다. 그 자손들까지 멸문지화를 당했고 패가망신했습니다. 600년 동안 한국에서 부귀영화를 누리고자 하는 사람은 모두 권력에 줄을 서서 손바닥을 비비고 머리를 조아려야 했습니다. 그저 밥이나 먹고 살고 싶으면, 세상에서 어떤 부정이 저질러지고 있어도, 어떤 불의가 눈앞에서 저질러지고 있어도, 강자가 부당하게 약자를 짓밟고 있어도, 모른 척하고 고개 숙이고 외면했습니다. 눈 감고 귀를 막고, 비굴한 삶을 사는 사람만이 목숨을 부지하면서 밥이라도 먹고 살 수 있었던 우리 600년의 역사.……이 비겁한 교훈을 가르쳐야 했던 우리 600년의 역사, 이 역사를 청산해야 합니다.

지금도 노무현의 연설을 박정희의 '식민사학적 인식'과 함께 소개하는 것에 결코 동의하지 못할 사람들이 많을 것이다. 하지만 시간이 지날수록 '2002년 노무현의 역사인식' 역시 '1963년 박정희의 역사인식'이 그랬던 것처럼 한 세대의 위대한 활동을 이끌어냈던 하나의 집단적 오해로서, 대한민국 후세대들이 온전히 동의할 수 없다는 평가를 받게 될 것이다. 두 사람의 말 사이에는 40여 년의 간극이 있다. 노무현의 연설은 그리 오래되지 않았으므로 2020년의 관점에서 이렇게 말하는 것은 조금 이른 일일지도 모른다. 하지만 2040년 즈음의 대한민국 시민이라면 훨씬 더 자연스럽게 이러한 평가를 받아들일 것이다.

산업화의 공로는
미국에게
돌아가야 하는가?

앞서 언급한 대로 산업화 세력과 뉴라이트 세력은 한국 민주주의의 진전을 평가하는 데 매우 인색한 태도를 보였다. 그들은 한국의 민주화 자체가 박정희와 전두환이 경제성장으로 형성한 중산층의 부산물일 뿐 민주화 세

력과는 무관하다고 봤기에 1987년의 민주화까지 폄훼하지는 않
았다. 하지만 1997년 이후 성립한 3개의 민주정부에 대해서는
민주주의의 심화가 아니라 공산주의의 길로 폭주하고 있다는 식
의 망상적인 폄훼의 길로 나아갔다.

반면 민주화 세력은 적어도 21세기 이후에는 대한민국 산업
화의 성과를 인정하지 않을 수 없었다. 사실 1980년대 중반까지
만 해도 1960년대 초반 이후 한 세대 동안 전개된 한국의 고속성
장이 일종의 사상누각이며 곧 붕괴할지도 모른다는 비관론이 있
었다. 이른바 '외채망국론'이다. 상당수 민주화 세력은 1997년의
IMF 구제금융 사태를 정확하게 이해하지 못한 상황에서 '외채
망국론'의 뒤늦은 실현으로 보기도 했다.

하지만 1997년 최초의 수평적 정권 교체로 성립한 첫 번째
민주정부였던 김대중 정부가 외환위기를 극복하고, 일본 대중문
화를 개방하고, 한국의 IT 인프라를 확충하는 식으로 21세기가
시작되자 민주화 세력은 더 이상 그렇게 말할 수 없게 됐다. 대신
한국 산업화의 공로를 군부독재자들에게 돌리는 것만큼은 질색
하는 조류가 이어졌다. 그들이 주목한 것은 미국의 역할이었다.
특히 1970년대 말 미국의 프레이저 청문회가 작성한 〈프레이저
보고서〉를 근거로 한국 박정희 정권의 경제성장 정책은 미국 케
네디 정부가 거의 전적으로 입안한 것이란 식의 견해도 일각에
퍼져 있다. 여기에는 2013년 민족문제연구소가 제작한 동영상
의 영향이 상당했다.

말하자면 한국 경제성장의 기반은 한국이 분단국가였다는
사실 자체였다는 것이다. 미국과 소련 양 진영의 체제 경쟁 선전

추월의 시대

장이었기 때문이라는 식이었다. 이에 대해 진보 진영으로부터 꾸준히 박정희 옹호자로 비판받아 왔던 발전경제학자 장하준은 《쾌도난마 한국경제》(2005)에서 칠레와 아프리카 국가도 미국에게 경제원조를 받았으나 경제개발에는 실패했음을 지적한다. 그는 미국의 원조가 우리나라 경제 발전에 영향을 준 것은 맞지만 그것 때문에 우리 경제가 발전할 수밖에 없었다는 식의 주장은 곤란하다고 평한다.

장하준이 지적했듯이 원조를 통해 자동적으로 경제성장이 이루어지고 산업 역량이 쌓이는 것은 아니다. 이 점은 오히려 반대편의 원조를 받았던 북한의 사례에서 더 분명히 알 수 있다. 북한은 1950년대에 경쟁국인 대한민국보다 더 빨리 고도성장을 시작한 것처럼 보였다. 그러나 북한은 대한민국처럼 원조를 받을 때마다 착실하게 공업생산의 기술계통도를 타고 올라가 생산량을 늘리고 기술 수준도 높이는 길로 나아가지 못했다. 그리하여 소련과 중국이 분쟁을 일으키는 시대에는 양쪽으로 원조를 뜯어내다가 소련 붕괴 이후에는 '고난의 행군'의 길로 들어서게 되었다.

북한 경제는 1970년대 중반까지 대한민국보다 앞섰다는 평가를 받기도 하지만 1960년대 후반의 지속적인 도발 자체가 이미 박정희 정권 시기 대한민국의 경제성장을 방해하기 위해서였다는 분석도 있다. 그렇다면 북한은 1960년대 후반에 이미 남한과의 체제 경쟁에서 자신감을 잃고 조급함을 느꼈던 셈이다. 결과적으로 경제성장을 하는 것처럼 보였다가 중간에 다시 고꾸라진 수많은 나라들의 사례와 마찬가지로, 북한은 십수 년간의 경제성장 과정에서 역량을 키우지는 못했던 셈이다.

　한국의 성공을 '체제 경쟁의 선전장'의 효과로 폄하하는 것은 적절한 평가가 아니다. 물론 1990년대까지는 한국이 얼마나 대단한 역량을 쌓았는지 분명하지 않았다. 더구나 1997년에는 IMF 구제금융 사태마저 발생했다. 애써 잣대를 낮춰 '한국이 북한보다 나은 건 미국에 줄을 잘 선 것밖에 없다'고 말했을 때도 누군가는 설득될 수 있었다. 그러나 적어도 1960년부터 60여 년간 일련의 과정을 통해 진행된 한국의 경제성장과 산업화, 그리고 그 과정에서도 굵직굵직한 사건들을 통해 형성되고 끝내 1987년의 역전을 만들어낸 민주화를 그저 우연이나 행운의 집적으로만 바라보는 것은 더 이상 합리적인 해석이라고 볼 수 없다. 그래서 이번 장에서는 "박정희가 '한강의 기적'의 주역인가?"라는 편협한 질문으로 협소한 논쟁에서 흔히 도외시되는 역사적 요소들을 1980년대부터 역주행하면서 간략하게 짚어보고자 한다.

　생활인은 보통 '박정희 논쟁'밖에 알 수 없지만, 일군의 경제학자들에게는 '김재익 논쟁'이 있다. 한국의 경제성장이 어떻게 이루어졌으며, 경제위기 양상은 어떠한 것이었는지를 설명하는 이들이 서로 다른 견해를 가지고 부딪히는 문제이다.

1980년대의
김재익을 어떻게
볼 것인가?

　　　　　　김재익은 1970년대 중반부터 1980년대 초반까지 한국의 핵심 경제관료였다. 1983년 북한이 전두환과 수행원들을 대상으로 미얀마 양곤에서 저지른 아웅산 테러 사건 때 세상을 떠났다. 전두환 정부 시기에는 청와대 경제 수석으로 제5공화국의 경제정책을 총괄했다는 평가를 받았다. 전두환에게는 일종의 '경제 과외교사' 역할을 했고, "경제는 당신이 대통령이야!"라는 말을 들을 정도로 신임을 받았던 것으로 유명하다. 사회학자 지주형 교수의 역작인 《한국 신자유주의의 기원과 형성》(2011)에서 김재익은 1979년 유신 말기에 시행된 강경식의 안정화 시책과 관련해서 처음 등장한다. 그는 "수출이 아니라 수입을 해야 한다", "세율은 낮추고 세수는 확장해야 한다"는 등의 주장을 하여 주위 관료로부터 '정신 나간 친구'라는 소리까지 들었던 '철저한 시장경제 신봉자'였다는 것이다.[69]

1979년에 김재익이 마련한 경제안정화 계획은 "금융 자율화, 통화량 감소, 가격통제 해제, 중화학공업 투자 중지, 수출금융 축소, 수입 자유화 등"을 골자로 하여, 당시 경제기획원 차관인 정재석이 "애덤 스미스가 다시 살아온 것 같구먼"이라고 평할 정도였다고 한다.[70] 이러한 안정화 정책은 1970년대에 박정희와 오원철이 의욕적으로 추진했던 중화학공업 정책과는 상극이었다. 강경식과 김재익은 당시 경제관료 중에서는 소수파로, 이런 종류의 신자유주의 개혁 정책이 얼마나 지속될 수 있을지에 대한 전망은 불투명했다. 그러나 박정희 사망 이후 그들에게 기회가 왔다.

김재익은 1980년 5월에 전두환과 '운명적인 만남'(지주형 교수의 표현)을 가진다. 그는 경제학 강의를 쉽게 하는 걸로 유명했고, 전두환에게도 그 재능을 발휘해서 신임을 얻었다. 전두환은 김재익에게 "경제는 당신이 대통령이야"라는 말로 경제정책의 전권을 약속했고, 같은 해 9월 김재익은 대통령 경제수석에 임명되어 청와대로 들어갔다.

청와대에 들어간 김재익이 추진한 정책은 1979년의 안정화 시책의 연장선상에 있었으며, 시장경제에 의한 효율적인 자원 배분을 목표로 했다. 물가 안정과 민간 자율, 시장 개방 등이 주요 내용으로, 물가 안정 역시 국가 개입과 투자를 감소시키고 수입 개방을 추진하는 방편으로서 그 의미가 있었다. 김재익은 국가의 정책금융, 수출지원금, 세제 혜택, 차별 관세 등이 한국 경제를 파국으로 몰고 갈 것이라 믿었던 철저한 시장경제 신봉자였다. 그래서 그는 은행 민영화와 한국은행의 독립 등을 골자로 하는 금융 자율화를 주장했다.[71]

따라서 도식적으로 말한다면, 한국의 군부독재 세력이 주도한 경제정책은 박정희가 비전을 제시하고 남덕우와 오원철 등의 국내 중심 경제 전문가 및 실무자들이 따라오는 정부 주도의 경제정책 노선에서 시작됐다. 이후 1980년대에는 김재익, 김기환 등의 해외 경험이 있는 경제 전문가와 강경식 등의 젊은 경제관료들이 리드하고 전두환이 이를 적극적으로 받아들여 활용하는 시장 주도의 경제정책 노선으로 바뀌어간 것이라 할 수 있다. 개발독재 시절 관료들은 1997년 IMF 구제금융 사태 이후 IMF를 통해 한국 경제에 신자유주의 개혁 프로그램이 상당 부분 받아들여지고 김대중 정부와 노무현 정부의 '민주정부 10년'이 이어지는 동안 적어도 표면적으로는 불화하지 않았다.

오히려 '김재익 논쟁'을 만들어낸 것은 개발독재 시절 관료들의 반대편에 있었던 일군의 경제학자 그룹이었다. 장하준과 정승일이 발전국가 노선을 지지했다면, 그 외 대부분의 민주당 지지 성향의 자유주의 경제학자들이 김재익 노선을 일정 부분 지지했다고 볼 수 있다. 《쾌도난마 한국경제》에서 장하준과 정 승일이 진보주의자로서는 드물게 박정희의 경제정책을 '반시장 주의' 측면에서 긍정하자, 《한국경제 새판 짜기―박정희 우상과 신자유주의 미신을 넘어서》(2007)에서 경제학자 김상조와 유종 일, 홍종학 등은 그들을 비판하면서 김재익 그룹이 1970년대 중 반부터 기획하고 1980년대 초에 실행한 경제안정화 시책의 의 의를 평가했다.

《쾌도난마 한국경제》의 속편 격에 해당하는 《무엇을 선택 할 것인가―장하준 정승일 이종태의 쾌도난마 한국경제》(2012) 에서 장하준과 정승일은 그들을 향해 신랄한 비판을 내뿜었다. 정승일은 김재익과 같은 경제관료들의 견해를 따른다면 당시 포 항제철과 현대자동차, 삼성전자, 대우조선과 같은 주요 제조기 업들을 모두 부실기업으로 보고 정리했어야 했다고 비판한다. 또한 장하준은 1980년대 이전에 한국이 중화학공업화를 통해 수출 능력을 키워놓았기 때문에 1980년대에 3저호황을 활용할 수 있었다고 주장한다.[72]

반면 김재익의 옹호자들은 보통 김재익이 당대의 과잉 중복 투자를 정리해서 한국 경제를 위기에서 구해냈고, 그중 미처 덜 정리된 것들이 훗날의 IMF 구제금융 사태에서 도산하거나 김대 중 정부의 '빅딜'을 통해 정리됐다고 바라본다.

한국이 외채망국론을
극복했던 그 순간

1970년대의 중화학공업화를 두고 우리는 '박정희와 오원철이 언제 멈췄어야 했는가? 계속 그 길을 갔다 해도 넘어지지 않을 수 있었을까?'라고 묻게 된다. 비록 1997년의 IMF 구제금융 사태가 '박정희와 오원철의 체제'의 실패는 아니었지만, 그 길을 극단적으로 갔을 경우에 여러 가지 우려되는 지점이 존재한다. 말하자면 극단적인 중화학공업 정책의 끝에는 금융위기가 왔을 거라는 전망이다. 사실 아무런 위기도 없었다고 말하는 것은 적절하지 않다. 이미 1979년에 안정화 시책을 주장하는 경제관료 그룹이 승리할 수 있었던 까닭도 경제위기가 눈앞에 보였기 때문이다. 10·26사태 당시 국가수반 암살 상황에서 불안해진 해외투자자의 심리를 진정시키기 위해 경제관료 그룹들은 발 빠르게 신현확 부총리 겸 경제기획원 장관의 영어 연설을 통해 시장중심주의 정책인 경제안정화 시책을 이어갈 것이라고 선언했다. 이 연설문의 초안을 작성한 사람이 신현확 부총리의 수석자문관이었던 김기환이었다. 이 영어 연설 문건은 이후 신군부가 시장중심주의 경제정책 노선을 따를 수밖에 없는 가이드라인으로 작용하게 되었다.[73] 이후 김재익이 '전두환의 과외교사'로 발탁된 것도 그 연장선상에 있었다.

한편 1980년대의 경제안정화 시책에 대해 우리는 '김재익이 언제 멈췄어야 했는가? 계속 그 길을 갔다면 너무 많은 걸 도려내게 되지는 않았을까?'라는 질문을 하게 된다. 포항제철, 현대자동차, 삼성전자, 대우조선 모두 도려냈을 거라는 정승일의

추월의 시대

가정은 지나치게 극단적으로 보이기는 한다. 김재익이 전두환의 신임을 받았다고 한들 전지전능한 것도 아니었고, 그들은 재벌 그룹과 관료 그룹의 비토 때문에 금융실명제를 실시하는 데도 실패했기 때문이다. 또한 '과잉 중복 투자'를 걷어내자는 것은 자동차 회사를 줄이자는 것이지 자동차 산업을 없애자는 것은 아니었다.

결국 공세적 투자 또는 긴축만으로는 성공에 이를 수 없듯이, 역사상 가장 성공한 개발도상국의 '떡상' 수준의 성공 사례에서 두 노선은 제각기 의미 있는 역할을 했다는 절충적 서술이 가능할 것이다. 그리고 여기까지 이해하게 된다면, 〈프레이저 보고서〉의 일부 내용을 근거로 한국의 경제성장은 전적으로 미국의 기획에 의한 것이었다는 견해는 너무 극단적이고 자학적이라는 점을 납득할 수 있게 된다. 한국은 미국 또는 일본의 말만 듣지 않았다. 발전국가 그룹도 일본이 하자는 대로만 한 게 아니었고, 자유주의 그룹도 미국이 하자는 대로만 한 게 아니었다. 그들 모두에게 애국심이 있었다. 김재익의 경우 시장 자유화와 개방을 주장하면서도 스웨덴의 복지국가 시스템을 한국의 미래 모델로 삼았고, 교역과 금융을 개방하더라도 은행을 외국자본이 지배하게 해서는 안 된다고 주장했다고 한다.[74] 전반적으로 볼 때 한국의 경제 '기적'은 누군가의 선물로 이뤄진 일이 아니었다.

정승일은 《쾌도난마 한국경제》(2005)에서 한국이 '외채망국론'에서 벗어났던 그 순간을 극적으로 회고한다. 종속이론이 우리나라에 급속히 확산된 것은 1984년도의 일이었는데, 당시 한국의 외채는 400억 달러를 돌파해 세계 4위였다고 한다. 그런데 당시 상위 3개국인 브라질, 아르헨티나, 멕시코에서 모두 금융위기가 터졌다는 것이다. 운동권에서는 혁명적 정세를 기대하면서 다음은 한국이라고 생각했다. 재벌은 독점자본인 동시에 외세에 종속되어 있으므로, 재벌이 강해지면서 종속이 심해지고, 빈부 격차가 심해지면서 중소기업이 몰락한다고 봤다는 것이다. 하지만 1989년도에 이르면 3저호황으로 돈을 벌어 외채를 갚아버리자 외채가 엄청나게 줄어들었다. 이것은 한국의 재벌이 운동권들의 생각과는 달리 외세에 종속되지 않았기 때문이다. 당시에는 운동권들이 시나리오와 다른 전개에 무척이나 당황했다고 한다.[75]

여기서 조금 더 시간을 거슬러 올라가 1950년대를 살펴봐야 한다. 한국의 기적적인 경제성장이 과연 몇몇 탁월한 독재자와 경제관료 덕분인지를 판단하는 데 필요한 일이다. 1950년대는 장하준 교수 등의 논의에서도 소략하게 다뤄진다. 이것은 이승만 정부와 박정희 정부의 경제정책을 대비해서 후자를 경제성장의 방법으로 서술하려는 그의 논지와 무관하지 않을 것이다. 반면 1950년대의 역할을 알아보기 위해서는 이승만 대통령에게 건국의 공로를 돌리고 싶었던 뉴라이트 학자들의 논의까지 참조할 수 있다. 이승만학당의 이영훈 교장이 《대한민국 이야기-해방전후사의 재인식 강의》(2007)에서 《해방 전후사의 재인식》(2006) 저자들의 논의를 정돈하여 서술한 것을 살펴보면 인상적인 부분들이 많다. 이것은 이승만에게 일말의 공로를 돌릴 수 있는 근거도 되지만, 우리가 흔히 '박정희 그룹'의 독특함으로 여기는 특정한 태도들이 그렇게까지 특별하지 않고 당대 한국인들에게 일부 공유되었던 것이라는 점을 이해하는 데 큰 도움을 준다.

　　　　　　　　　　　　　　　　　추월의 시대

1950년대는
암흑의 시대였는가?

       이영훈은 1950년대의 한국이 미국의 원조로 먹고살면서도 미국의 요구를 물리치면서 독자적인 경제정책을 펼쳤다고 지적한다. 당시 미국은 한국이 독자적 공업화를 이루지 않고, 일본의 공산품을 수입해 쓰는 농업국가가 되길 바랐다. 그러나 이승만 대통령은 현대 한국인들 중 일부가 그렇듯 '일본은 언제 다시 쳐들어올지 모른다'는 강박을 가지고 있었으며, 일본 종속적인 정책을 반대했다는 것이다. 그래서 미국이 냉전의 전초기지인 한국을 버릴 수 없다는 판단하에 독자적 공업화 정책을 강행하는 배짱을 부렸다는 설명이다.[76]

    이영훈의 논의에서 1950년대의 역할을 집약해보면 수입대체화 소비재공업을 통한 최소한의 국민생활 안정, 교육혁명, 농지개혁을 통한 농촌의 자작농 경제 확립 등으로 요약할 수 있다. 당시의 소비재공업은 밀가루, 설탕, 면방직 공장으로 대표됐는데, 모두 원료가 희다고 해서 삼백三白공업이라고 불렀다 한다. 1960년대부터 생산재 투자를 시작하기 위해서는 1950년대에 소비재공업에 일단 집중할 필요가 있었다. 《코리안 미러클 3: 중화학공업, 지축을 흔들다》(2015)의 논의까지 살펴보면 그 당시에도 한국인들은 급한 성미를 이기지 못하고 생산재 투자를 시작하고 싶어 했지만, 오히려 원조를 제공하는 미국 측이 만류한 정황이 보인다.[77]

    이영훈의 서술에서는 연도를 지운다면 1950년대가 아니라 1960년대의 일이라고 착각할 만한 내용도 많다. 당시 미국의 원조는 돈으로 들어오는 게 아니라 그만큼의 미국 및 타국 제품을 구매할 권리를 지급하는 형태였다고 한다. 정부는 이 가치를 민간의 수입업자에게 배당했다. 달러를 배당받은 수입업자는 횡재한 것과 다름없었으며, 수입한 물건을 그대로 내다 팔면 더 큰 이익이 생겼다. 수입업자 입장에선 정치가와 관료를 뇌물로 매수해서 수입한 물건을 내다 파는 게 이득이었다. 이러한 일은 많은 후진국에서 실제로 일어났는데, 한국의 정치가와 관료는 매수당하지 않았고 수입업자들은 외국에서 원료와 부품과 기계를 사 들여 삼백공업의 공장을 지었다는 것이다. 부정부패는 심했지만 원조로 들어온 자금과 물자가 공장의 건설과 가동으로 들어가는 흐름 자체를 막거나 다른 방향으로 바꿀 정도로 부패한 것은 아니었다는 것이다.[78]

그러나 이영훈은 '한국의 엘리트 그룹이 어떻게 그럴 수 있었느냐'는 질문에 대해서는 철저하게 타율적인 관점으로 일제강점기에 형성된 엘리트 그룹의 공로로 돌렸다. 그 뒤로는 다시 이승만 대통령의 미담을 적었다.[79] 한국 역사를 혁신한 것은 개화파 그룹이었고 이승만은 그들을 보호하는 리더였다는 관점을 고수했다. 그는 1950년대 부정부패의 원인은 이승만이 아니라 조선왕조의 악습 탓으로 돌리면서도,[80] '적당히 해쳐먹으면서 근본적으로는 민중을 위해야 한다는 압력 속에 살아가는' 한국 관료들의 습속이 전근대 조선과 관련이 있을 가능성은 끈덕지게 부인했다. 이영훈은 조선왕조가 이룩한 문명이 현대 한국의 산업화에 끼친 영향을 종종 긍정했다. 그러나 근본적으로 보면 그 긍정의 수준은 '올바른 일본의 방식을 이식할 만한 수준은 되었던 조선'에 대한 평가에 그쳤다. 그의 논의 구조에는 '천박한 조선왕조의 후예'들이 '고귀한 일본'이 정해준 길을 이탈하고 조상들의 습속을 흉내 내기 시작하면 근대화에서 탈선하여 망국의 길에 이르게 될 거라는 훗날의 폭주가 잠재되어 있었다.

그렇지만 이영훈의 서술에서도 1950년대 한국의 역동성이 일부 엘리트들의 특성이 아니라 당대 한국인의 저력이었다는 점을 숨길 수는 없다. 특히 교육혁명과 농지개혁을 통한 농촌의 자작농 경제 확립 문제에서 더욱 그렇다. 교육혁명은 정부의 공로도 되지만 당대 한국 사회 시민들의 강렬한 욕망이 드러나는 대목이다. 교육기관과 학생의 폭증, 외국 유학생의 증가, 공무원 단기시찰이나 장교들의 해외 군사훈련 증가 등은 엘리트의 지도만으로는 설명할 수 없는 부분이기 때문이다. 지금도 그렇지만 1950년대에도 한국인의 일반적 인식은 인간의 사회적 성공과 행복을 결정짓는 가장 중요한 요소를 학력에서 찾았다는 것이다. 한국에서는 가난한 농민이 소를 팔아서라도 자식을 대학에 보내는 것이 너무나 흔한 일이었다. 그래서 대학을 우골탑牛骨塔이라 불렀는데, 자식 공부시키겠다고 농가에 없어서는 안 될 소를 무모하게 파는 민족이 지구상에 달리 어디 있느냐고 이영훈은 되묻는다. 따라서 1950년대 역시 암흑의 시대가 아니라 1960년대 이후의 고도성장을 가능하게 한 사회적 능력을 축적하는 시기였다고 이영훈은 지적한다.[81]

이 감동적이기까지 한 설명을 한국 전근대사라는 배경과 떨어뜨려 설명할 도리도 없다. 이영훈이 저주를 퍼부으면서까지 부정하려고 했던 조선왕조의 문치주의와 성리학 특유의 주지주의가 밑바탕에 깔려 있지 않으면 설명하기 어렵다. 농지개혁 문제까지 연결 지어 설명하면 더 감동적인 사례가 된다. 노비 혹은 종으로 살아왔던 이들이 농지를 분배받은 후 토지를 팔고 본인의 원래 신분을 모르는 다른 지방으로 이사하여 새로 토지를 구입하고 독립자영농으로 열심히 일한 사례들이 흔하다고 한다. 그중에는 자식 교육을 잘 시켜서 자녀를 초등학교 교사로 만든 사례까지 있다고 한다.[82]

새마을운동의 욕망도
이미 한국인 안에 있었다

이 사례를 평가할 때는 이영훈조차 조선 후기부터 소농경제를 영위해왔다는 전근대사의 맥락을 설명하지 않을 수 없었다. 라틴아메리카의 몇몇 나라처럼 토지개혁 이후에 토지를 분배받은 농민들이 자립적으로 농업을 꾸려나갈 능력이 없어서 효과를 제대로 거두지 못했던 사례와 비교해야 했기 때문이다. 17세기 이후 조선에서 소농경제의 자립성이 형성됐기 때문에 농지개혁도 성과를 거둘 수 있었다.[83]

그러나 이영훈은 놓쳤지만 이 사례에 작용한 전통의 유산은 소농경제만이 아니었다. 한국인들이 이사를 두려워하지 않았다는 맥락도 조선 후기부터 시작되었기 때문이다. 이것은 일본사 연구자 박훈 교수의 설명으로 보충된다. "조선의 촌락은 도쿠가와 일본에 비하면 아주 느슨한 사회다. 민중들은 촌락에 크게 구애받지 않고 이사하거나 이동한다. 군 단위를 넘어서는 것도 비일비재하다."[84] 과거 이영훈은 조선 후기 공동체가 느슨해서 농민들의 이주가 빈번했던 현상을 조선왕조의 '내재적 파탄'의 증거로 봤다. 하지만 역설적이게도 거기에서 형성된 삶의 습속이 강력한 현대 국가를 건설하는 데 원동력이 된 것이다.

마크 피터슨 교수는 미국에서 한국학의 대가로 알려져 있으면서 〈우물 밖의 개구리(The Frog Outside the Well)〉라는 유튜브 채널을 운영하고 있다. 그는 2020년 4월 20일에 업로드한 '하버드 한국학자가 말하는 한국은 평화로운 역사를 가진 나라?! 소개편 Peaceful Korea—Introduction'에서 본인의 아버지뻘 되는 연세대학교 창립자의 손자(3세)인 호러스 그랜트 언더우드가 항상 한국에 대해 "교육의 기적이 경제적 기적보다 먼저 일어났다(The education miracle preceded the economic miracle)"고 말하곤 했다고 증언한다. 또한 그 배경은 한국 전근대사의 문화와 무관하지 않다고 설명한다. 이영훈 교장이 애써 생략하고 말하지 않던 부분이다. '기적' 이전에 '기적'이 있었고, 그 '기적' 이전에는 배경과 역량이 있었던 것이다. 오랫동안 진보정당 운동을 했으며 최근에는 86세대를 향해 날카로운 논평을 쏟아내고 있는 주대환은 《주대환의 시민을 위한 한국 현대사》(2017)에서 1950년대를 회고하면서 이영훈이 살펴본 것과 비슷하게 1950년대의 다양한 성과를 평가하다가 새마을운동의 맹아까지 발견하기에 이른다.

그런데 저는 이미 1950년대부터 제가 태어난 마을에서 '새마을운동'을 보고 자랐습니다. 100호쯤 되는 상당히 큰 마을이던 우리 동네에서는 1950년대부터 제방을 쌓아서 홍수를 막고, 보를 내서 가뭄에 대비하고, 농로를 넓히고, 야학을 열어서 문맹률을 낮추는 등의 활동을 하였는데, 특히 제방을 쌓는 사업은 당시로서는 굉장한 대공사였습니다.……동네 어른들은 이 노동을 '땅떼기'라고 불렀습니다. 노임은 미국이 원조 물자로 준 밀가루였습니다. 이 미국에서 원조 물자로 온 밀가루야말로 춘궁기를 넘기는 식량이었습니다. 덕분에 수제비 같은 음식을 많이 먹었습니다. 그러니까 원조 물자를 그냥 나누어 준 것이 아니라 이를 가지고 제방을 쌓는 공사를 추진해갔으니 일석이조一石二鳥라고 할 수 있습니다. 이렇게 해마다 몇백 미터씩 제방을 쌓아나가서 결국에는 완공하였으니, 이를 끈질기게 추진한 마을의 지도자가 바로 저희 할아버지 주수만이었습니다.

　　……그러니까 1909년생이신 주수만은 1917년생인 박정희의 열렬한 지지자였습니다. 아마 비슷한 시대에 비슷한 사고 구조를 갖고 사신 듯합니다.……역사 공부를 하면서 그분을 다시 생각합니다만, 이런 지도자들이 대한민국의 마을마다 있었다는 것이 저의 가설입니다. 숱한 '주수만'들이 있었다는 겁니다. 1950년대의 우리나라에는 최소한 몇만 명의 주수만이 있었습니다. 그리고 이를 따르는 몇십만 명의 청년들이 있고, 몇백만 명의 마을 사람들이 있었습니다. 한국 자본주의 발전의 밑바닥에는 새끼 부르주아지라 할 수 있는 부농富農들, 영국 경제사, 자본주의 발생사에서 말하는 요먼Yeoman 같은 하나의 사회계층이 있었다는 것입니다. 새마을운동은 바로 그런 분들이 일으켜서 이미 진행 중인 운동을 박정희가 도와준 것이라는 사실을 지적하고 싶습니다. 그렇게 함으로써 일시적으로는 성과가 더 났겠지만, 장기적

　　　　　　　　　　　　　　　추월의 시대

으로는 새마을운동을 전체주의적인 국민 동원으로 변절시켜 밑으로부터 이미 일어나고 있는 자발적인 운동을 오히려 죽인 것은 아닌가 하는 의문을 가집니다.[85]

'만주 모던'이라는
다른 기원

우리는 1950년대에 그치지 않고 더 거슬러 올라가 볼 수도 있다. 여기서 소개해야 할 책 한 권이 있다. 한국 산업화 과정과 그 비화들을 훑으면서 자연스럽게 생겨난 박정희에 대한 무한한 존경심을 다시 유한한 것으로 바꾸고 싶다면 읽어야 할 책,《만주 모던―60년대 한국 개발 체제의 기원》(2016)이다.

박정희의 인생과 과업을 살피다 보면 하나의 아이러니를 느끼게 된다. 어떻게 민족사 전체를 경멸했던 그 인물이 한국의 산업화라는 결코 만만치 않았던 과업에 대해 '하면 된다'는 굳은 확신을 유지할 수 있었을까? 그의 확신에 찬 행동을 보면 한민족에 대한 지적인 경멸과 별개로, 본능적인 수준에서 민족성에 대한 확신이 있었던 것처럼 보일 정도다. 후세대인 우리는 그 이유를 간단하게 알 수 있다. 박정희는 만주국에서 조선인들이 어떻게 하는지를 보았기 때문이다.

사회학자 한석정 교수는 《만주 모던―60년대 한국 개발 체제의 기원》에서 한국식 불도저 체제, 속도전으로 도시와 공단을 만들어나간 방식의 연원은 해방 전 만주의 경험에서 기인한다고 선언한다. 5·16군사쿠데타 이후 한국에서 일어난 일은

1930~1940년대에 관동군이 만주에서 시행한 신속한 산업화의 재판이었다고 볼 수 있다. 그래서 그는 건설, 동원, 경쟁 등 압축 성장에 맞는 한국식 경직성 근대를 '만주 모던'이라 명명한 것이다.[86] 만주는 1930년대에 많은 조선인들에게 기회의 땅이었고, 해방 후 한국의 지도자들 상당수가 당시 만주에 있었다. 해방 당시 만주와 일본에 살았던 조선인들은 약 400만 명으로 한반도 인구의 약 5분의 1에 해당했다. 한석정 교수는 '만주 모던'은 이들을 통해 전달된 강박적 근대, 생존주의, 개척정신이 혼합된 이념적·실천적 구성물에 해당한다고 서술한다.[87]

사실 이러한 논의도 완전히 새로운 것은 아니다. 2010년 일본어로 저술된 책을 번역한 《기시 노부스케와 박정희—다카키 마사오, 박정희에게 만주국이란 무엇이었는가》(2012)의 내용도 상당 부분 이에 근접한다고 볼 수 있다. 그러나 한국에서 이 번역서는 박정희를 친일파라고 비난하는 정치적 작업에 주로 활용됐다. 책 말미에 붙어 있는 〈만주국과 만주친일파 그리고 박정희〉라는 해제와 책 제목에서 그런 의도가 읽힌다. 그러나 정작 책을 살펴보면 흥미로운 지점이 많다. 만주국에서 이뤄졌던 여러 실험은 당시 일본 본토에서 일어났던 것과도 결이 달랐다. 특히 기시 노부스케는 만주국에서 공업을 건설할 때 농업을 제대로 챙기지 않아 나중에 고생했던 경험을 바탕으로 박정희에게 조언했다. 나중에 한국에서 진행된 일을 기시 노부스케가 보면서 만주국의 최대 고질병이었던 농업 문제를 박정희의 한국이 새마을운동을 통해 극복했다는 감상을 품었을 정도라는 사실 등은 간단히 무시됐다.[88]

이제는 만주국의 경험이 한국식 근대에 미친 영향에 대한 서술을 '한국인은 식민지 경험 없이 자력으로는 근면해지지 못했을 것이다'라고 받아들일 필요도 없다. 왜냐하면 일본의 제국주의 근대든, 한국의 식민지 근대든 제로베이스에서 진행된 것이 아니기 때문이다. 각자의 전근대사 경험에 따라 쌓인 역량 위에서 모든 게 시작됐다. 한국인들이 '만주 모던'에서 배워 왔다고 해서 일본인들과 똑같이 행동한 것은 아니었다. 가령《만주 모던─60년대 한국 개발 체제의 기원》에서는 1960년대 일본 섬유업계의 '여공들'이 여가 시간에 열심히 배구를 한 것에 비해, 학력을 갈구하던 한국의 여공들은 야간에 졸음을 쫓아가며 배움에 몰두했다고 서술한다. 그들은 본인만 야학에 참여한 게 아니라 남자 형제들을 공부시키기 위해 억척스럽게 번 돈을 고향에 송금했다. 그러한 여공들의 열망을 반영해서 공장들은 부설 실업학교를 만들었는데, 선구자 격인 한일여실에서는 4~5천 명의 여공들이 3교대로 교육을 받았다. 이러한 교육에 대한 한국인의 집착은 분명 일제 강점기나 만주국 시절에 새로 배운 것이 아니었다.[89]

메이지유신 직후 서양인들이 일본인들을 처음 만났을 때, 일본인들은 매우 순종적이지만 너무 욕심이 없고 소식하는 습관이 있어 자본주의에는 적합하지 않을 거라고 봤다는 감상평도 있다. 아마 비슷한 잣대로 한국인들에 대해 평가해보라고 했다면 욕심은 많지만 전혀 순종적이지 않다고 평했을지도 모른다. 양국의 문화적 특성은 결코 근대화나 자본주의를 실현하지 못할 이유가 되지 않았고, 근대화 과정에서 그대로 발현됐다. 일본의 노동자들은 매우 순종적으로 근면하고 욕심은 없었다. 한국의 노동자들은 욕심이 많았기 때문에 동기부여가 제대로 되었을 때만 근면성을 발휘했다. '만주 모던'이라고 해서 1930년대에 그런 근면성이 형성됐다고 보기도 어렵다. 이사벨라 버드 비숍 여사는 대한제국 말기의 유명한 여행기인《한국과 그 이웃 나라들》에서 조선인들이 너무 게으르다고 생각했다가 연해주의 근면한 조선인들을 만난 후 반성하며 생각을 바꾼 이야기를 적었다. 문제는 조선인들의 근면성이 아니라, 근면성을 발휘하게 할 정치체제였다는 것이다.

뒤집어 말하면 조선인들은 노력의 결과물을 자신들이 가져갈 수 있을 때에만 노력했다는 얘기다. 조선인이 연해주로 처음 이주한 시점은 1869년부터 2년여의 기근 동안이며, 당시 조선 북부에서 탈출한 6,500명가량이 시초였다고 추정된다. 1876년에 러시아 외상이 황제에게 제출한 의견서에는 이 조선인들이 연해주의 발전에 큰 영향을 미치고 있기 때문에 러시아는 조선정부와 공식 국교나 조약을 맺지 않는 것이 더 이득이라고 적혀 있다.[90] 극동의 척박한 땅인 연해주를 개발하는 데 있어 러시아 중앙부에서 이주한 자국민들보다 조선인들이 훨씬 근면하고 유능했기에 러시아로서는 조선의 이민 행렬을 묵인하고 싶었던 것이다. 연해주의 조선인들은 이승만이나 박정희는커녕 일본 식민통치조차 경험하지 못한 상태였지만, 훗날 스탈린에 의해 중앙아시아에 끌려가서도 근면성으로 명성을 떨치게 된다. 오늘날 한국에 다시 유학 온 '고려인 3세'들은 할아버지와 할머니에게 '고려인들은 어디서나 근면 성실한 사람들이다'라는 말을 듣곤 했다고 증언한다.

'재팬 애즈 넘버원'과
'네 마리의 작은 용'의 시대

박정희 대통령을 위시한 고도성장의 주역들은 자주 아무것도 없는 허허벌판에서 신천지를 개척한 듯 자처했지만, 그 역시 몰역사적인 과장이다. 이 세상에 기적은 없으며, 다 있을 만한 일이 일어날 뿐이다. 그들은 역사가 남긴 자산을 밑천으로 현명한 선택을 했을 뿐이다.

이 연재는 한국에서 정착 농경이 성립한 이후의 긴 문명사를 추적해왔다. 15세기 들어 세대복합체가 해체되고 개별 가족이 사회생활의 기초단위로 분리됐다. 17~19세기에는 초보적 수준의 시장경제 위에서 소농사회가 성립했다. 소농은 장시간 노동을 견디고, 합리적으로 계산하고, 미래를 예측하고, 후대를 위해 저축하는 능력을 전제한 경영체다. 세계사에서 소농사회가 들어선 지역은 서유럽과 동아시아로 한정된다. 이 지역에서 유달리 근대적 경제성장이 순조로웠던 것은 '경제하려는 의지'의 인간군이 소농사회의 터전에서 성숙했기 때문이다.

1962~1997년 세계 147개국의 1인당 실질소득은 평균 2배 증가했다. 그사이 한국인의 실질소득은 11배 늘었다. 세계 최고의 성장이었다. 반면 정체하거나 후퇴한 나라도 있었다. 북한(1.0배), 필리핀(1.5배), 소련(1.0배), 아르헨티나(1.5배), 쿠바(1.1배), 가나(0.9배) 등이다. 왜 어떤 나라는 성공하고 어떤 나라는 실패하는가. 운명의 갈림길은 제도였다. 그렇다면 언제, 누가 이 땅에 시장경제의 제도와 기구를 구축했는가. 늘 한국인의 이맛살을 찌

푸리게 하는 이야기지만, 이 땅에 시장경제 체제를 이식한 것은 20세기 전반의 식민지 권력이었다. 그 체제를 대한민국은 근대문명이라 하여 계승했다. 그 현명한 선택이 그 모든 것을 부숴버린 북한과 하늘과 땅의 차이를 초래했다.[91]

위 인용문은 놀랍게도 이승만학당 이영훈 교장의 것이다. 유튜브 등 인터넷 일각에서 '혐한일뽕' 및 '조선까'로 지나치게 터무니없는 소리를 하는 이들의 주장을 이영훈의 위 인용문으로 논파할 수 있을지도 모르겠다. 그러나 이영훈이 종종 긍정한 한국 전근대사의 요소는 앞에서 설명했듯이 '올바른 일본의 방식을 이식할 만한 수준은 되었던 조선'에 대한 평가에 그쳤다.

맥락적으로 뜯어본다면 조선의 유산은 그저 일본식 근대의 이식이 가능한 토양을 만드는 정도로 기능했을 뿐이고, 우리의 근대를 만들어낸 것은 개화파가 적극적으로 추진한 '일본 피'의 수혈 덕분이었다는 얘기다. 결국 '한강의 기적'의 바탕은 일본에 있었다는 것이 이영훈식 설명의 논리적 귀결이다. 오늘날 일본의 '혐한'들이 한국인의 '반일' 의식을 보면서 '배은망덕'이라고 생각하는 감정의 근원도 거기에 있다.

20세기에 태어난 한국인들이 일본에 대한 열등감을 떨치는 것은 결코 쉬운 과업이 아니었다. 공부를 하면 할수록 더 그랬다. 특히 19세기의 상황까지만 보면 제국주의 시대에 비서구 출신으로서 제국 열강에 진입하는 데 성공했던 나라는 일본이 유일했다. 19세기 말까지 미국과 서유럽의 몇 개국 정도를 제외하고, 산업혁명과 헌정(憲政, 헌법+의회)을 함께 이룬 나라는 일본밖에

300

없었다.⁹² 이른바 '일본 예외주의'에 빠지기 쉬웠다.

일본은 여느 아시아 국가들과 다르며 유럽과 어울리는 나라라는 일본인 특유의 자의식은 당연히 이러한 역사적 경험과 관련이 있다. 물론 오늘날의 역사학계에서는 다른 아시아 국가와는 달리 일본만이 유럽과 비슷한 경로로 발전해왔다는 식의 얘기가 정설로 통용되지는 않을 것이다. 그러나 일본인의 의식 속에서, 그리고 이를 내면화한 한국인의 의식 속에서도 '일본 예외주의'는 여전히 발견된다.

일본은 제2차세계대전의 패전국이 된 이후에도 서독과 함께 전후 고도경제성장의 주역이었다. 1970년대부터 1980년대까지 절정을 이룬 일본 경제의 부상과 진격은 미국에게 태평양전쟁 때의 일본보다 오히려 더 무서워 보일 정도였다. 1979년 미국의 동아시아 전문가 에즈라 보겔(1930년생)은《재팬 애즈 넘버원Japan As Number 1》이란 책을 썼고, 이 책은 일본에서 70만 부가 팔렸다.

그리고 제3세계에서는 종속이론이 유행했다. 이 이론은 제2차세계대전 이후 주로 라틴아메리카의 현실을 분석한 학자들에 의해 제기되었다. 거칠게 말하면 선진국이 개발도상국을 수탈하기 때문에 개발도상국은 지속적인 경제성장을 이룩할 수 없다는 것이었다. 이영훈(1951년생)과 그의 스승 안병직(1936년생)은 원래 종속이론을 신봉하던 이들이었다. 외채망국론이란 가설도 종속이론에서 파생된 것이었다.

종속이론을 실천적으로 논박한 것이 동아시아 국가들의 경제성장이었다. 특히 1980년대에 이르러 싱가포르나 홍콩은 도시국가로서 예외로 취급하더라도 대만과 한국의 지속적인 경제성장을 더 이상 무시할 수 없는 상황이 됐다. 라틴아메리카와 동남아시아에서는 불가능해 보였던 일이 일어나고 있었기에 새로운 이론이 요구됐다. 대만과 한국이 모두 일본의 식민지 출신이라는 사실이 크나큰 영감을 줬다. 식민지근대화론은 그렇게 출발했다. 일본의 학자들이 먼저 시작했고 안병직과 이영훈도 그 길을 따라갔다.

1991년 출간된 에즈라 보겔의 《네 마리의 작은 용The Four Little Dragons》(한국어 번역본 출간은 1993년) 역시 오늘날에는 동아시아 유교문화권의 저력을 알아본 책으로 평가된다. 특히 한국 부분의 서술에서는 일제 식민지 경험의 역할이 우리 입장에서는 불편할 정도로 자세히 적혀 있다. 대만과 한국이 일본 식민지 출신이고, 싱가포르도 한때 일본의 지배권 안에 있었고, 홍콩은 영국령이었던 상황에서 동아시아 경제성장의 원동력이 식민지 경험에 있다는 가설은 '네 마리의 작은 용'을 설명하는 데 너무나도 적절해 보였다.

30년이 지난 지금 시점에서는 맥락이 완전히 달라졌다. 중국이 한국 경제성장률의 신기록을 갱신하며 수십 년의 고도성장을 이룩했고, 베트남도 개혁개방의 길에서 성과를 내고 있다. 이제는 '일본 예외주의'가 아니라 동아시아의 특성을 말하는 것이 차라리 맥락에 닿는 시대다. 앞서 소개한 이영훈의 서술조차 그 길로 나아가고 있다. 그러나 그는 1980년대에 종속이론을 떨쳐내 버렸던 것과는 달리 '공산중국'의 수십 년 경제성장에도 불구하고 '대륙농경문명과 해양상업문명의 대립'이라는 개똥철학을 떨쳐내지 못하고 있다.

'한강의 기적'은
'벼농사 협업체계'에서
왔다

사회학자 이철승 교수의《불평등의 세대—누가 한국 사회를 불평등하게 만들었는가》(2019)는 소위 86세대가 만들어내는 불평등 문제를 정조준한 책으로 주목받았다. 그러나 중반부 논의에 나오는 한국 산업화 세대에 대한 분석에도 많은 시사점이 있다. 그가 말하는 산업화 세대는 1930년대생을 표준으로 하고 1920년대생부터 1950년대 초중반까지 포괄하는 '마지막 벼농사 세대'에 해당한다. 그는 이들이 유산처럼 상속받은 동아시아 농민의 정체성을 분석하면서 중국과 베트남의 경제성장까지 포괄하는 동아시아 경제성장에 대한 흥미로운 가설을 만들어낸다. 이것은 그동안 우리가 막연하게 '유교문화권'이라고 서술했던 것을 훨씬 정연하게 정리하는 효과도 있다.

벼농사 문화권의 특징은 유명한 말콤 글래드웰의《아웃라이어: 성공의 기회를 발견한 사람들》(2009)에서도 서술된 바 있다. 중국을 대표 격으로 하는 동아시아의 쌀농사, 논농사는 다른 문화권에서 이루어지는 농사에 비해 훨씬 노동집약적이고, 기술집약적이며, 좁은 땅에서 많은 수확량을 만들어내기에 적합한 가족협업적인 것이라고 설명된다. 수렵채집 생활을 하던 인류가 1년에 1천여 시간을 일했다면, 유럽과 러시아의 농노들이 1년에 1,200여 시간을 일했다면, 아시아 지역의 논에서 일하는 농부의 업무량은 3천여 시간으로 추산된다. 그렇기에 벼농사는 열심히 일한 만큼 수확량이 늘어났고, 농민이 수확량을 가져가는 형태로 이루어져야만 했다. 자작농이 아니라면 소작농이어야 하지 농노로는 성공을 담보할 수 없다는 것이다. 러시아 농민의 전형적인 속담이 "하느님이 키우지 않으시면 땅에서도 자라지 않는다"였다면, 근면 성실을 강조하는 수많은 중국 농민들의 속담 중에서 가장 유명한 것은 "1년 내내 해 뜨기 전에 일어날 수 있다면 어찌 부자가 못 되리"였다.[93]

이철승 교수의 서술도 이 맥락을 따라간다. 그는 동아시아 농민의 정체성을 집단주의, 협업 속의 경쟁, 비교와 질시의 문화라는 3가지 특징으로 잡아낸다. 동아시아의 벼농사는 대량의 물과 단기간의 집약적인 노동력을 필요로 했기에 마을 단위의 집단주의를 탄생시켰다. 이는 수천 년에 걸친 벼농사의 진화와 함께 동아시아 5국(대만을 포함한 중국 화남 지역, 남한 전체, 북한의 대동강 이남, 일본, 베트남)의 공통된 농민문화를 구성한 핵심이었다. 그러나 동아시아 소농 시스템에서는 서로 필요에 의해 협업은 하지만 수확물은 따로 챙겨 가기 때문에 협업 속의 경쟁이 이루어진다. 벼는 노동력 투하에 민감한 작물이기에 바쁠 때 서로 일을 도와주지만 수확량의 차이는 누가 더 열심히 일했는지에 따라 달라진다. 그렇기에 비교와 질시의 문화가 탄생했다. "사촌이 땅을 사면 배가 아프다"란 속담이 말하는 바가 그것이다. 사촌이 땅을 사면 가서 도울 일은 늘어나지만, 수확물이 반드시 공유되지는 않기 때문이다.[94]

우리는 현대 한국인들조차 굉장히 집단주의적이면서 '비교와 질시의 문화'를 통해 다른 이의 삶의 수준을 관음하기도 하고

추월의 시대

평가하기도 하는 것에 대해 흔히 '공산주의적'이라고 평한다. 이 토록 공산주의적인 사람들이 자본주의 체제하에서 살고 있는 것이 미스터리라고 생각하기도 한다. 하지만 위의 서술을 따른다면 한국인들은 부자들을 아무리 질시한다 하더라도 공산주의의 길로 나아가지는 않을 것이다. 왜냐하면 수확물을 따로 소유하는 것, 함께 일하더라도 노력에 따라 각기 다른 수확량을 챙겨 가는 것 역시 우리가 익숙한 전근대적 삶의 본질이기 때문이다. 사실 많은 경우에 사유재산에 대한 한국인의 집착은 '공산주의적'이라는 흔한 비난과 결코 양립할 수 없는 것으로 여겨진다.

가령 해방 이후 농지개혁에 대해서도 공산주의식 집단농장의 길로 갔다면 실패했을 거라는 예측이 가능하다. 자작농을 만들어내는 농지개혁이었기에 많은 사람들이 근면하게 일하게 해서 성과를 거둘 수 있었다고 보는 것이다. 과거 진보적 역사담론에서는 해방 이후 북한의 농지개혁은 '무상몰수 무상분배'였지만 남한은 '유상몰수 유상분배'였기에 북한보다 덜 진보적이었다는 식으로 서술했다. 그러나 결국엔 남한의 농지개혁이 더 좋은 성과를 냈을뿐더러 당대 농민이 느낀 감정 역시 이와는 달랐을 수 있다. 소련의 사례도 있었기에 당대에 이미 공산주의 국가의 농지개혁은 결국 농민의 땅 소유권을 인정하지 않는 집단농장으로 귀결될 거라는 예측을 한 사람들도 있었기 때문이다.

현대 한국인의 성향에 대한 연구도 이 가설과 합치된다. 2019년 1월 《KDI 정책연구 시리즈》에 발표된 연구인 〈한국인의 재분배 선호와 정책 결정〉을 보면 이러하다. "구체적으로 한국인들은 소득 창출과 부의 증식 과정에 대해 비교적 긍정적인 인식을 갖고 있고 소득 격차에 대해서도 불평등으로 인식하기보다는 노력에 대한 보상으로 인식하는 등 시장 기능에 대해 상당히 우호적인 견해를 갖고 있지만, 이율배반적으로 정부가 시장의 분배 결과를 왜곡하는 재분배 정책에 대해서도 매우 높은 선호를 보이고 있다. 이는 통상적인 규범 관계와는 명백히 상충되는 것이다."[95] 한마디로 한국인은 성과 분배도 원하지만 재분배도 원한다는 것이다. 더 노력한 사람이 더 많이 가져가야 하지만 너무 빈곤한 사람도 없어야 한다는 얘기다. 이러한 심성이 강하게 작동하는 것에 대해 '벼농사 협업체계'의 '비교와 질시의 문화'라는 맥락, 그중에서도 세계 최대 규모의 곡물을 저장하고 재분배 경제를 돌렸던 조선왕조의 맥락과 무관하다고 말할 수 있을까?

장유유서에 대해서는 어떤가. 이철승 교수가 정리한 바에 따르면, 장유유서와 유교적 질서도 벼농사 협업체계로부터 추론해낼 수 있다. 벼농사는 기술집약적이기에 10대 중후반부터 부모의 농사일을 거든 장정은 30대 중후반에야 벼농사를 성공시키기 위한 모든 지식을 터득하게 된다. 작업 과정을 반복하면서 '빅데이터'를 축적한 연장자들이 주요 의사 결정의 핵심에 자리한다. 언제 모를 이양할지에 대한 결정이 한 해 농사에서 가장 중요한데, 이때 연장자의 의견에 권위가 실리는 것은 물론이다. 결국 유교의 연장자 우대 및 지배 시스템도 누가 어느 날 만들어 세상에 반포한 것이 아니다. 민초들로부터 자연스럽게 생성된 '노동의 사회적 분업' 과정을 '국가 윤리'로 삼도록 지배층을 설득한 것에 해당한다. 민초에게 자연스러운 규범을 국가 윤리로 삼아

추월의 시대

야 국가의 정당성이 아래로부터 강해진다는 것이었다. 이 위계 구조의 맨 밑에 존재하는 것이 바로 '가족' 혹은 동아시아적 '소농'이었다. 따라서 유교는 벼농사 협업체계가 진화하는 과정에서 만들어진 '지식 전수 시스템'이자 '공동체 구성 시스템'으로 이해할 수 있다.[96]

위 서술은 상당히 많은 것들을 생각하게 한다. 먼저 총론의 영역에서 이철승 교수의 '벼농사 협업체계'에 관한 설명이 한국의 경제성장에 대한 이영훈의 설명을 더 훌륭하게 대체하고 있다고 평가할 수 있다. 중국과 베트남의 경제성장도 어렵지 않게 설명해내기 때문이다. 한국 경제사에 대한 이영훈의 공로가 지대하고, 따라서 세부적 각론 차원에서 그것을 극복하는 데 시간이 더 걸릴 수 있지만 총론으로 평가할 생활인들의 관점에서는 이 정도 서술로 논의를 종결할 수도 있겠다는 생각이 든다.

또한 이철승 교수의 서술은 '한국적인 것'이 무엇인지 생각하게 한다. 우리는 벼농사 협업체계라는 틀 안에 함께 묶인 다른 나라나 지역에 대비해서도 '한국적인 것'이 있다는 생각을 어렴풋이 한다. 하지만 이제 우리는 '한국적인 것', 혹은 'K적인 것'이라고 느끼고 부르는 것들이, '가장 좁고 척박한 땅에서 강도 높게 벼농사 협업체계를 굴려야 했던 어떤 공동체'에서 나타난 특징이 아닐지 생각해볼 수 있다.

덧붙여 전근대 한국 사회는 조선왕조라는 국가기구가 백성의 삶을 책임진다는 믿음, 혹은 책임져야 한다는 당위성이 있었다. 이영훈의 서술처럼 조선 후기에 이르러서는 지역공동체가 큰 의미를 지니지 못했기 때문에 국가와 백성 사이에 아무것도 없었다. 그래서 백성들, 특히 발언할 권리를 가진 사대부들은 국가에 직접 요구하는 습관을 가지게 됐다. 지역 정가라는 것이 따로 있지 않았고, 지방 사대부들이 서울의 중앙정치에 대고 요구했던 것이다. 주한 미국대사관에서 다년간 근무했던 그레고리 헨더슨이 말한 '소용돌이의 한국 정치'라는 것이 바로 그것이다. 모든 이슈가 소용돌이처럼 중앙권력을 향해 휘몰아친다는 의미다. 이영훈은 부정적으로 묘사했으며 박훈 교수와 이철승 교수가 그저 담담하게 한국 사회의 특징으로 다뤘던 이 현상도 당연히 전근대의 경험을 빼고 설명하기 어렵다.

이 지점에서 우리는 "권력이 싫어하는 말을 했던 사람은, 또는 진리를 내세워 권력에 저항했던 사람은 전부 죽임을 당했다"는 노무현 전 대통령의 서술이 부정확하다는 사실을 알 수 있다. 한국인들은 전근대에 정치적인 측면에서 순종적인 국민이었는가? 그래야만 '멋있게 산다'는 평을 들을 수 있는 사회였는가? 이 문제에 답할 때 당시를 21세기 대한민국의 민주주의와 비교하는 것은 반칙이다. 그것은 조선인들이 대식가였는지를 판명하기 위해 조선시대의 여유를 따질 때 산업혁명 이후의 폭발적인 생산력 증강의 노선 위에 탑승한 현대 국가와 비교하는 것과 대동소이하다. 전근대사회, 특히 조선왕조에서 형성된 한국인의 기질은 오히려 당대 다른 사회와 비교했을 때 정치적으로 순종적이지는 않았다고 봐야 할 것이다. 조카인 단종을 폐한 후 살해하고 왕위에 오른 세조 이후의 모든 왕들이 세조의 자손이었음에도 사육신과 생육신이 추모됐다. 나중에는 왕조조차 그 사실을 수용했다.

조선사 연구자인 오항녕 교수는 '단종端宗'과 '사육신死六臣'이라는 말이 쓰이게 된 것은 숙종 때(1698) 단종이 임금으로 복위되면서부터였다고 설명한다.[97] 단종이 영월 땅에서 교살된 지 무려 242년이 흐른 뒤였다. 복위 전까지 단종은 '노산군'으로 강등되어 있었고, 그의 복위 운동을 꾀했던 성삼문 등은 역적이 되어 시신조차 찾을 수 없었다. 오항녕 교수는 242년의 세월이 흐르는 동안 조선의 학자들은 책을 지어 단종과 사육신을 추모했고, 그 외의 사람들은 제사를 지내거나 단종과 사육신의 고초를 민담으로 만들어 구전함으로써 그들의 정당성을 후대에 전했다고 덧붙여 말한다. '비장함'에 매몰되는 것이 아니라 그저 살아가면서 몇백 년에 걸쳐 잘못된 역사를 바로잡았다는 것이다. 이는 위안부나 징용 배상 문제 등에 대한 공방에서 일본인들이 현대 한국인들에게 '골대를 자꾸 옮긴다'(한국을 잘 모르는 이들의 경우), '올바름에 대해 집착한다'(한국을 좀 아는 이들의 경우)라고 투덜거리는 것을 연상하게 한다. 과거 일본 식민지배의 죄상을 밝히는 것은 우리에게 올바름을 복원하는 것이지만, 일본인의 관점에서는 이전의 협상들에서 이탈해 '골대를 자꾸 옮기는' 것으로 보일 것이다. 그런데 한국인들은 조선시대 때부터 '원래 그랬다'.

한편 벼농사 협업체계에 대한 이철승 교수의 서술은 해당 문화권에 적합한 민주주의 방식이 무엇일지에 대해 생각하게 한다. 이철승 교수의 서술은 해당 문화권에 적합한 민주주의 방식이 무엇일지에 대해 생각하게 한다. 말하자면 '밀농사-개인주의-기독교-경제성장-민주주의' 문화권의 양상과, '벼농사-집단주의-유교-경제성장-민주주의' 문화권의 양상에 어떠한 차이가 있는지 따져볼 수도 있다. 현재 시점에서 한국은 대만과 함께 일본이나 베트남, 중국에 비해서도 모범적인 사례에 해당한다. 여러 맥락을 고려하여 서구권의 민주주의 모델만 표준으로 삼고 우리의 현 위치를 폄하하는 것을 넘어선 논의, 우리가 위치한 전근대 문화권의 양상까지 고려하는 좀 더 심층적인 분석을 할 수도 있겠다는 희망을 가지게 된다.

사실 한국의 역사에서는 산업화의 가능성과 양상뿐 아니라, 민주화의 가능성과 양상 역시 찾을 수 있다. 그러나 사대부의 여론정치만 언급한다면 부족할 것이다. 사대부만이 주체가 될 수 있기 때문이다. 사대부들은 민본정치를 추구하기는 했으되 한편으로는 목민관을 꿈꿨다. 여기서 '목'은 '유목'과 '방목'에 나오는 그 '목'으로서, 말하자면 사대부들은 본인들을 양치기로, 민초들은 양치기의 인도를 따르는 양에 비유했던 것이다. 사대부의 여론정치에서 민주주의의 맹아로 이행하기 위해서는 다른 단계가 필요했다. 하지만 해당 논의는 우리가 어떠한 나라를 지향하는지 여부와도 맞물려 있기에 다음 장으로 넘겨도 될 것이다.

추월의 시대

저자 노트
양승훈

경제성장 기적의 재해석,
누구의 덕일까?

한국의 급속한 경제성장을 말할 때 통상 발전국가 이론이나 종속이론, 근대화 이론 등 정치경제 이론들은 '후진국'이 '개발도상국'의 단계를 거쳐 '중진국'에 진입하는 것까지만 설명한다. 하지만 한국은 경제학자들이 입에 달고 사는 '중진국 함정'을 2010년대에 뒤도 안 돌아보고 지나치고 선진국의 마지노선인 1인당 GDP 3만 달러를 달성해버렸다. 비슷한 소득과 비슷한 경제 규모를 자랑하는 3만 달러 국가들이 만들어내는 제품군과 삼성전자, 현대자동차, LG화학, 현대중공업이 만들어내는 제품군을 살펴보라. '글로벌 넘버원Global No. 1' 제품이 반도체 외에도 수두룩하다. 한동안 경제학자들과 산업사회학자들은 추격의 단계를 넘어서 탈추격의 단계로 진입해야 한다고 한국의 경제성장과 기술혁신의 한계를 지적했다. 하지만 탈추격의 상징으로 판단되는 기본 설계 수행과 소·부·장(소재·부품·장비) 제품을 생산해내는 기업은 지속적으로 늘어나고 있고 배터리처럼 세계 최고의 부품을 생산하는 경우도 늘어나고 있다. 몇 남지 않은 제조업 기술의 도전 영역은 공작기계(강판 등을 용도에 맞게 정밀하게 깎아내는 기계) 정도이다.

한국의 경제성장 자체는 역설의 역설로만 형성된 것이었다. 1세계 자유진영과 2세계 공산진영이 체제 경쟁을 하던 시기, 원조와 차관 공여는 자유진영의 대장 미국과 IBRD, IMF 등 자유진영 국제기구의 의무와 같은 것이었다. 그러나 차관을 받은 나라 중 이만큼 성장한 나라는 서유럽을 제외하면 동아시아의 한국과 대만 정도로 손꼽는다. 물론 싱가포르가 있지만 도시국가와 적절한 영토를 가진 국가를 단순 비교할 수 없다.

한국은 원조와 차관도 한국식으로 운영했다. 원조와 차관은 국가에 필요한 재화를 공급할 수 있는 수준의 공업 발전, 즉 수입 대체화 발전을 목표로 제공되었다. 하지만 "부채도 자산이다. 다다익선이다"라는 신념을 가졌던 박정희 정부 초기의 장기영 경제기획원 장관이나, 수출 주도 성장을 위해 중화학공업화에 써야 한다며 국민들의 허리띠를 졸라매게 했던 김학렬 경제기획원 장관 모두 국제기구가 가정한 방식으로 돈의 용도를 한정하지 않았다. 상상할 수 있는 최대의 성장, 지금은 하지 못하지만 장래에는 반드시 해야 할 산업의 도입이 그들의 목표였다. 경제성장에 매진하기 이전에 농사꾼의 마지막 자산인 소를 팔면서까지 자녀 교육에 매진했던 한국인들은 드라마틱하게 전개되는 산업화에 올라타기를 주저하지 않았다.

미국이 중화학공업화를 승인하고 차관을 제공했던 것도 사실은 미국이 바람직하게 생각했던 70년대 한미 관계의 궤도를 한국이 이탈했기 때문에 가능한 것이었다. 데탕트 분위기에서 중국과 교류를 강화하고, 주한미군을 철수하며, 동아시아-환태평양 영역의 군사기지를 일본으로 이전하려는 미국에 대항한 박정희의 선택은 군비 증강과 이를 뒷받침할 수 있는 중화학공업화였다. 박정희와 오원철이 설계한 계획도시 창원의 번듯하게 닦인 대로는 창원의 현대양행(현 두산중공업)에서 만든 국산 장갑차가 다니고, 사천의 삼성항공(현 한국항공우주산업)에서 만든 국산 전투기가 이착륙할 수 있는 활주로를 목표로 했다. 중화학공업화는 한국이 안정적인 양대 진영의 군사-외교 전략에만 좌지우지되는 수동적인 존재가 아니라 적극적인 전략적 행위자였음을 보여주는 상징이기도 하다. 박정희는 끊임없이 미국에 들이받았고, '감정적 반미'와 '이성적 용미'는 보수파와 진보파 상관없이 한국의 집권세력이 선택했던 전략 중 하나였다.

그러나 이러한 성장의 서사시를 국가와 관료 버전으로 읊는 것으로 족하지는 않고, 책의 9장은 끊임없이 '한국인의 그 무엇'을 소환한다. 일제강점기에 힘들기는 하겠지만 애쓰면 떵떵거릴 정도의 돈벌이가 된다는 소식을 친구에게 듣거나 친척의 전갈을 받고 하루 종일 기차를 타고 만주와 일본으로 넘어갔던 조선인들이 400만 명이었다. '백의민족'과 '농민'의 이미지는 정적이지 않고 역동적인 것이었다. 한국인 엔지니어들의 이야기를 좀 더 보태보겠다. 한국인 엔지니어들의 조직문화를 짧게 요약한다면 '제한된 시간에 고학력 고숙련 엔지니어들이 집중력 있게 프로젝트를 수행하는 능력'이라고 말할 수 있다. 경영진이나 오너가 말도 안 되는 과업을 제시해도 "어려운데"라고 말은 하지만, 베끼고(리버스 엔지니어링) 공통점을 파악하고 차별화된 요소를 찾아내서 우리식 기술로 최적화된 제품이나 생산 공정을 만들어내는 것이다.

현대중공업은 초대 조선소장을 덴마크 사람으로 뽑아 조선소의 큰 얼개는 유럽식으로 짜놓고 선박 설계 기술은 일본의 가와사키 조선소를 통해 배워 세밀한 관리까지 한꺼번에 도입했다. 일본인들이 한국인들에게 "왜 가르쳐주는 대로 하지 않느냐"고 끊임없이 물으면 한국인은 "왜 배운 대로 해야 하냐, 결국 우리 손에 익게 우리 식으로 바꿔야지" 하는 식으로 대답하는 셈이다. 단순히 성실하고 단순히 근면한 것이 아니라, 문제 해결 능력

을 최적화된 형태로 또 고유한 형태로 만들어낸 한국인들의 자질이 경제성장과 기술혁신의 원동력이었다고 말할 수 있다.

10장

한국은 아직도
약소국인가?

우리는 습관적으로 한국이 약소국이란 식으로 생각한다. 경제 규모 10위 안팎, 군사력 기준으로도 10위 안쪽에 드는 나라 국민들의 인식이라고 보기에는 신기할 정도다. 그러나 사정을 살펴보면 이해가 안 되는 것도 아니다. 동쪽에는 한국보다 인구 규모가 2.5배, 경제 규모가 3배인 일본이 있다. 서쪽에는 한국보다 인구 규모가 25배, 경제 규모는 10배인 중국이 있다. 미국과 러시아 역시 사실상의 접경국이란 점까지 고려하면 문제는 더 심각해진다.

유튜브 시대다. K-팝은 새로운 시대의 플랫폼을 통해 언어의 한계를 초월하여 심지어 서구 사회까지 진격했다. K-드라마가 더욱 합당한 평가를 받게 된 이유 역시 넷플릭스와 같은 플랫폼의 공로가 지대하다고 볼 수 있다. 그리고 '해외 네티즌 반응'과 '외국인 반응'을 번역해대는 '국뽕' 콘텐츠의 홍수 속에서 한국학 연구자들의 강의나 인터뷰까지 한국어로 번역되는 조류에 도달하게 되었다. 우리는 이제 국내 언론에서조차 제대로 번역

318   추월의 시대

되지 않는 데이비드 강David Kang이나 존 던컨John Duncan, 마크 피터슨Mark Peterson과 같은 저명한 한국학자들의 강의가 미국 시민들을 향해 한국 사회와 한국 문화, 그리고 역사를 어떻게 소개하는지 유튜브를 통해 들을 수 있다.

물론 아직까지는 주목할 만한 한국학자가 그리 많은 것은 아니다. 한국에 대해 언급하는 미국의 대학 교수들은 많아졌지만 논의 수준은 대부분 지극히 피상적이라고 볼 수 있다. 말하자면 미국 대학생들의 견문을 넓히는 데엔 도움이 되겠지만, 한국인들의 견문을 넓히는 데엔 도움이 되지 않고 다만 뿌듯함을 느끼게 하는 정도다. 현재 미국에서는 한국 대중문화에 대한 관심이 너무나 빠른 속도로 커져서 한국에 대한 담론의 수요가 폭증한 상태다. 하지만 공급은 현저하게 부족하다. 그래서 윤이상 음악을 전공한 음악가가 대학에서 BTS와 블랙핑크를 논해야 하고, 동아시아 언저리 전공자라면 K-드라마 교양 강좌를 열어야 하는 상황이다.

미국 학자들은 손쉽고 간편한 도식으로 한국을 '넥스트NEXT'의 나라라고 말하는 방식을 선택했다. 그 간택 자체가 열등감을 극복하는 데 반평생을 바친 한국의 기성세대를 어질하게 만들지만, 미국 학자들은 동아시아에서 한국이 가지는 특수한 위치를 변별하지는 못한다. 한국이 중국과 함께 동아시아의 세기를 가져올 나라의 표본으로 언급되는 식이다. 그보다 조금 더 세밀한 시선이라 해야 동아시아에서 전체주의에 해당하는 중국과 자유민주주의 진영인 일본, 한국을 변별해내는 정도다. 당사자인 우리가 느끼기에 한국 대중문화가 서구권에 받아들여진 방식은 일본 대중문화와 전혀 다른 것이지만, 아직 미국 사회에는 일본과 한국을 변별할 수 있는 담론적 틀이 없는 것이다.

한국은 아직도 '새우'인가?

물론 이러한 공급과 수요의 불균형 현상도 오래 지속되지는 못할 것이다. 영국인 다니엘 튜더Daniel Tudor는 2002년 한일월드컵 기간에 한국을 처음 방문했다가 영어강사, 회사원, 이코노미스트 한국 특파원 등으로 한국에 거듭 방문하면서 영어권에 한국에 대한 개론서인 《Korea: The Impossible Country》(2012, 2013년 《기적을 이룬 나라 기쁨을 잃은 나라》로 한국어 번역본 출간)를 저술했다. 유니 홍Euny Hong은 부모님이 한국 사람으로 미국에서 태어났으나 한국에서 청소년기를 보내고 다시 서구권으로 건너가 한국 대중문화 연대기 《The Birth of Korean Cool: How One Nation Is Conquering the World Through Pop Culture》(2014, 2015년 《코리안 쿨—세계를 사로잡은 대중문화 강국 '코리아' 탄생기》로 한국어 번역본 출간)를 저술했다. 두 사람과 같은 사례가 앞으로는 더욱 빈번히 나올 것이 자명하다.

한국에서 만족스럽게 체류하고 있는 외국인의 숫자도 예전에 비해 늘어났으며, 재외동포 출신들은 이제 과거 부모 세대의 주문과는 달리 한국어를 잊지 않는 것이 부를 창출할 수 있는 하나의 방편이라고 인지하기 시작했다. 다니엘 튜더는 "고래 싸움에 새우 등 터진다"는 한국의 속담에 대해 기고문을 쓴 바 있다.

추월의 시대

여기에서 그는 한국이 중국이나 미국과 같은 고래는 아니지만 그렇다고 더 이상 새우라고 볼 수도 없다면서, 먹이사슬에서 전반적으로 선망의 대상인 돌고래라고 보면 어떻겠느냐고 제안한다.[98]

　　사실 데이비드 강이나 존 던컨, 마크 피터슨과 같은 학자들이 전달하고자 하는 메시지의 핵심도 다니엘 튜더의 그것과 흡사하다. 그들은 미국인들을 향해, 그리고 심지어 한국인들을 향해, 한국은 생각보다 작은 나라가 아니며 그 역사는 한국인들의 통념과 달리 상대적으로 평화로웠다고 강조한다. 존 던컨은 1966년에 한국의 비무장지대에서 근무한 인연으로 제대 후 고려대학교 사학과에 편입하여 졸업했으며, 미국에서 석·박사 학위를 받은 후 UCLA에서 한국학연구소 소장을 역임하고 있다. 그는 한국의 전근대 역사를 개관하면서 한국인들은 그 역사를 '수난의 역사'(그는 영어 강의 중에 종종 한국어 어휘를 쓰는데, 이 다섯 글자도 한국어로 발음했다)라고 부르지만 본인은 그리 동의하지 않는다고 했다.[99] 아버지가 한국인이며 신천 강씨로 '강찬웅'이란 한국 이름도 갖고 있는 데이비드 강은 서던캘리포니아대학교 한국학연구소 소장이다. 그는 압록강은 비슷한 사례를 찾아보기 힘든 천년이나 된 국경선이라고 지적했다.[100] 마크 피터슨은 1965년에 선교활동으로 한국을 찾은 후 뒤늦게 한국학을 공부하여 미국 한국학 분야의 권위자가 되었다. 최근에는 한국어로 떠드는 유튜브 채널 〈우물 밖의 개구리〉를 운영하고 있는데, 데이비드 강의 논지를 보강하여 압록강 국경선이 한국의 역사가 평화롭고 안정적이었다는 강력한 증거라고 주장한다.[101]

전근대사
한반도 왕조가 느꼈던
'소멸의 위협'

　　　　　　　　　그러나 한국인으로 살아오고
역사를 공부한 입장에서 이들의 관점에 반박하고 싶은 부분도
없지 않다. 한국인들이 근현대사 150년의 비극을 전근대사 전체
에 투영하여 '수난의 역사'라는 관념을 과장되게 창조해냈다는
지적에는 동의할 수 있다. 한국의 전근대사를 검토해볼 때 심각
한 외침은 중국에 비해 오히려 덜했으며 일본보다 전쟁이 잦지
않아서 평화로운 시기가 종종 이어졌다는 주장에도 동의할 수
있다. 그러나 한국사에는 중국사나 일본사에서 찾아보기 어려운
독특한 요소가 있었다. 바로 한반도 왕조들이 언제나 '소멸의 위
협'에 직면해 있었다는 사실이다. 그것은 다만 왕조 흥망의 문제
가 아니라 한국이라는 공동체, 한국인이라는 정체성이 소멸될
위협이었다. 이것을 근대 민족주의가 성립한 현재의 관점에서
바라본 역사 해석이라고 반론할 수도 있다. 하지만 존 던컨은 한
국사를 소개하는 개괄적 강의에서 전근대 한국의 지배층이나 지
식인들이 본인들의 공동체를 '동국'으로 인식하면서 '중국'과 구
별했다고 서술한다(존 던컨은 이때 '동국'과 '중국'도 한국어로 발음
했다). 이것은 우리가 아는 바와도 일치하며, 적어도 고려시대부
터는 그렇다고 봐야 할 것이다.

　　'중국'과 '동국'을 구별하는 것은 왕조의 문제를 따지는 것
이 아니라 왕조 교체를 넘어선 문화생활권을 말한다. '나랏말싸
미 듕귁에 달아'로 시작하는 〈훈민정음 언해본〉이 말하는 바도

그것이었을 것이다. 중국의 왕조가 교체되어도 중국말이 (역사언어학적 변형이 있기는 하지만) 바뀌지 않는 것처럼 우리말도 그렇게 죽 다르다는 말이었을 것이다. 존 던컨도 지적했듯이 전근대사에서 사료를 남기는 것은 지배층이거나 지식인이므로 평범한 신민들이 그 공동체에 대해 어떻게 느꼈을지 정확하게 알 수는 없다. 그러나 한국 전근대사에는 '동원'이든 '단합'이든 민초들이 농지를 불태우고 산성에 입소하여 외적의 침입에 함께 저항하는 모습을 자주 보였다는 것은 엄연한 사실이다. 물론 그렇게 하지 않으면 한국보다 훨씬 덩치가 큰 주변국들의 침입을 감당하기 어려웠기 때문이다.

임진왜란 당시를 생각해보면 조선은 이전에 몇백 년의 평화시기를, 일본은 100년의 전국시대를 거쳤다. 그러나 전국시대 일본의 전쟁은 '소멸의 위협'과 무관한 것이었다. 그렇기에 다이묘와 사무라이의 패권 다툼을 일본 농민들은 도시락을 까먹으면서 구경하는 식으로 관망할 수 있었다. 한편 임진왜란 직전 교섭을 위해 한양에 온 일본의 승려 겐소는 "옛날 고려가 원나라 군대를 인도해서 일본을 쳤으니 일본이 이 원한을 조선에 갚고자 하는 것은 당연하다"고 했다는 기록이 《징비록》(1647)에 있고, 시마즈 가문이 작성한 임진왜란 문헌 《정한록》(1671)에도 비슷한 기록이 있다고 한다.[102]

한국사와 일본사는 양상이 전혀 다르기 때문에 전근대 일본인들이 여몽연합군의 일본 정벌에 대해 받았을 충격을 부정할 수는 없겠지만, 일본인들의 이러한 반응에 평범한 한국인들이 피식하는 것이 사실이다. 한국인들의 입장에서 보면 대륙의 대

일본 침략이 그 정도로 드물었던 이유는 한반도 왕조국가들 덕분이기 때문이다. 한반도 왕조국가들이 쉽게 항복하지 않고 저항했기 때문에 대륙 국가들은 일본까지 침략할 여력이 없었다. 여몽연합군의 일본 정벌은 2회에 그쳤고 그나마 일본에 끼친 피해도 미미했으나, 몽골의 고려 침입은 30여 년간 9회에 걸쳐서 이루어졌고 고려 고종이 태자를 보내 직접 쿠빌라이에게 항복하면서 종결됐다. 이 역시 고려가 항복을 하러 떠나던 중 몽케칸이 사망한 이후 혼란스러운 몽골의 정치적 상황을 정확하게 파악하고 패권을 잡게 될 쿠빌라이를 향해 항복하지 않았다면 '불개토풍不改土風'(고려의 풍속을 몽골식으로 고칠 필요가 없다는 뜻)을 약속받기 어려웠던 소멸의 위기 상황이었다. 이전에 거란의 요나라 역시 3차에 걸쳐 고려를 침공해왔고 한국사 최대의 포위섬멸전인 귀주대첩을 통해 침입을 멈출 수 있었다. 일본이 느꼈을 위협과는 수위 자체가 달랐다.

　　북방유목민족 왕조의 경우, 몽골의 원나라를 제외하면 보통 한반도 왕조를 무너뜨리려고 침공한 것은 아니라고 볼 수 있다. 북방유목민족 왕조들의 입장에서 봤을 때, 한반도 왕조를 멸망시키는 일은 제법 공력이 많이 드는 데 비해 얻을 수 있는 경제적 이익은 크지 않은 일이었다. 그러니 훨씬 더 큰 이문을 보장할 수 있는 중원 침공 이전에 한반도 왕조가 뒤통수를 치는 일을 미연에 방지하기 위해 침공한다는 이유가 더 컸다. 그러나 한반도 왕조의 입장에서는 어쨌든 소멸의 위협을 느끼는 것은 마찬가지였다. 한반도 왕조가 북방유목민족 왕조에게 쉬이 굴복하면, 중원의 한족 왕조 입장에서는 한반도 왕조를 독립국으로 존속시키

　　　　　　　　　　　　　　　추월의 시대

지 않고 미리 병합해두는 편이 현명한 일이기 때문이다. 관념적으로는 중화에 대한 사대주의로 치장되긴 했지만 한반도 왕조는 무슨 일이 벌어질지 모르는 상황에서 일단 소멸되지 않기 위해 모든 침략에 저항해야만 했다.

중원의 통일왕조가 작정하고 한반도 왕조를 멸망시키기 위해 공격해올 경우 무슨 일이 벌어지는지는 고구려의 역사적 사례가 입증한 바 있다. 고구려는 랴오허遼河 동쪽의 한반도 및 만주지역 대부분을 통치했던 왕조임에도 수·당의 물량 공세를 당해내지 못하고 멸망할 수밖에 없었다. 이 멸망 과정을 1980년대생에게 익숙한 전략 시뮬레이션 게임 스타크래프트에 비유한다면, 마치 한반도라는 본진과 만주라는 앞마당밖에 먹지 못한 '프로토스'가 맵 전체를 장악한 저그의 끝없는 공세에 무너져 내리는 광경에 가까웠다. 전투 교환비로는 압도적인 효율을 보이는 전술적 승리를 거듭하면서도 끝내 '폭탄 드랍'을 막지 못한 게 고구려의 멸망이었다. 심지어 한반도 왕조는 중원의 통일왕조에 대항하기 위해 북방유목민족과 연합하는 것조차 경계해야 했다. 고조선을 멸망시킨 한무제 침공의 근본 원인은 한나라가 고조선을 '흉노의 왼팔'로 인식했기 때문이다.

한국 전근대사의
진정한 매력

말하자면 한국 전근대사에서 한반도 왕조의 독립성은 온전히 자기 힘으로 쟁취할 만큼 안정적이지 않았다. 중국과 일본에게 '큰 손해가 날 수 있는 전략적 상황'을 각인시키면서 간신히 유지되는 유동적인 것이었다. 한반도 왕조가 약화되거나 중국과 일본이 전략적으로 오판할 경우 얼마든지 훼손될 수 있었다는 얘기다. 한국의 전근대사에는 오늘날 한국인들이 존속하지 못하고 중국인이나 일본인으로 살게 됐을지도 모르는 아슬아슬한 사건들이 곳곳에 있었다. 명나라와 인도까지 정벌하겠다면서 출병한 임진왜란은 명백히 일본의 오판이었지만, 전쟁 말기 일본은 명나라를 상대로 한반도를 절반으로 분할하는 협상을 시도했다. 이는 몇백 년 후 일본이 러일전쟁 이전의 러시아를 상대로도 제출했던 협상안이며, 결국 일본의 태평양전쟁 패전 이후 미국과 소련에 의해 20세기 한반도에 실현됐다. 즉, 20세기의 분단은 한국의 전근대사 양상으로 볼 때도 언제든지 실현될 수 있는 참극이었던 셈이다.

베트남사 연구자들은 흔히 베트남이 중국에 흡수되지 않고 독립을 유지한 역사적 공동체로 존속한 것에 대해 '기적'이라는 표현을 쓰곤 한다. 하지만 한국의 역사학자와 한국인들은 그러한 표현을 보면 피식하는 경향이 있다. 왜냐하면 한국인 입장에서 생각해볼 때 베트남의 전근대사에 던져진 독립이란 미션의 난이도가 한국의 전근대사에 던져진 그것보다 결코 어려워 보이지 않기 때문이다. 베트남은 중국의 중심부와의 거리도 한국보다 훨씬 멀뿐더러, 주변에는 만만한 소국들이 있었다. 한반도 왕조는 고려시대에 탐라를 병합한 이후 주변에 만만한 소국도 없었으며, 일본과 여진을 상대로 한 정신승리는 조선 중기 양란(임진왜란과 병자호란)으로 인해 처참하게 응징당했다.

일제강점기에 일본은 한국인들의 독립 의지를 꺾기 위해 한국사 서술을 비틀어 한반도 북부는 한사군으로부터, 한반도 남부는 임나일본부로부터 시작되었다고 썼다. '한국사'란 근본적으로 중국과 일본의 식민통치를 받은 역사라는 의미였다. 그러나 정말로 그랬다면 한국인이란 정체성은 아주 오래전에 사라졌을 것이다. 한국의 전근대사는 소멸하기 너무 좋은 환경에서 소멸당하지 않기 위해 악전고투한 이들의 생존기 자체였다. '동해 물과 백두산이 마르고 닳도록' 나라가 보전되기만 하면 다행이었고, 그러한 생존조차 '하느님의 보우'가 필요한 어려운 과업이었다. 그래서 한국의 역사는 한국인으로 생존했다는 것 자체가 위대한 성공담이었다.

일본의 역사왜곡과 식민사학이 만들어낸 한국인의 상처는 거대한 반작용을 만들어냈다. 오늘날에도 유사역사학자들은 한사군이 평안도와 황해도 지방에 있었다는 사실, 특히 낙랑이 평양에 있었다는 사실을 부정한다. 이들은 아예 한사군을 한반도 밖으로 몰아내려고 한다. 삼국시대에 왜가 한반도 남부에서 벌인 대규모 군사행동에 대해서는 역사학자들조차 임나일본부 옹호자로 몰리지 않기 위해 언급을 쉬쉬하며 무조건 백제가 주도한 것으로 가정하고 서술한다. 그러나 한국사의 고난을 모두 덜어내 버리면, 마땅히 자랑스러워야 할 악전고투의 맥락도 사라져버린다. 낙랑군이 평양이 아닌 요서에 있었다면 고구려가 수 세기에 걸쳐서 그 땅을 수복하기 위해 벼르고 벼른 역사 또한 사라져버린다. 21세기에 들어 한국인의 열등감이 극적으로 소멸하고 있으므로, 향후에는 한국 전근대사의 진정한 매력을 즐기려는 이들이 더욱 늘어날 것이다. 일본사 연구자 박훈 교수는 한국

사의 이러한 매력에 대해 다음과 같이 서술한 바 있다.

'고투의 역사'가
가져다준
5가지 장점

한국의 역사는 중국처럼 수천 년간 지역의 패자로, 문명의 센터로 지내온 역사도 아니고, 일본처럼 저 멀리 바다 한가운데서 지정학적 행운을 즐기며 자폐적으로 살아온 경우도 아니다. 그만큼 더 복잡하고 깊은 사연이 있다. '고투의 역사'에 대해 적절한 말인지는 모르겠으나, 지적으로 이만큼 흥미를 자극하는 역사도 드물 것이다. 독특한 조건 속에서 분투해온 한국사의 경험은 역사에서 지혜를 구하려고 하는 많은 사람들에게 커다란 교훈과 영감을 줄 것이다.[103]

따라서 한국인들은 한국의 역량이 객관적인 강대국 수준에 이른다고 하더라도, 스스로를 약소국으로 생각하는 습관을 완전히 벗어내지는 못할 것이다. 중국과 일본이라는, 우리보다 훨씬 거대한 나라들 사이에 끼어 있다는 '지정학적 지옥'(박훈 교수의 표현)의 상황을 벗어던질 수 없기 때문이다.

또한 대한민국의 규모는 인구 측면에서는 상당하지만, 국토의 크기는 작은 편이기도 하다. 남한 인구만으로도 세계 28위에 해당하지만 국토 면적은 세계 109위에 해당한다. 북한을 합쳐서 한반도 전체를 잡아도 80위권 밖이다. 북유럽 국가인 스웨덴,

핀란드, 노르웨이 등은 인구수로는 한국의 5분의 1에서 10분의 1 사이이지만 국토 면적은 남한의 4~6배를 훌쩍 넘는다. 유럽의 섬나라 영국의 크기가 한반도 전체 면적보다 조금 더 크다. 프랑스는 남한의 5배 이상, 영국의 2배 이상이고, 독일도 프랑스보다 작지만 영국보다는 제법 크므로 서유럽 주요국 사이에서 영국은 '작은 섬나라'에 해당한다. 독일은 두 번의 세계대전으로 고전 시기에 비해 오히려 국토가 훨씬 줄어든 경우이다. 그러나 일본은 남한 면적의 2배 이상, 한반도 전체를 봐도 1.5배 이상이므로 한국 입장에서 일본이 '작은 섬나라'는 되지 못한다.

하지만 한국이 전근대사에서 경험했던 '약소국의 설움'은 점차 '약소국의 축복'으로 전환되고 있다. 팍스 아메리카나의 세상, 미국을 중심으로 하는 자유무역 체제의 세상은 한국을 지정학적 지옥이라는 질곡에서 구출해냈다. 현대문명의 발달로 한국에게는 선택의 여지가 넓어졌다. 가령 한국은 중국과의 관계에 있어 러시아와 인도를 견제 축으로 사용할 수 있는데, 이는 전근대사에서 거의 불가능했던 일이다. 한국이 중국 의존을 탈피하기 위해 베트남을 활용하는 것도 전근대사에서는 불가능했던 일인데, 지금은 글로벌 밸류 체인(GVC) 조정 과정에서 실제로 구현되고 있다.

이러한 맥락을 고려해볼 때 중국이 부상하는 시대에 한국은 반드시 일본과 협력해야지, 그러지 않으면 결국 중국으로 빨려 들어가 흡수될 거라고 우려하는 이들의 시선에도 과장된 부분이 있다. 그러한 관점은 한일 관계 악화의 원인을 한국의 정치권으로만 돌리면서, 현대 한국을 둘러싼 국제정세 지형의 변동은 무시하는 것이다. 한일 관계 악화의 근본적인 원인은 한국이 일본의 턱밑까지 추격했다는 사실을 일본 기성세대가 인정하기 싫어한다는 것이다. 그 사실을 인정할 만큼 한국의 상승세가 지속되어 일본의 기성세대가 승복하거나 일본의 새로운 세대가 기성세대가 되기를 바라는 수밖에 없다. 한국 정치권의 반일정서가 문제의 핵심이라면 한일 관계는 '일본의 버르장머리를 고치겠다'는 김영삼 정부의 1990년대 초반에 파탄 났어야 할 것이다. 현대 한국은 러시아와 인도 같은 강대국, 그리고 베트남과 인도네시아, 몽골 같은 주변국을 활용할 수 있는 위치에 있다. 매우 난해하지만 '북한 문제'를 풀 수 있는 가능성도 이러한 역량과 위치에서 나온다.

역량과 위치가 여기까지 올라서자 과거에는 단점이거나 질곡을 이겨내기 위한 고육지책으로밖에 인식할 수 없었던 한국의 특성들이 장점으로 전환되고 있다. '약소국의 축복'이란 낯선 말도 그래서 의미를 지니게 됐다. 수천 년을 약소국으로 살았던 한국의 특질이 축복이 되는 부분은 다음과 같다. 이것은 중국과 일본은 가지지 못하는 한국만의 장점이라고 봐도 좋다.

첫째, 동질성에 대한 인식을 바탕에 깔고 있는 강력한 공동체의식이 있다는 점.
둘째, 한국의 규모가 남에게 위협이 되지 않기에 역설적으로 운신의 폭이 넓다는 점.
셋째, 혁신이 강제된다는 점.
넷째, 식민지 출신이라는 점.

추월의 시대

다섯째, 보편을 추구하는 가운데 고유한 특성을 보여주는 데 능숙하다는 점.

동질성에 입각한
강력한 공동체의식

첫째, 동질성에 대한 인식을 바탕에 깔고 있는 강력한 공동체의식이 있다는 점에 대해 살펴보자. 이것은 자칫하면 자민족중심주의와 폐쇄적 성향으로 흘러갈 수도 있다. 그래서 과거에는 '단일민족 의식'과 묶어서 보통 우리의 단점으로 표현했다. 그러나 전 세계를 놀라게 한 K-방역의 바탕에 근본적으로 이 공동체의식이 깔려 있다는 점은 더 말할 필요도 없을 것이다. 그리고 이 공동체의식은 한국 민주주의의 동력이 되어왔다. 한국에 제대로 된 복지국가가 성립될 수 있다면 근본 원인 역시 동질성에 대한 인식을 바탕에 깔고 있는 강력한 공동체의식이라고 볼 수밖에 없다.

한국과 다른 사회를 모두 살아봤던 이들이라면 저 공동체의식을 인상 깊게 경험할 수밖에 없었다. 마이클 브린은 1987년의 상황에서 한국이 민주화를 이룰 것이라고 예측한 이유에 대해 언급했다. 경찰과 민주화 시위대의 학생들이 그토록 비슷했으며, 저항운동가와 정부에서 일하는 사람들이 같은 학교를 나왔고 동일한 가치관을 가지고 있었기 때문이라는 것이었다. 당시 정부에서 일하는 이들도 전두환에 대한 국민적 당혹감을 공유했다는 것이다.

유니 홍도 그의 저서에서 한국인은 자기 주변 사람들의 행복이 자신의 행복에 기여한다고 믿는다는 점에서 플라톤이 의도한 의미에서 한 국가의 국민이라고 서술한다. 한국인들은 비록 정부의 뜻에 수긍하지 않거나 기업의 탐욕에 분개할 때조차도 공동체가 잘되는 것이 내가 잘되는 길이라고 생각한다는 것이다. 한국인은 '모두가 함께 일어서지 않으면 아무도 일어서지 못한다'는 사실을 경험으로 터득해 알고 있는 이들이라고 묘사된다.[104]

오늘날의 한국인이 K-방역의 성과를 뿌듯해하면서 '우리는 국난 극복이 취미인 민족'이라고 말할 수 있는 이유도 사실상 여기에 있다. 과거에는 한국인의 이러한 특징에 뿌듯해하는 이들도 있었던 반면 다소 냉소적인 부류도 있었다. 가령 1997년 IMF 구제금융 사태 당시 화제가 됐던 전국적인 금모으기 운동의 경우다. 이 대중운동이 실제로는 국난 극복에 큰 도움이 되지 못했고, 부자들은 참여하지 않으면서 빈부 격차를 확대하기만 했다는 식의 비판이었다. 진보주의자들의 상당수는 이러한 태도를 취했다. 그러나 이 역시 다른 사회의 비슷한 상황에서 벌어지는 일들을 한국인들이 잘 모르기 때문에 생겨난 지나친 자학과 냉소적인 측면이 있었다. 마이클 브린은 금모으기 운동을 냉소적으로 바라보는 것에 대해 나라가 휘청일 때 경찰과 싸우고 상점의 창문을 깨뜨리는 다른 나라 사람들에 비해 뭘 잘못한 게 있느냐고 일갈했다. 또한 그는 금모으기 운동의 효과는 금전적인 것보다 한국인들의 자세를 투자자들에게 각인시킨 것이었다고 설명했다. 투자자들은 그 애처로운 행위를 보고 한국인들은 어떻게든 다시 일어설 것이며, 따라서 투자금을 뺄 필요가 없다고 생각하게 됐을 거라는 의미였다.[105]

추월의 시대

2020년 3월 말 신천지발 코로나19 1차 대유행의 격전지를 방문했던 외신기자들은 대구 시민들의 태도에 감명받았다. 미국 기자들은 보통 이렇게 물었다. "왜 치안 문제가 발생하지 않죠?" 대구 시민들은 그런 질문을 받으면 눈이 휘둥그레져서 이렇게 대답했다. "(감염병 대유행 상황에서) 왜 치안이 나빠지죠?" 3월 3일에 미국 ABC방송의 특파원 이언 패널은 '한국의 신종 코로나바이러스 발병 중심지 안에서'라는 제목의 취재 수첩에서 다음과 같이 썼다.

> 그런데 공황 상태를 찾아볼 수 없다. 폭동도 없고 수많은 감염 환자를 수용하고 치료하는 데 반대하며 두려워하는 군중도 없다. 절제심 강한 침착함과 고요함이 버티고 있다.……동산병원 원장은 의사, 간호사, 의약품, 병상 등 모든 것이 모자란다고 했다. 그러면서도 극복할 수 있다는 결의에 차 있었다.……그는 다음과 같은 말을 남겼다. '코로나19는 대단한 전염병이 아니다. 이겨낼 수 있다.'[106]

그런데 보통 단결력이 강한 공동체는 주위에 공포나 경계의 대상이 되기 십상이다. 이를테면 유럽권에서 독일의 이미지, 동아시아권에서 일본의 이미지가 그러하다. 그러나 여기서 '약소국의 축복'에 해당하는 두 번째 자질이 드러난다. 한국의 규모가 남에게 위협이 되지 않기에 역설적으로 운신의 폭이 넓다는 점이다.

위협이 되지 않는
규모의 나라

한국인들은 이 점에 대해 조금 서운해할는지도 모른다. 한국인들은 자신들이 지나치게 오랫동안 약자로 살아왔다고 생각하기 때문에, 남에게 얕보이기보다 차라리 공포의 대상으로 보이기를 선호한다. 그러나 이것은 명백하게 한국이 현대사회에서 각종 어려움을 헤쳐 나가는 데 크나큰 도움이 되는 특성이다. 동남아시아 국가들이 중국이나 일본에게 원조를 받거나 주요 사업을 유치할 때는 반드시 종속에 대한 우려를 하기 마련이다. 그러나 중국이나 일본 대신 한국을 선택할 때는 대체로 그러한 우려를 하지 않는다. 그렇기에 그들은 더 마음 편하게 한국을 선택할 수 있다. 한국이 선량해서가 아니다. 한국인들의 특성으로만 본다면 제국주의에 적합하지 않는 선량한 인물들이라고 생각할 수 없다. 그러나 중국과 일본의 영향력이 막대한 동남아시아에서 한국이 취할 수 있는 최선의 방책은 동남아시아 개발도상국들의 주요한 협력자가 되는 것밖에 다른 방도가 없다. 오만한 제국주의자의 근성은 숨기고, 그런 성향의 인물들은 국내에 머물게 하고, 진정으로 상생을 추구하는 성향의 협력자들을 대외 파트에 배치하는 것이다.

심지어 이것은 결코 불리한 조건이라고 볼 수도 없다. 중국이나 일본은 간절하게 하고 싶어도 이 위치를 점유하지 못할 것이기 때문이다. 중국과 일본은 패권에 대한 욕망을 버릴 수도 없지만, 설령 그걸 버리고 진심으로 상생을 추구한다 하더라도 동남아시아 개발도상국들이 신뢰하기 어려운 국가 규모와 역사를 갖고 있다. 한국이 인도네시아와 필리핀에 무기를 팔고, 앞으로는 더 많은 동남아시아 국가들과 긴밀히 협력할 수 있는 조건이 무엇이겠는가? 한국의 방위산업이 튼튼하고 무기의 가성비가 좋기도 하지만, 중국과 일본을 경계하는 그 국가들이 중국산이나 일본제 무기로 무장했을 때엔 기술 이전이나 정비를 충실히 받을 수 있을 거라고 믿기 어려울 것이라는 점이 또 하나의 핵심이다. 한국은 바로 그러한 심리를 공략해야 한다.

오늘날의 한국은 '주관적 약소국'이지만 '객관적 강대국'이다. 그러나 동북아시아 정세를 아는 이들은 한국이 '주관적 약소국'의 심리에 처해 있는 것을 이해할 수밖에 없다. 이제는 미국 언론들도 한국의 군비 증강이 '비스트 모드Beast Mode' 수준이라고 찬사를 보내면서 동시에 우려한다.[107] 다른 나라가 이렇게 공세적으로 군비 증강을 하고 있었다면 패권을 추구하려는 것이 아닌지 우려했을 것이다. 그러나 한국인들이 추구하는 것이 패권이 아니라 생존임을 미국도 알 수밖에 없다.

한국은 그러한 국방 전략을 '독침 전략'이라고 우아하게 표현한다. 그러나 한국의 규모도 이제 꿀벌이나 말벌 크기는 아니다. 한국군의 '비스트 모드', 이른바 '독침 전략'의 살벌한 의미는 다음과 같다. '중국이든 일본이든 러시아든 전면전을 통해 우리를 지배하려 든다면 한민족은 지구상에서 사라질 수 있다. 그러나 너희도 구석기시대부터 역사를 새로 시작해야 할 것이다.' 이는 조폭영화에서 열세인 인물이 회칼을 들고 상대를 찾아가 "사장님 나랑 붙으면 일단 연장으로 아킬레스건 찢고 시작하니까, 나야 빵에 가지만 사장님도 앞으로 골프도 등산도 못 하실 거요"

라고 협박하는 상황과 유사하다. 유럽의 주요 국가들은 '설마 누가 전쟁하겠어?'란 생각으로 군비를 줄이고 있지만, 전근대사의 맥락에다 서세동점의 시기에 적응을 못 해 20세기를 망국으로 시작한 나라의 콤플렉스는 그토록 강렬하다.

중국이든 일본이든 여차하면 나를 지배하려 들 것이라는 의식이 피해망상 수준으로 박혀 있다. 한국의 성인 남성들은 징병제를 욕하면서도, 모병제 얘기가 나오면 한심한 소리라고 욕을 한다. 공동체 전체에 그 피해망상이 박혀 있는 탓이다. 중국인이나 일본인이 될 바에야 차라리 소멸하고 말겠다는 한국인들의 유치한 우월의식은 종종 보기 민망하기도 하다. 그러나 한국인들은 전 국민이 그런 의식으로 무장해야 소멸의 위협을 피해 생존할 수 있다는 것을 본능적으로 알고 있다. 그리고 유치한 우월의식이 있다고 한들 일본처럼 유치하지는 않다. 전직 주한대사가《한국인으로 태어나지 않아서 다행이야》라는 제목의 책을 출판하는 수준은 아니지 않은가? 한국인의 유치함을 비난하려면 그 옆 나라들의 유치함이 얼마나 지독한지도 함께 살펴봐야 공정한 일이다.

다시 한국인의 특질이 아니라 동남아시아 등 주변 개발도상국 시민들의 입장으로 돌아와 보자. 사실 한국의 기업들도 본능적인 대처인지 의도적인 책략인지 알 수 없지만 개발도상국 시민들의 친구가 되는 길을 걸어왔다. 말하자면 중국과 일본이 본인들의 국가를 표준으로 강요할 때, 한국이라는 '성공한 형제'는 가성비 좋은 제품으로 서구 중산층을 흉내 낼 수 있는 방편을 제시하고 있는 것이다. 중국과 일본이 개발도상국에게 '내 말을 잘

추월의 시대

듣고 내 하위 파트너가 된다면 먹고살게는 해줄게'라고 말하는 '패거리 두목'(대부)에 가깝다면, 한국은 '야! 너도 나처럼 잘살 수 있어. 나 하는 대로만 하면 돼. 이렇게 해봐!'라고 참견질하는 '동네 당구장 형'에 가깝다.

모방하기도 힘든,
혁신이 강제되는 나라

이 지점에서 곧바로 다음 장점이 이끌려 나온다. 한국이 다른 개발도상국에 대해 '성장의 비법을 알려주는 성공한 형제'의 위치를 점유하기 위해서는, 계속해서 부단히 혁신할 수밖에 없다는 사실이다. 기술적인 측면에서도 그렇고 문화적인 측면에서도 그렇다. 유니 홍은 한국이 자신들의 성공 사례를 '코리아 세트'처럼 팔고 다닌다고 묘사했다. 그것은 자기계발서와 마셜 플랜Marshall plan을 합한 듯한 '부국富國 세트'로, 한국의 '성공 모델'을 K-팝 앨범이나 메로나처럼 상자에 담아 판매하려는 것처럼 보인다고 서술했다.[108]

한국은 무기를 팔든 자동차를 팔든 서구 선진국이나 일본 같은 경쟁자보다 우위를 점하기 위해 기술 이전을 약속해야만 한다. 하지만 이것은 손해 보는 장사가 아니다. 왜냐하면 기술을 이전하더라도 몇 년이 지나면 한국은 새로운 기술을 개발할 것이기 때문이다. 통념과는 달리 한국의 R&D 투자 규모는 세계 5위에 해당하고, GDP 대비 투자 규모는 2위인 일본을 제치고 1위에 해당한다. 게다가 주변국인 중국과 일본은 '한한령'과 '한일 무역 분쟁'처럼 경제 문제를 언제든 정치적 패권에 활용할 수 있기 때문에, 한국은 늘 다른 옵션을 대비해야 한다. 영화 〈암살〉(2015)에서 조승우가 연기한 김원봉이 '교토삼굴狡兎三窟'을 언급하듯이, 한국은 생존하기 위해 굴을 3개씩 파두는 토끼가 되어야 하는 것이다.

중국과 일본의 이러한 특성조차 한국에게 혁신을 강제한다. 중국의 매체들은 '한한령' 이후 몇 년이 지나니 한국의 대중문화가 더 강력해졌다고 한탄한다. 한국의 음악인들은 일본에 가서 "한국은 일본만큼 내수시장이 크지 않기 때문에 세계시장을 겨냥할 수밖에 없었다"고 말하곤 한다. 소위 K-팝이 J-팝보다 성공한 요인을 그 하나만으로 요약하는 것은 부당하지만, 그로 인해 한국의 음악인들과 기획사가 혁신에 대한 강박을 강하게 느낀 것은 분명한 사실이다.

오늘날 일각의 한국 젊은이들은 CJ와 엠넷의 〈프로듀스48〉이나 JYP 박진영의 〈니쥬〉 같은 기획을 '기술 유출', '매국 행위'로 바라보기도 한다. 그러나 이것은 조금 편협한 시선이다. 현대 한국을 지탱하는 것은 단순한 기술 한두 개가 아니라 '삶의 태도'이며 그것은 쉽게 복사할 수 없다. 또한 그러한 삶의 태도를 남들에게 표준으로 제시할 수 있는 국가가 바로 강대국이다. 팍스 아메리카나 시대의 미국이 여러 나라에게 그랬고 지금도 그런 것처럼 말이다. 유니 홍은 한국을 쉽게 모방할 수 없는 이유를 몇 차례에 걸쳐 기술한 바 있다. 긍정적인 부분만 있는 것도 아니다. 한국의 젊은이들처럼 K-팝 연습생의 과정을 기꺼이 감내하려는 나라가 많지는 않을 것이다.[109] 또한 한국의 성공 사례는 거의 대부분 대체로 호의적인 '자발적 강요'에 빗지고 있다. 국가에

338

이로운 게 기업에도 이롭고, 기업에 이로운 게 개인에게도 이롭다는 확고한 의식이 성공의 이면에 있었다.[110]

더구나 한국은 중국, 일본과 달리 동남아시아 국가들이 더 부유해지기를 바라야 하는 명확한 이해관계가 있다. 자체 규모가 작은 한국의 입장에서 중국과 일본을 견제하려면 다른 나라들이 부유해지는 편이 낫다. 가령 필리핀과 인도네시아가 더 부유해지면 그들은 한국제 무기를 더 많이 사려고 들 것이다. 한국 해군은 그들에게 함정과 잠수함을 판매하면서 기술 이전을 할 것이다. 그들이 부유해질수록 지금보다 더 많은 한국제 무기를 구매하게 될 것이며 남중국해에서 중국의 상대적인 입지가 약화될 것이다.

식민지 출신으로서
가장 성공한 나라

이어지는 한국의 강력한 장점은 바로 식민지 출신이라는 점이다. 오랜 콤플렉스에 시달린 한국인들은 그게 왜 장점이냐 싶을 수도 있겠지만, 여기서 우리는 되물어야 한다. 도대체 식민지 출신인 게 왜 부끄럽냐고 말이다. 사실 세계 거의 모든 나라가 식민지 출신이다. 그리고 한국은 식민지 출신으로 선진국에 진입한 몇 안 되는 나라이며 그중 가장 강대국이다. 일본사 연구자인 박훈 교수의 말은 너무나 적절하다. "지금 돌아보면 과거 식민지배를 당했던 나라 중 한국만큼 '쎈' 나라는 없다. 강대국들은 전쟁 책임에는 관심이 많아도 식민지배 책임에는 귀 기울이지 않는다. 그들도 가해자였으므로. 따라서 식민지 문제는 한국이 앞장서 그 세계사적 의미와 정체를 밝히지 않으면 안 된다. 그러기 위해서는 먼저, 우리의 경험을 냉정하게 객관화할 필요가 있다."[111] 한국의 식민지 경험에는 특수한 부분이 있었으므로, 대부분의 식민지 경험 국가들은 한국처럼 식민 모국에 대한 강렬한 적개심을 품고 있지는 않다. 그렇다고 일본 우익들이 늘어놓는 궤변처럼, 그들이라고 식민 모국에 보은의 마음을 품고 살 리도 없다. '제국' 출신 국가들이 자신들의 식민지배가 은혜를 베푼 거라는 식의 적반하장으로 굴면 배알이 꼴리는 건 마찬가지다.

한국인들은 천형처럼 식민지 출신의 입장에서 사고한다. 이 책의 저자인 1980년대생들의 부모 세대인 산업화 세대가 부를 일구고 해외여행에 나서 유럽의 주요 박물관에 이르렀을 때, 콕 집어 말해 영국의 대영박물관과 프랑스의 루브르박물관에 이르렀을 때, 자녀 세대인 우리들은 볼 수 있었다. 제아무리 자국에서 보수적인 정당에 투표하고, 인류의 역사는 약육강식에 의해 구성된다는 식의 개똥철학을 앞세우던 부모라도, '제국' 출신 영국과 프랑스의 박물관에 즐비한 제3세계 유물들을 보면서 분개했다는 사실을. 한국인으로 태어나 일본에 대한 열패감 속에서 자라난 그들은 유사 이래 유례가 없을 만큼 빠른 속도로 부를 일궜음에도 도저히 식민지가 아닌 제국에 감정이입을 할 수는 없던 것이다. 지금도 유럽에서 무슬림들이 테러를 일으키면 청년 세대는 보통 유럽의 백인들에게 감정이입을 하지만 기성세대는 한편으로 무슬림들에게 마음이 간다. 이러한 감수성이 앞으로 20여 년은 더 한국에 존속할 것이라는 점은 우리에게 대단히 강력한 무기가 될 것이다. 유니 홍은 한국이 한때 제3세계 국가였으며, 그래서 빈국의 발전 단계를 잘 알고 있다는 사실이 전 세계 대중문화의 실권을 쥔 다른 어떤 국가도 따라 할 수 없는 독특한 특징이자 장점이라고 기술했다.[112]

그렇기에 한국의 성공 사례는 바로 옆 나라이면서 전근대 시대에 비슷한 문화를 공유했던 일본의 성공 사례와도 전혀 다른 의미를 지닌다. 19세기 말까지 미국과 서유럽의 몇 개국 정도를 제외하고, 산업혁명과 헌정을 함께 이룬 유일한 나라였던 일본[113]은 지극히 특이한 사례였다. 그래서 일본은 '일본적 예외'의 대상이었으며 명예백인을 자처할 수 있었다. 반대로 식민지 출신인 한국이 거둔 성공은 서구와 일본이 거둔 성공이 특수가 아니라 보편이 될 수 있음을 보여주는 상징이 될 수 있다.

실제로 한국의 대중문화는 일본 대중문화와 달리 자신들이 아시아인임을 숨기지 않는다. 그래서 일본 대중문화가 전파될 때와는 다르게 BTS의 성공은 서구 사회에서 아시아인 남성의 지위를 끌어올린다는 평가를 받는다. 그런 점에서 볼 때 한국 대중문화의 세계적 확산을 일본과 홍콩의 전례와 동등한 결에서 취급하는 것은 지금 벌어지는 상황을 과소평가하는 것일 수 있다. 과거 일본이 서구권의 특수한 취향 영역의 일부를 공략했다면, 지금 한국의 대중문화는 서브컬처이면서도 좀 더 다종 다양한 방식으로 영향력을 확대하고 있다. 더구나 유니 홍이 설명했듯이 한국 대중문화의 진격은 애초 서구권이 아니라 제3세계에서 시작되어 물이 차오르는 것처럼 서구권까지 흘러 들어갔다는 것이 인상적이다. 한국 대중문화는 '명예백인'이나 '명예일본인'

으로 처신하면서 서구권 대중문화의 취향 목록에 하나의 밥숟가락을 올린 것이 아니다. 이 점은 이미 변별점으로 작용하고 있지만 앞으로는 더 큰 차이를 만들어낼 것이다.

보편성과 고유성 사이의
절묘한 균형

마지막으로 보편을 추구하는 가운데 고유한 특성을 보여주는 데 능숙하다는 점이다. 이것은 '중화 사대 2천 년의 구력'이라 표현할 만하다. 존 던컨은 한국사를 소개하는 강의에서 "(전근대 한국 지식인들은) 우리는 중국을 흠모하지만, 우리는 중국이 아닌 동국이라는 의식이 있었다. 어떤 의미에서는 동국이 중국보다 낮다고 봤다"는 식으로 설명한다. 물론 우리가 중국보다 낮다는 의식은 중국에서 더 멀리 떨어진 일본이 더 강했다. 하지만 한국은 보편을 추구하는 가운데 고유한 특성을 보여주는 데 있어 절묘한 균형을 발휘해왔다.

팍스 아메리카나의 세상에서는 이것이 민주주의와 시장경제, 그리고 자유무역의 교리를 따르는 형태로 나타난다. 하지만 조금 다른 사례부터 들어도 되겠다. 5·16군사쿠데타 직후 1961년 11월에 박정희는 국가재건최고회의 의장으로서 일본을 방문해 만주국 출신 기시 노부스케(아베 신조 전 일본 총리의 외조부) 등 일본의 유력자들을 만났다. 기시 노부스케가 박정희를 위해 마련한 오찬회에서 박정희는 일본의 메이지유신을 성공시킨 청년 지사를 모범으로 삼아 한국을 빈곤으로부터 탈출시키고 부강한 국가를 건설하고 싶다고 말했다고 한다.[114]

그런데 그날 박정희는 특별히 주최 측에 부탁하여 만주국 육군군관학교 시절의 나구모 신이치로 전 교장을 초청했고, 그가 소개되자 넙죽 절을 올렸다고 한다. 오찬회에 참석한 일본 정부 고관들은 박정희의 발언에 대해 "패전과 함께 궤멸되어 버린 왕도낙토를 향한 향수로 눈물샘을 자극한 감동적인 장면"이라고 느꼈고, "박 의장의 정의에 감탄"했다고 한다.

  한국의 민주화 세력은 이 에피소드를 박정희가 얼마나 확신에 찬 친일파인지를 규탄하는 논거로 흔히 내세운다. 그런데 곱씹어볼수록 재미있는 부분이 있다. 일본 정부 고관들을 만나는 자리에 왜 굳이 옛 군관학교 교장을 초청한 것일까? 일본인들을 감동시키기 위해서? 물론 그래서였을 것이다. 그러나 여기에서 박정희는 메이지유신이라는 보편(친일파를 싫어하는 이들은 매우 불쾌하겠지만 박정희에게는 메이지유신이 보편이었을 것이라는 점은 의심할 여지가 없다)을 추구하면서도 '스승에 대한 예의'라는 다른 윤리를 호출했다. 그것은 유학의 윤리였으며, 일본 역시 도쿠가와 시절부터 유학의 논리를 알음알음 받아들이기 시작하여 19세기에 번성했기 때문에 익숙한 것이었다. 그런데 그 유학의 윤리는 일본인보다 한국인에게 더 인이 박인 것이 아니던가?

  이를 '중화 사대 2천 년의 구력'을 지닌 한국인의 본능적인 감각 속에서 파악해보자. 박정희는 보편을 존중하면서도 자신이 그 보편보다 우월한 지점이 있음을 보여준 것이다. 보편과 자신이 공유하는 문명체계를 더 철저하게 따른다는 점을 과시한 것이다. 그럼으로써 일본인들에게 감명을 준 것이다. 이승만학당의 이영훈 교장과 같은 학자들은 '중화 사대'의 역사를 멸시하면서 그 습속이 현대 한국인이 친중으로 끌려들어 가는 길이라고 봤다. 하지만 그 '사대의 습속'은 태도의 학습일 수밖에 없었다. 그래서 중국을 향한 맹목적인 찬양으로 경도되지 않고 시대의 '센터'가 누구인지에 따라 절하는 방향도 달라질 수 있는 것이었다. 일본을 향해서도, 미국을 향해서도 극진한 태도를 보일 수 있는 방편이었다. 말하자면 박정희가 나구모 신이치로 전 교장을 굳이 초청해서 넙죽 절한 것은 봉준호 감독과 마틴 스코세이지의 사례와 비교할 수 있다. 현대 한국 대중문화의 가장 위대한 인물 중 하나이며 민주화 세력 다수가 흠모해 마지않을 봉준호 감독은 아카데미 작품상을 수상하는 순간 스코세이지 감독이 본인의 은사라고 말하면서 추켜세웠다. 그것은 전근대 시절 명·청의 사대부 앞에서 조선의 사대부가 취했을 법한 태도라고 봐도 좋다. 문명의 '중심부'를 향해 "당신들이 문화의 원류라는 걸 인정한다. 하지만 나도 그 문화를 정확하게 이해하고 있는, 만만찮은 사람이다"라는 메시지를 던지면서, 상대방을 존중하는 동시에 본인의 역량을 드러내는 것이다.

따라서 우리는 '문재인 정부와 86세대들이 일본과 대립하며 나라를 망국의 길로 이끌고 있다'고 주장하면서 박정희의 후예를 자처하는 이들에게 이렇게 물어야 한다. 박정희가 자신의 증손자뻘인 지금의 청년세대들도 여전히 일본인 은사를 찾아 절을 올리기를 바랐을까? 그가 그런 생각으로 한일협정을 체결했을까?

영화 〈범죄와의 전쟁〉(2011)은 '부조리로 가득했지만, 나를 키운 아버지'로 최익현(최민식 분)이라는 인물을 제시한다. 최익현은 극중 초반에 '일본 원숭이 새끼들'에게 복수해야 한다면서 본인이 마약을 일본에 수출하는 것을 정당화한다. 아마 젊은이들이 이해하기 쉽게 그런 대사를 썼을 것이다. 그 시절 기성세대의 어휘라면 오히려 '왜놈들' 같은 표현을 썼을 것이다. 그러나 최익현은 이후 일본 갱스터들을 모시고 그들과 협력하면서 사업을 확장한다. 부조리하고 모순적인가? 물론 그렇다. 하지만 그가 영원히 일본인들을 향해 머리를 조아리기를 바랐을까? 그렇지는 않다.

박정희와 일본 우익의 관계는 어떠했던가? 박정희는 영원히 일본인들의 '꼬붕'으로 남았던가? 아니면 한국을 성장시켜서 그들의 뒤통수를 쳤는가? 박정희는 차라리 스스로 천황이 되고 싶었지, 일본 천황의 신하가 될 생각은 없었다. 그리고 한국인들은 박정희가 천황이 되도록 내버려둘 생각이 없었다. 1960년대 한국의 입장에서 보자면 일본의 하위 파트너로서 미국의 지원을 받으면서 시작하는 것이 경제성장을 위한 최선책이었다. 그리고 한국은 수십 년간 사력을 다해 일본의 하위 파트너 역할에서 결국 탈출했다. 박정희가 다시 살아난다면 어디에 더 눈길이 가겠는가? 한국이 눈부시게 성장하여 일본과의 무역분쟁에도 당당하게 맞서 싸울 수 있게 된 현실일까, 아니면 자신의 이름이 친일인명사전에 올라 있다는 사실일까? 서운함이야 없지 않겠으나 '내 나라'가 곧 일본을 추월하게 생겼다는데 그 옛날 사람의 눈길이 고작 사전 따위에 가겠는가? 친일인명사전 등재가 더 중요하며 일본과 당당하게 맞서려는 후손들을 말려야 한다고 주장하는 무리들이 '일본 황군'식으로 '조인트'나 까이지 않을까.

박정희에게는 물어볼 도리가 없지만 김종필은 글을 남기고 떠났다. 지난 2015년 김종필은 한일협정과 위안부 문제에 대해 위안부 피해자들이 자신을 드러내 일본 군국주의의 폐해를 고발하고 인류 보편적인 인권의 가치를 호소하고 있는 것은 또 다른 희생과 헌신이 아닐 수 없다고 적었다.[115]

일본과 한국이
서구 근대문명에 적응한
다른 방식

한국이 결국엔 민주화까지 성취하게 된 이유도 그것이 지금 시점에서 보편적인 문명의 표준에 해당했기 때문일 것이다. 돌이켜본다면 일본과 한국이 서구 근대문명을 맞이한 순간부터 그랬다. 서로에게 익숙한 틀로 서구 근대문명을 바라봤다. 일본은 제국주의 시대의 본질을 제대로 간파하고, 중국과 일본의 전국시대 같은 아비규환이 펼쳐졌다고 인식했다.[116] 제국주의 시대를 전국시대에 포개버린 이해 방식은 일본이 제국의 지위로 올라서는 데에는 도움을 줬지만, 파멸의 씨앗도 내장했다고 봐야 할 것이다. 한국인들로서는 도저히 이해할 수 없는 선택, 미국을 향해 전쟁을 건 선택 자체도 그러한 이해 위에 있기 때문이다. 당시의 세상이 중국과 일본의 전국시대 같은 것이었다면, 최후의 승자는 진시황이나 오다 노부나가 1인이 될 수밖에 없다. 살아남기 위해서는 1인자에게 죽자 사자 싸움을 거는 수밖에 답이 없다고 생각했을 것이다. 도대체 왜 20세기 초반의 일본인들이 세계의 패권 경쟁을 토너먼트 결승전처럼 사고했을지를 이해하려면 '전국시대'라는 도식을 들여다봐야 한다.

한편 그런 세상에 적응하지 못한 한국은 주권을 빼앗기면서 시작했다. 한국은 독립의 이유를 정당화하기 위해 인민주권과 자유를 내세웠다. 목숨을 걸 만한 강단이 없었던 고종이 포기한 주권이 일제로 넘어간 것이 아니라 조선 민중에게 있다고 봤다. 1919년의 3·1운동은 인민주권을 향한 엄중한 선언이었다. 조선 인민이 주권을 가져야 할 이유는 자유의 이념에서 나왔다.

이승만학당 이영훈 교장 등은 끈덕지게 한국의 민족주의든 인민주권의 논리든 다 일본의 식민지가 된 이후에 성립한 것처럼 서술하려고 했다. 꼭 뉴라이트 계열이 아니더라도, 최장집 명예교수 등 기존 정치학계 원로들의 논의에서도 민주주의는 해방 이후 미군정에 의해 이식된 것으로 설명하는 것이 보통이었다. 그러나 최근에는 다른 움직임이 보이고 있다. 현대 한국 민주주의의 기원을 1919년 3·1운동뿐 아니라 1898년 만민공동회, 그리고 1894년 동학농민혁명을 이끌어낼 수 있었던 19세기 초반의 사회 변동까지 조망하여 이해하는 시선이 나타나고 있다. 또한 얼마 전까지만 해도 신생 대한민국의 헌법은 유진오라는 한 명의 탁월한 개인이 여러 헌법들을 '짜깁기'해서 만든 '장식적 헌법'이란 평가를 받았지만 최근의 논의에선 그렇지 않다. 대한민국 헌법에 임시정부 헌법이 미친 영향도 재평가되고 있고, 임시정부 헌법을 만들어낸 조류가 무엇이었는지에 대해서도 논의되고 있다.[117] 우리는 큰 틀에서 볼 때 이러한 학술적 흐름 역시 2016년의 대통령 탄핵 촛불시위에 의한 정치적 변혁으로 생겨난 한국 민주주의의 자긍심에 의거하여, 역사를 조망하는 시선에서도 '복원력'이 발휘되었기 때문이라고 이해한다.

따라서 이 조류는 돌이킬 수 없을 것이다. 한국의 성공이 누적되면서 '산업화 성공 서사'를 더 이상 소수 그룹이나 최근 몇십 년의 성과로만 이해할 수 없어 더 높은 시선에서 조망하게 된 것처럼 '민주화 성공 서사' 역시 같은 길을 밟게 될 것이다. 9장에서 '산업화 성공 서사'를 다시 정리한 것처럼 '민주화 성공 서사'도 다시 정돈될 것이고, 그러한 높이에서 2개의 성공 서사는 화해를 이루게 될 것이다.

이 분야의 선구자로는 3·1운동을 예비한 사건으로 1898년의 만민공동회에 주목했던 정치학자 전인권의 논의를 참조할 수 있다. 아쉽게도 일찍 세상을 떠난 전인권은 본인의 논의를 충분히 다듬을 시간을 가지지 못했지만,《1898, 문명의 전환―대한민국 기원의 시공간》(2011)에서 1898년이란 시공간이 우리 근대의 출발점이었다고 짚었다. 그는 1898년 만민공동회가 최근의 한국 민주주의를 상징하게 된 촛불시위와 유사하게 '장작불 집회'에서 시작됐으며, '다이내믹 코리아의 원형'이라고 해도 좋을 사건이라고 기술했다.[118]

만민공동회가 절정에 이른 시점에는 당시 17만 명으로 추산되던 서울 인구 중에서 매일같이 1~2만 명이 모였다. 밥장사는 장국밥을 몇백 그릇 날라오고 술장사는 가게의 술을 가져오며 부자에서 거지까지 기부금을 내놓는 등 일종의 운동공동체가 형성됐다. 장작불 집회가 밤하늘을 훤하게 비추고 구경꾼까지 포함한 사람들이 산처럼 모이자 수구파는 두려워했다고 한다. 전인권은 이 사건이 '동학농민운동과 성격을 달리하는 근대적 민중의 출현'을 알렸으며, 조선이 '사회계약을 필요로 하는 근대사회에 진입'했음을 보여주는 것이라고 해석했다.[119]

한국은 일본의 식민지가 되기 전부터 전근대에 쌓은 자신의 역량으로 근대에 적응했다. 그것은 일본이 제국주의 시대를 전국시대로 파악한 것과 다른 방식이었다. '중화 사대 2천 년의 구력'으로 보편 속에서 고유를 추구했으며, 그렇기에 중국과 일본보다 기독교를 훨씬 더 적극 수용하면서도 유학의 문화를 어느 정도 간직했다. 유학의 논리는 사대부가 민중을 계도하는 것이란 점에서 본질적으로 민주주의와 차이가 있다. 하지만 현대 한국인들은 마치 모두가 사대부가 된 것처럼 처신하며 '한국적 민주주의'의 맥락을 퇴적해왔다. 아직 울퉁불퉁하고 좌충우돌하는 측면이 없지 않지만, 오직 기독교 문명만이 자본주의와 민주주의를 형성할 수 있다는 식의 편협한 서구중심주의를 허물고 있다.

분명한 것은 한국이 보편문명으로서 한번 습득한 민주주의를 포기할 일은 없을 거라는 점이다. 물론 민주주의는 그 자체로 의미를 지니지만, 한국이 민주주의 국가가 됐다는 것은 전근대 한반도 왕조에게 크나큰 숙제였던 '소멸의 위협'에 맞서 생존을 추구하는 데에도 도움이 되었다. '한국인의, 한국인에 의한, 한국인을 위한' 민주주의 국가는 결코 한국이 중국이나 일본에 흡수되는 전개를 용납하지 않을 테니 말이다. 다만 전근대 시절부터 한국인에게 만연했던 '한국인 우월주의' 태도가 다문화주의가 장려되는 세계화의 시대에 어떻게 적응할 것인지가 숙제로 남는다.

'북한 문제'는
어떻게 볼 것인가?

또 하나 남은 크나큰 과제가 바로 '북한 문제'이다. 분단 상황을 허리가 두 동강 난 상황으로 의인화하길 좋아하는 감상적 민족주의자들은 현대 한국이 가진 이 모든 장점도 통일을 이룩하지 못한다면 무용한 것이라고 파악할 것이다. 확실히 북한 문제는 한국에게 버겁다. 한국인들은 70년 동안 '우리의 소원은 통일'이라고 외쳐왔지만 그럴수록 통일에서 멀어지는 패러독스적 상황에 처해 있다. 먼저 통일에 대한 강박을 벗어던지고 '한반도 2국가 평화체제'를 수립하기 위해 노력하는 지혜가 필요하다.

많은 사람들은 한국의 젊은 세대가 더 이상 통일을 추구하지 않을 것이라고 말한다. 물론 존재하는 현상이며 맥락이다. 하지만 이에 대해서도 서던캘리포니아대학교 한국학연구소 소장 데이비드 강의 지적이 의미를 가진다. 그는 한 인터뷰에서 '남한의 젊은 세대는 통일을 바라지 않는다는 여론조사 결과에 대해 어떻게 생각하십니까?'란 질문에 대해 다음과 같이 답변했다(답변 내용을 간결하게 축약).

비용이 많이 들기 때문이죠. 그건 잘못된 질문입니다. 평생 소득의 20퍼센트씩 세금으로 내야 한다고 말하면 누가 그 길을 선택하겠습니까? 물어봐야 할 질문은 이런 겁니다. 만약 북한이 붕괴하면 그 영토를 누가 가져가야 할까요? (A) 일본 / (B) 중국 / (C) 남한. 저는 한국의 젊은이들이 100퍼센트 '우리가 가져가야죠!'

라고 답변할 거라고 확신합니다. 통일은 이렇게 이루어지는 것이지 선택의 문제가 아닙니다.

또 하나 그들 생각을 알 수 있는 방법은 '무엇이 한국인가?'라고 물어보는 것입니다. 이렇게 질문하면 남한이고 북한이고 따지지 않고 '압록강부터 제주도까지'라고 답변할 겁니다. 그게 한반도, 한국입니다. 서기 6세기부터 그랬죠(통일신라는 대동강 이남을 차지했다는 점에서 다소 과장된 기술이지만 이 지점에서 미국인 질문자는 그들 입장에서는 너무 황당한 길이의 역사에 당황한다).

그리고 1,500년 전에 존재했고 중국과 한국 사이에서 역사 논쟁이 되는 고구려라는 왕조가 있습니다. 한국의 젊은 친구들이 북한을 자신들과 별개로 본다면 고구려에 신경 쓰지 않겠죠. 하지만 그들은 신경 씁니다. 분명히 신경 씁니다. 고구려사는 한국사라고 말하죠. 그게 한반도입니다.[120]

감상적 민족주의자와 냉전보수 세력이 함께 놓치고 있는 문제

데이비드 강의 지적은 타당한 측면이 있다. 한국의 젊은 세대들도 중국이 북한 지역을 장악하고, 북한 주민 2천만 명을 중국 내륙으로 이주시키고, 한반도 북부에 중국인을 거주시켜 중국인의 땅으로 만들며, 휴전선이 그대로 중국과 한국의 국경선이 되어 중국의 포대가 수도권에 바로 닿는 상황을 상기시킨다면 '울며 겨자 먹기로'라도 한반도 북부를 남한이 떠맡는 것에 찬성표를 보낼 거라고 생각한다.

그런 점에서 본다면 한국의 젊은이들이 감상적 민족주의에 더 이상 동조하지 않는다고 신이 난 한국의 냉전보수 세력은 일종의 사기를 치고 있는 셈이다. 왜냐하면 그들이 바라는 바, 북한과 어떠한 교류 협력도 없이 북한 체제를 말려 죽여 붕괴시킬 경우 나오는 결과가 바로 젊은이들이 생각하는 최악의 결과, '통일에 너무 많은 돈을 쓰는 것'에 해당하기 때문이다. 따라서 향후에 평화체제를 원하는 이들이 한국의 냉전보수 세력을 논박하기 위해 해야 할 일은 감상적 민족주의를 설파하는 것이 아니다. 그들은 북한 체제가 자립하여 경제성장을 하는 것이, 섣부르고 값비싼 방식의 통일을 피하기 위한 최선의 길이라는 점을 설득해야 한다. 만약 '한반도 2국가 평화체제'가 구축될 수 있다면 두세 세대 이후의 한국인들은 중국·일본과의 압도적인 격차를 줄이기 위해서라도 통일에 합의할 수 있겠지만, 우리 세대에 그것을 추구해서는 그 길이 멀어질 뿐이다.

'우리 민족끼리'라는 감상적 민족주의 전략은 '한반도 2국가 평화체제'와 반드시 일치하지 않는다. 감상적 민족주의자들은 남북 교류 협력을 중시하고 '통미봉남'(미국과 통하고 남한을 봉쇄하기)의 상황을 우려하는 경향이 있다. 물론 남북 교류 협력이 이뤄지면 좋기는 하다. 그러나 '한반도 2국가 평화체제'의 핵심은 '우리 민족끼리' 뭘 하는 게 아니라 북한을 친미 국가로 만드는 것이다. 왜냐하면 북한에 체제 안전을 보장해줄 수 있는 나라는 미국밖에 없기 때문이다. 북한이 미국과의 협상으로 친미 국가가 되겠다고 결심했다면, 남한으로서는 한동안 통미봉남을 당하거나 북한에게 무시를 당하거나 별 상관이 없다. 어찌 됐든 북한이 공산주의 독재체제하에서나마 미국 주도의 자유무역 체제에 합류해서 경제성장의 길에 들어서는 것이 남한에게 가장 절실하게 필요한 상황이기 때문이다. 철도를 뚫을지, 가스관을 뚫을지는 그다음의 일이다. 우선순위에서 첫 번째가 아니다.

냉전보수 세력은 북한이 핵을 포기하지 않을 것이며, 주한미군을 철수시킬 것이며, 남한을 적화통일하려는 야욕을 가지고 있다고 주장한다. 3가지 주장 중에 오직 첫 번째만이 들어줄 만하다. 북한은 민주주의의 물을 먹은 남한 시민을 통치할 방법을 알지 못한다. 그래서 이제는 적화통일은 꿈꿀 수가 없으며, 차라리 핵으로 남한 전역을 지워버리겠다는 협박만 할 수 있다. 그런데 북한은 중동의 테러리스트와 같은 '광신도'가 아니며, '광신도를 연기하는 마키아벨리스트'에 해당한다. 한마디로 말하면 자기 이문을 위해 미친놈인 척하는 부류다. 남한과는 '중화 사대 2천 년의 구력'을 공유한다.

9·11테러가 발생했을 때 북한 김정일 정권은 자신들의 소행이 아니라며 미국에 화급히 연락을 취했다. 김정은 정권 역시 성명문의 영문 번역을 세심하게 신경 쓰면서 트럼프 미국 대통령을 비난하는 어휘로 도타드(dotard, 한국어 성명문에는 '늙다리 미치광이'로 표기)와 같은 단어를 선택했다. 적화통일의 야욕 따위 없으므로 주한미군을 철수시키는 일 따위도 북한의 이해관계와 무관하다. 미국에게 체제 안전을 보장받으면 남한에 있는 주한미군은 중국에게나 신경 쓰이는 문제일 뿐이다. 북한이 중국을 위해 땡전 한 푼 생기지 않는 주한미군 철수를 요구할 거라는 견해는 그들을 지나친 이타주의자로 보는 것이다. 북한은 그럴 바

에야 미국과 남한에게 한 푼이라도 더 뜯어내려고 할 것이며, 주한미군이 북한 영역으로 올라오지 않는 대가로 중국에게도 더 뜯어내려고 할 것이다. 냉전시대에도 북한은 그런 식으로 소련과 중국 양쪽을 향해 삥을 뜯으며 살아왔다.

북한이 핵을 포기하기 어려운 이유도 체제 안전을 보장받을 다른 방도가 없기 때문이다. 그러니 북한이 궁극적으로 핵을 포기하기 위해서는 일단 북한이 경제성장의 궤도에 올라 체제 안전 보장에 자신감을 가질 수 있어야 한다. 그러므로 트럼프 대통령이 추구한 미국식 '빅딜' 해법보다는 한국 문재인 정부가 제시한 '스몰딜'이 더 타당하다. 많은 북한 전문가들은 북한이 또 한 번 '고난의 행군'을 견뎌내지는 못할 것이며, 그럴 경우 붕괴할 거라고 판단한다. 김정은 역시 그 판단을 공유하고 있을 것이다.

김정은의 행보를 보면 본인이 민생의 대변자란 점을 각인하려는 시도가 보인다. 아버지처럼 '국방위원장'이 아니라 '국무위원장'으로 통치하고 싶어 한다. '인민무력부'를 '국방성'으로 개칭한 점에서 볼 수 있듯이 정상 국가의 지도자이고 싶어 하며, 리설주 여사를 퍼스트레이디처럼 대동하고 싶어 하고, 지나친 우상화를 추구하지 않고 있다. 백두혈통의 가치는 정치적 역량으로 증명하면 된다고 생각할 뿐, 수령님과 장군님이 쓰시던 축지법을 국무위원장께서도 쓰실 수 있다고 우길 생각은 없어 보인다. 우리는 그의 욕망을 면밀하게 분석하여 현명한 선택을 요구하고, 이를 이끌어내기 위해 노력해야 한다. 북한이 먹고살 만해져야 핵무기를 사용할 확률도 사라지고, 불시에 붕괴하여 남한 젊은이들에게 고통을 줄 확률도 사라진다. 따라서 앞으로 한국

추월의 시대

정부가 추구해야 할 목표는 '감상적 민족주의에 입각한 남북 교류 협력'이 아니라 '북한의 친미 국가화'이다.

미·중 대결 시대는 한국에게 고통스러운 시대이지만, 덕분에 북한이 친미 국가가 될 가능성은 이전보다 더 높아졌다고 볼 수 있다. 그동안 미국이 북한을 방치했던 것은 중국이 가상적국이라는 사실을 드러내지 않은 상황에서 중국을 포위하기 위한 군사 전략을 정당화하기 위해 '군사적으로 무해한 핑곗거리'로 활용한 측면이 없지 않다. 미국과 중국의 대립이 격화되는 시기에는 더 이상 북한에게 그러한 쓸모는 없으며, 오히려 포섭해서 중국을 포위하는 길에 동참시키는 것이 이득이다. 북한 역시 체제 유지와 경제성장이라는 두 마리 토끼를 잡기 위해서는 친미 국가가 되거나, 적어도 미국과 중국 사이에서 양다리를 걸치는 것이 더 현명한 길이라고 느낄 수 있다. 한국은 북한이 그러한 판단에 유혹을 느끼도록 설득해야 한다.

미·중 대결 시대가 한 번은 지나쳐야 할 일이었다면, 한국이 지금 정도의 역량을 쌓았을 때 펼쳐진 것이 차라리 다행이라고 볼 수 있다. 그 시기가 늦춰졌다면, 혹은 시진핑 중국의 '사드 보복'이 없었다면, 한국 경제는 중국 경제와 더 긴밀하게 얽혀서 이러지도 저러지도 못하는 지경에 처할 수도 있었기 때문이다. 따라서 한국은 미·중 대결 시대라는 위기에 좌절할 것이 아니라, 그 위기 상황을 '북한의 친미 국가화'라는 난해한 목표를 달성할 수 있는 기회로 활용해야만 한다.

날쌔고 민첩한
토끼의 비상

지금까지 살펴본 '약소국의 축복'은 한국의 장점을 언급한 것이지만 다소 숨 가쁘게 느껴지기도 한다. 한국이 처한 상황이 녹록하지 않기 때문에 어쩔 수 없다. 한국은 더 이상 새우나 꿀벌 수준이 아니지만, 그렇다고 돌고래에 비유하기에는 부족함이 느껴지기도 한다.

그렇다면 '날쌔고 민첩한 토끼'의 이미지를 차용한다면 어떨까. 데이비드 강은 한국을 소개하는 개론 강의에서 한국의 국토가 아무리 봐도 토끼처럼 보이지만, 한국인들은 민족적 자존심을 위해 호랑이의 모습으로 형상화했다고 지적했다. 사실 그렇다. 굳이 우리 국토를 호랑이의 형상으로 그려야 했던 것도 식민지 시대의 유산이다. 호랑이는 전근대 한국인에게 친숙한 동물이긴 했지만, 그렇다고 조선 사람들이 사랑한 동물은 아니었다. 호랑이를 신으로 섬기며 제사를 지내고, 민담에서 해학의 대상으로 삼은 것도, 역설적으로 공포의 대상이었기 때문이리라. "1년의 반은 조선 사람이 호랑이를 잡으러 다니고 나머지 반년은 호랑이가 조선 사람을 잡으러 다닌다"는 중국 속담이 실제 삶의 풍경이었다. 조선왕조가 수백만 인구를 천오백만으로 불리는 동안 호랑이의 서식 공간은 들에서 산으로 옮겨 갔고 사람과 호랑이의 충돌도 빈번해졌다. 착호갑사는 무예가 뛰어난 평민들이 양반이 될 수 있는 지름길이었다. "호랑이 없는 곳에 여우가 왕이다"란 속담도 변화된 조선의 생태환경을 보여준다. 호랑이에게 민족적 자부심을 느끼는 현대 한국인들의 통념과는 달리, 일

356

제강점기의 해수구제책 역시 당대 농민들에게는 환영받은 시책이었다.

한반도의 모습에서 토끼를 떠올린들, 한국 역사를 토끼에 비유한들 뭐가 어떻겠는가. 이탈리아 사람들은 이탈리아 반도가 장화를 닮았다고 해도 기분 나빠하지 않는다. 그들에게는 로마 제국이라는 영광의 역사가 있어서 그렇다고 말할 수도 있다. 우리는 어떤가? 소멸의 위협에 대면하며 분투해온 조상들의 역사를 로마제국의 역사에 비교하면서 작고 한심하다고 열등감에 시달려야 할 이유가 있을까? 열등감을 벗어던질 21세기의 한국인들에게는 필요 없는 일인지도 모른다.

동명의 판타지 소설을 애니메이션으로 만든 〈워터십 다운의 열한 마리 토끼〉(1978)에는 토끼들의 창세설화가 나온다. 여기에서 창조주 프리스는 토끼들의 시조를 향해 다음과 같이 노래한다.

천의 적을 가진 왕자여,
온 세상이 너의 적이 되리니,
그대를 잡으면 반드시 죽이려 들 것이다.
그러나 우선 그들이 너를 잡아야만 할 터이니,
굴을 파고, 밝게 듣고, 날렵하게 뛰어라,
날랜 토끼의 왕자여.
영특하고 계략에 밝은 자가 되어라.
그러면 그대의 일족은 멸망하지 않으리라.
All the world will be your enemy,

Prince with a Thousand Enemies,

and whenever they catch you, they will kill you.

But first they must catch you,

digger, listener, runner,

prince with the swift warning.

Be cunning and full of tricks

and your people shall never be destroyed.

이것이 오히려 고투의 역사에 어울리는 경구가 아닐까? 오늘날 우리는 바야흐로 민첩한 토끼가 껑충 뛰어 비상하는 광경을 보기 직전인지도 모른다.

에필로그

'단순한 비관론'에서 '현명한 낙관론'으로

우리 '토끼의 나라'에서는 보통 비관론이 인기를 끈다. 〈워터십 다운의 열한 마리 토끼〉의 도입부에서 공동체의 몰락에 대한 토끼 파이버의 예감은 무시되지만, 불과 1세기 전에 망국을 경험한 이곳에서는 오히려 카산드라(오디세우스의 트로이의 목마를 성안으로 들이면 트로이가 멸망할 거라고 했던 예언가. 예언 능력이 있지만 아무도 그 예언을 믿지 않아 불행해진다는 속성을 지니고 있다)가 유행이다.

이러한 비관론은 사회문제를 지적하는 것으로, 보통 낙관론보다 훨씬 지적이고 공동체를 위한 작업으로 여겨진다. 심지어 오늘날의 비관론자들은 비관론이 실행되지 않을 경우, '카산드라인 내 말을 듣고 트로이의 목마를 들이지 않아서 멸망을 피한 것이다'라고 우기는 경향마저 있다. 그런데 그 비관론의 통상적인 내용들을 살펴보면 조금 기이하다.

'토끼의 나라'에
흔한 비관론

비관론 1 한국의 국가적 동원에 의한 급속한 경제성장은 재벌의
독점으로 귀결됐다.

이에 대한 반박 이것은 1960년대부터 1980년대까지 30년의 상
황, 흔히 개발연대라고 일컬어지는 시기의 상황에 해당한다. 이
시기 한국의 1인당 GDP는 100달러 미만에서 6천 달러까지 치
솟았다. 1980년대만 살펴보더라도 1,800달러에서 6천 달러까지
성장했다. 그 '경제력의 대부분을 소수 대기업 집단(재벌)이 독점
하는 것으로 귀결'됐다는 표현은 이 시기 한국인들의 삶의 질이
폭발적으로 향상됐다는 사실을 지나치게 무시하는 것이다.

비관론 2 신자유주의와 함께 추진된 금융자유화가 초래한 IMF
구제금융 사태는 노동자와 서민들에게 고통을 전가하면서 봉합
됐다.

이에 대한 반박 이것은 1992년 집권한 김영삼 정부의 세계화 정
책부터 1997년 IMF 구제금융 사태, 그 뒤 김대중 정부 집권 후
위기를 극복해내는 과정에 해당한다. 노동자와 서민에게 고통이
전가된 것은 사실이지만 하위권 재벌들 중 상당수도 무너졌으며
부실을 정리하는 효과도 있었다. 더구나 한국 사회는 바로 이 사
건을 경험했기 때문에 오늘날 외환보유고에 극단적으로 집착하
는 등, 위기를 미연에 방지하는 새로운 습속을 형성하게 됐다. 또
한 김대중 정부가 위기를 극복하는 가운데 IT 인프라를 깔고 대

중문화의 세기를 열어가기로 결단한 것에서 알 수 있듯이 이면의 성공은 아니더라도 오늘날 한국의 성공을 구성한 희망적 요소가 없지 않았다. 이 시기를 거치면서 한국의 국민소득은 6천 달러에서 1만 달러가 되었다.

비관론 3 IMF 구제금융 사태 이후 한국 사회의 성장은 '이윤은 위로, 위험은 아래로' 보내는 방식으로 이루어졌으며, 국가도 이를 방조하고 있다. 재벌 대기업과 하청 중소기업 사이에 성채가 쌓여 있다. 글로벌 상황도 외국인 지분 소유가 높아진 반면 생산 거점은 외국으로 나가는 등 재벌의 성장이 한국에 전혀 기여하지 못하고 있다.

이에 대한 반박 21세기 이후 수출 대기업의 지분구조상 소유가 외국인에게 넘어간 부분이 있으나 주주자본주의와 자본시장의 개방과 맞물려 있다. 한국 증시는 여전히 저평가됐다고 분석되며, 버블에 대한 우려도 미국 등 주요 선진국보다는 훨씬 적은 편이다. 국내 생산거점의 비중이 줄어든 것도 사실이지만 한국 내에서는 더 이상 수지타산이 맞지 않는 사업들이 개발도상국으로 이전된 결과였다. 예를 들어 한국은 섬유·의류 사업을 더 이상 지속할 수 없었음에도 불구하고 포기하지 않고 베트남에 이전하여 물량을 생산해왔다. 국내에서도 할 수 있는 멀쩡한 산업들을 해외로 이전했다기보다 사양산업도 포기하지 않으면서 그 규모를 유지해왔던 것이다. 국민소득이 1만 달러에서 3만 달러가 될 때까지 있었던 일들이다.

위와 같은 유형의 통상적인 비관론의 문제는 이러하다. 20세기 중반 이후 한국 사회가 만들어낸 모든 문제의 목록을 제시하면서도 그 이면에 있는 성공을 논하지는 않는다는 것이다. 사실 한국 사회가 지속적인 성공을 거두지 못했다면 저 모든 문제를 모두 겪는 것 자체가 불가능하다. 왜냐하면 각각의 문제는 한국 사회가 발전하면서 맞닥뜨린 문제들을 단계별로 제시한 것이기 때문이다.

이 정도까지 비관적일 필요가 있을까? 물론 비관론은 현재 우리 사회가 직시한 문제들을 살피는 데 유용한 면이 있다. 그러나 이제 한국 사회의 비관론은 실제와 너무 동떨어져 문제를 올바로 인식하는 데에도 방해가 되는 수준이다. 한국 사회가 그 모든 비관론들을 뛰어넘어 너무 높은 곳까지 올라오는 성공을 거두었기 때문일 것이다. 그리고 이러한 비관론 중시 풍조도 어제오늘 일이 아니었다. 마이클 브린은 1980년대의 한국인들을 회상하면서 한국인들이 가장 비관적이었기 때문에 그들의 우려가 외국인 관찰자들에게도 지대한 영향력을 미쳤다고 서술했다. 한국인들은 연간 성장률이 8퍼센트이던 시절에도 정부가 숫자를 조작하고 있다거나 한국은 경기침체 상태라거나, 그 정도는 아니더라도 곧 숨은 재앙이 닥치리라고 확신했다는 것이다.[121] 이 책을 읽으면서도 반신반의하며 비슷한 생각을 하는 이들이 적지 않을 것이다.

낙관론이 비관론보다 더 쓸모 있는 것이 되려면 '더 잘 작동하는 대응책'을 제시할 수 있어야 한다. 아마도 한국적 낙관주의의 토대는 '사람들이 바보가 아니란 사실을 명심하자'는 것이 될 것이다(이는 엘리트주의자들에게는 무척 나쁜 소식, 기를 쓰고 부정해야 할 소식이 될 것이다). 사람들은 대부분 제정신을 차리고 자신에게 도움이 되는 선택을 내린다.

사회문제에 대처하는 낙관론, 합리적 시민과 함께 고민하기

비관론이 말하는 바는, 한국 사회에 근본적으로 이러저러한 문제가 있기 때문에 '더 잘 작동하는 대응책'을 제시하는 설득은 불가능하며, 단지 잠깐 시민들을 속이는 임시방편만이 가능하다는 것이다. 그래서 그들은 사회가 망하지 않을 때엔 각 시기별로 어떤 이들이 어떻게 시민들을 효과적으로 속여왔는지를 분석하면서, 그 기만이 만들어낸 새로운 폐해의 목록을 추가하면서 시간을 보낸다.

반면 낙관론이 말하는 바는, 모든 문제는 근본적이지 않고, 따라서 임시방편적 해결책이 진정한 해결책일 수 있다는 것이다. '펴내며'에서 말했다시피 이제부터는 '단순한 비관론'보다 '현명한 낙관론'이 사회문제에 더 잘 대처할 것이다. 계속해서 살펴보았듯이 지금까지 한국 사회에 만연했던 비관론의 방식은 '선진국의 이상형과 한국 사회의 모자람을 대비해 각성을 촉구하는 것'이었다. 몸이 웃자란 한국 사회는 이제 그런 식으로 상황을 진단해서는 문제를 해결할 수 없다. 우리의 몸이 어떤 방식으로 자라났는지, 지금까지 이룬 성과는 무엇인지를 구체적으로 먼저 진단하고 본인의 체형과 체질에 걸맞은 해법을 도출해내야 한다.

한국 사회가 선진국을 추월해서 열등감을 벗어던졌다는 사실은, 앞으로 한국 사회 시민들이 과거보다 훨씬 안락하고 편안하게 살 수 있을 거라는 장밋빛 전망을 보장하지는 않는다. 그럼에도 지금 벌어지는 상황은 한국에게 운이 좋은 것이라 하겠다. 말하자면 한국 사회와 시민들이 고도성장 개발도상국의 역동성을 간직한 채 선진국에 진입했을 때 인류 사회의 질서가 혼돈으로 요동치게 된 것이다. 이제 더 이상 선진국 사회 시민들도 '굳어진 사회체제대로, 안락하게 살던 대로 살지 못하고' 변화의 격랑에 휩쓸리게 된 것이다.

한국 사회와 시민들의 입장에선 '열심히 살아서 위로 올라왔더니 이제 또 이 난리네'의 상황일 수 있다. 그러나 냉정하게 말하면 지금 축적한 수준의 자본과 기술 없이 개발도상국 상태로 이 상황에 맞닥뜨렸다면, 혹은 선진국 진입 후 수십 년이 지나 역동성을 대부분 상실한 상태로 이 난리를 맞이했다면 훨씬 답이 없었다.

한국 사회와 시민들은 앞으로도 민첩하게 대처하면서 열심히 살 것이다. '선진국이 되면 이렇게 열심히 안 살 줄 알았는데'라고 투덜대면서 열심히 일하고, 또한 열심히 놀기도 할 것이다. 그러나 과거와는 달리 그렇게 열심히 살고 대처하는 본인의 모습을 그렇지 않은 선진국 시민들과 비교하면서 열등감을 느끼지는 않을 것이다. 왜냐하면 선진국 시민들이 지금처럼 안락하게 누워 있다면, 그들은 새로운 사회문제에 대처하지 못하고 실패할 것이고, 그런 모습이 열심히 사는 한국 사회의 시민들과 비교될 것이기 때문이다.

그런데 이렇게 열심히 사는 모습은 '멋짐'과는 거리가 있는 게 아닐까? 어쩔 수 없이 열심히 산다고 해도 그런 생각이 들기도 할 것이다. 하지만 이 문제에 대해 유니 홍은 익살스러운 표현으로 세태를 묘사한 바 있다. 한국은 21세기를 한국의 시대로 삼기로 결의했으며, 반도체와 자동차만 만드는 걸로는 성에 차지 않아 '쿨함'으로도 수위에 오르려고 하는데, 너무 쿨해지려고 용을 쓰면 별로 쿨해지지 않는다는 통념조차 뒤엎고 있다고 말이다.[122]

오랫동안 콤플렉스에 시달려온 한국인의 관점에서, '한국의 세기'라는 표현은 너무 과한 설레발로 들린다. 그러나 큰 틀에서 볼 때, 열등감 이후의 한국 사회는 이 길을 가야만 할 것이다. 그리고 한국 사회 시민들이 본인들의 역량을 충분히 발휘할 수 있도록 한국 사회의 특징을 냉철하게 분석하고 사회적 인센티브를 합리적으로 재조정해야 할 임무가 정치 세력에 던져졌다. 이 점에서 '우리의 정치 세력에게 그러한 역량이 있는가? 그 역량을 갖추려면 한국 사회를 어떻게 바라봐야 할 것인가?'를 묻지 않을 수 없다. 이 책은 먼저 '한국 사회를 어떻게 바라봐야 할 것인지'에 대하여 기본적인 내용을 담고자 했다. 한국 사회가 지금 어디에 서 있는지를 면밀하게 파악하고 대처할 수 있다면, 우리는 향후 닥쳐오는 문제들에 충분히 대처할 수 있을 것이다.

김경수(전 경상남도 도지사)

요즘 경상남도청에서 새로 채용하는 신입 직원들은 대부분 청년들이다. 그 어렵다는 '공시'를 통해 공무원이 된 친구들이다. 2~3년 전만해도 신입 직원은 대부분 경력직이었다. 경상남도 내 18개 시군의 시청과 군청에서 지원을 받아 뽑았다. 당연히 업무도 충분히 숙달되어있었고, 지금 신입들보다 나이도 훨씬 많았다. 시군에서 열심히 가르쳐놓으면 도에서 곶감 빼먹듯 데려간다고 항의가 많아 채용 방식을 '신입 공채'로 바꾸었다.

신입 직원들의 나이가 젊어지면서 예기치 않은 상황들이 생겼다. 이전에는 특별히 가르치지 않아도, 이미 시군에서 충분히 배워 왔으니웬만한 일은 알아서 척척 해냈다. 지금은 하나에서 열까지 가르쳐야한다. 신입이 오면 부서 업무를 나누어 일이 줄어들까 했는데, 선생님역할까지 해야 하니 일이 도리어 늘었다. 기존 직원들의 부담을 덜기위해 신입 직원 연수를 대폭 강화했다. 연수 후에도 일정 기간 수습 과정을 거쳐 부서에 배치한다. 그래도 도의 실무를 담당하는 6급, 7급 직원들은 불만이 많다.

업무는 가르쳐가며 하면 되지만, 그보다 더 심각한 문제가 있었다. 대부분 40대 이상인 선배 직원들에게 새로 들어온 20대, 30대 청년신입들이 보여주는 모습이 잘 이해되지 않는다는 것이다. 예전 자신들이 도청에 처음 신입으로 왔을 때와는 천양지차였다. 아예 문화가달랐다. 특히 50대 이상의 간부 공무원들이 과거 자신들의 신입 시절 선배들이 했던 것처럼 대충 반말을 섞어가며 함부로 대했다가는 큰일이 난다. '직장 내 괴롭힘'이 멀리 있는 일이 아니었다.

그래서 《90년생이 온다》가 인기 도서가 되었다. 특히 도청 간부 공무원들이 많이 찾았다. 청년 신입들은 무슨 생각을 하는지 궁금해했고, 매년 수십 명씩 새로 늘어나고 있는 그들과 어떻게 관계 맺기를 해야 할지 난감해하며 책을 찾았다. 그래도 어려워하는 간부들을 위해 '역멘토링' 시스템을 도입했다. 50대 이상의 실·국장과 청년 직원이 짝이 되게 했다. 선배가 후배에게 하던 멘토 역할을 거꾸로 하게 한 것이다. 새까만 후배인 청년 직원들은 실·국장들에게 소위 '요즘 젊은것들'의 생각과 문화를 이해시켜주는 훌륭한 멘토가 되었다. 그렇게 20대를 이해하면 청년세대 전체를 이해할 수 있을 줄 알았다.

예전부터 알고 지냈던 하헌기 새로운소통연구소장과 양승훈 경남대학교 교수가 원고를 들고 찾아와 추천사를 부탁했다. 두 분과의 인연을 생각해 흔쾌히 수락했다. 그렇게 받아든 《추월의 시대》는 20대를 이해하기 위한 노력만으로 우리 사회의 청년들을 재단하는 것이 얼마나 오만한 생각인가를 깨우쳐주었다. 원고를 통해 접한 우리 사회의 30대는 내가 알고 있던 20대 중심의 청년세대와 전혀 다른 세대였다.

개인적으로 가장 인상적이었던 것은 '현명한 낙관론'이었다. 30대가 한국 사회를 바라보는 태도에 《추월의 시대》 저자들이 스스로 붙인 이름이다. '헬조선'에서 '국뽕'으로 널뛰기하는 얄팍한 한국 사회 인식과는 차원이 달랐다. 스스로를 '산업화와 민주화 모두의 수혜를 뚜렷하게 받고 자란 첫 세대'로 '기성세대의 열등감을 이해할 수 있는 마지막 세대이자, 본인들이 개발도상국에서 태어나 선진국에 진입했음을 명확하게 인지한 마지막 세대'라고 바라보는 통찰이 인상 깊었다. '현명한 낙관론'은 한국의 현대사를 '산업화와 민주화 모두 위대한 성취'로 바라보는 인식 위에서 출발하고 있었다.

한국 사회가 앞으로 나아가기 위해서는 뿌리 깊은 구조적인 문제들을 풀어야 한다. 《추월의 시대》에서도 짚고 있는 고질병이다. '정치적 내전'이라고 표현한 세력 간의 첨예한 갈등, 갈수록 심해지고 있는 저출산, '공정'이라는 외피를 쓴 공채(시험) 공화국, 가짜 뉴스와 자학 사관으로 뒤덮인 뉴라이트와 인터넷의 험한 정서까지, 어느 것 하나 호락호락한 것이 없다.

우리 사회 구조적 문제의 근본적인 해법은 '사회적 대화와 타협'이라고 생각한다. 이해관계가 있는 세력과 집단이 '끊임없는 대화를 통해 갈등을 조정하며 타협을 통한 사회적 합의'를 만들어나가야 한다. 정치가 본래 해야 할 역할이다. 그러나 우리 정치는 갈등을 녹여내기는커녕 오히려 증폭시켜 한국 사회를 '정치적 내전' 상태로 몰아가기 일쑤다. 그런 대한민국에서 과연 '사회적 합의' 방식의 해법이 가능할까 싶기도 했다.

하지만 《추월의 시대》가 규정한 1980년대생의 특수성이 우리 사회 30대에게 보편적으로 적용되는 것이라면, 그런 해법도 해볼 만하지 않을까. '정치적 내전'을 벌이고 있는 세력들을 모두 이해할 수 있는 세대가 한국 사회를 책임진다면 우리 사회 갈등은 비로소 출구를 찾을 수 있을 것이다. 저자들이 주장하는 '현명한 낙관론'은 어쩌면 그렇게 실현될 수도 있겠다 싶었다. 낙천적인 성격 탓에 가끔 주변에서 '근거 없는 낙관론자'라고 농담 반 진담 반의 비판을 받곤 하는 나로서는 '현명한 낙관론'이 그래서 더 반가웠는지도 모르겠다.

얼마 전 '포스트코로나 시대'를 토론하는 자리에서 '한국의 공공의료'는 어디로 가야 할 것인지를 두고 논란이 된 적이 있다. 코로나 이전 한국의 공공의료는 여기저기에서 두들겨 맞는 동네북 신세였다. 유럽의 공공의료 선진국들이 선망의 대상이었다. 그런데 코로나19로

판이 바뀌어버렸다. 공공의료 선진국들은 코로나19에 제대로 힘 한 번 써보지 못하고 방역에 구멍이 숭숭 뚫렸다. 그중에는 물론 신자유주의 정부하에서 공공의료 예산이 대폭 삭감된 국가들도 있었지만, 그렇지 않은 국가들조차도 코로나 앞에서 무력하기는 마찬가지였다. 그 와중에 한국은 코로나 방역의 표준으로 칭송받으며 국내보다 해외에서 더 높은 평가를 받았다. K 방역의 성공과 유럽 선진국들의 실패를 보면서, 한국의 공공의료는 어디로 가야 하는가 고민이 되지 않을 수 없었다. 이대로 충분하다고 얘기하는 사람은 아무도 없었지만, 예전처럼 유럽 시스템으로 가자고 얘기하는 사람도 없었다. 그날의 결론은 우리에게 맞는 '한국형 공공의료 체계'를 새롭게 만들어가야 한다는 것이었다. 현장의 성과와 한계를 꼼꼼히 평가하면서, 그 누구도 걸어가지 않았던 길을 찾아 나서야 한다는 데 이견이 없었다.

《추월의 시대》에서 제시하는 해법들도 같은 맥락이었다. 추격하기 바빴던 한국은 이미 지나간 과거이고, 스스로 새로운 길을 선도해 나가야 하는 위치에 와 있다고 저자들은 말한다. 한국이 더 이상 '약소국'이 아니라, '선진국에도 눌리지 않는 위치'에 이르렀다는 것이다. 우리가 여기까지 올 수 있었던 저력과 그 근거를, 시간과 공간을 넘나들며 수많은 '역사적 사실'들을 앞세워 설명하고 있다. 흥미로운 주장들이 많다. 그런 우리나라는 이제 사회 각 분야에서 새로운 '한국형 발전 모델'을 만들어가야 한다는 것이다. 전적으로 동의한다. 우리에게 맞는 해법은 '실사구시'를 통해 찾아야 한다. 그만큼 현장이 중요하고 그래서 지방정부가 중요하다.

다시 처음으로 돌아가 경상남도청 신입 직원들 이야기로 추천사를 마무리하려 한다. 신입 직원은 앞서 말한 대로 모두 '공채'로 뽑고 있다. 공무원은 공공의 이익을 위해 일하는 사람들이다. 공익적 가치에 대해 어떤 입장과 태도를 갖고 있는가가 가장 중요한 덕목이다. 그런

품성을 가진 사람을 시험으로 점수를 매겨 뽑는 것은 불가능하다. 그럼에도 소위 '공정한 채용'이라는 명분을 앞세워 거의 모든 공무원을 시험으로 뽑고 있다. 시험이 아니면 '공정'하게 뽑을 수 있는 방법이 없단 말인가? 사람들이 직접 면접을 통해 뽑는 것이 현실적으로 어렵다면 'AI 면접' 방식으로는 어려울까? 그렇게 해서라도 '고시'와 '공시'를 없애야 한국 사회 구조 개혁이 가능하지 않을까? 요즘 고민하는 화두 중의 하나다.

《추월의 시대》에서 '공정'을 재정의 하면서 '공채 공화국을 타파하라'는 주장을 읽으며 반가움을 금할 수 없었다. 우리 사회의 소위 '좋은 일자리'를 대부분 시험으로 뽑는 상황에서 대학의 서열화는 피할 수 없다. 초·중·고 공교육 정상화도 한계가 있을 수밖에 없다.

저자들은 더 나아가 '시험 선발의 능력주의'라는 보수파의 해법과 '비정규직의 정규직화'라는 해법을 모두 넘어서자고 하고 있다. 그 주장이 '얼마나 타당성 있는지를 직접 평가해달라'고 요청하고 있다. 여느 책들처럼 자신들의 주장만이 무조건 옳다고 하는 것이 아니라, 새로운 길을 함께 찾아가자며 손을 내밀고 있는 것이다. 이 책의 저자들인 1980년대생, 우리 사회의 30대가 내민 손이 '21세기를 한국의 세기'로 만드는 '강력한 연대'로 나아가기를 기대한다.

현안에 떠밀려 조금씩 지쳐가던 영혼에 새로운 화두로 생기를 불어넣어준 하헌기 소장과 양승훈 교수를 포함한 《추월의 시대》 저자들에게 감사드린다.

김공회(경상대학교 경제학과 교수)
#부럽다
"어라? 이 사진 뭐야?" 책 본문 곳곳에 삽입된 사진들을 보며 나도 모

추월의 시대

르게 외쳤다. 뭐, 평소에 '폼' 좀 잡는 친구들로 알고 있었지만, 이 정도는 아니었다. 내가 알던 그들이 아니다. 계속 보니, 솔직히 좀 부러웠다. 흑, 이건 사기다! 나도 찍어볼까? 아, 정말. 이런 사진, 누구나 찍을 수야 있지만 아무나 찍진 않지 않나. 쩝, 난 틀렸어.

하지만 정말 부러운 건 다른 데 있다. 이렇게 여섯 명이 몰려다니며 왁자지껄 떠들고 쓰고 논다는 것—그게 가장 부럽다. 전설 속에 나오는 '동인' 느낌도 있고, 한동안 못 보던 풍경 아닌가(추신, 그런데 사진 어디서 찍었어요?).

#라떼는
그런데 나도 그런 것을 해보려고 했었다. 몇 년 전이었다. 내 속에서 기이한 '오기'가 발동했었다. 요는 이거였다. 2017년이면 1987년 '민주화' 30주년이라고 해서 떠들썩할 텐데, 그해는 동시에 1997년 IMF 구제금융 20주년이기도 하지 않나. 내 개인사로 보나 오늘 한국의 현실에서 보나 후자가 훨씬 중요하다고, 그때나 지금이나 나는 생각한다. 하지만 당시 내게는 2017년이 왠지 '민주화 30주년'으로만 기념될 것 같은 '느낌적 느낌'이 있었다—그리고 지금 돌이켜보면 슬픈 느낌은 틀리지 않는다. 2017년을 '1997년 20주년'으로 만들자. 꼭 2017년이 아니더라도 앞으론 우리가 뭘 좀 해보자. 언제까지 우리가 앞 세대에 끌려 다닐 수는 없지 않나. 모여서 책을 내볼까? 잡지에 연재를 같이해볼까?

아니, 그런데, '우리'가 누구지? 어디에 있지? 익숙한 얼굴 몇이 떠올랐지만, 그게 다였다. 그래서 본격적으로 찾기 시작했다. 과연 찾아보니 적지 않았다. 오, 이런 사람도 있었네! 그중에는 나와 비슷한 고민을 하던 이도 있었고, 여럿이 함께 찾으니 더 나왔다. 수소문을 했고, 몇몇은 한자리에 만나기도 했다. 그래서? 음, 그냥 그러다 말았다.

이 경험을 통해 내가 다시금 확인한 것은 이거다. 흔히 요즘 한국을 '각자도생 사회'로 묘사하지만, 1997년을 전후해 성년이 된 내 세대야말로 지난 20년을 '각자도생'하면서 살아왔다는 것이다. 누구도 돌봐주지 않았고, 누구도 주목하지 않았다. 대부분 힘겹게 20년을 살아왔지만, 세상의 '성공' 기준을 채우고 있는 이들도 그야말로 '신자유주의' 아래서 '박박 긴' 결과 지금에 이른 것이다. 내가 속한 학계만 해도, 이른바 '한국연구재단' 체제 아래서 그야말로 논문 찍는 기계가 되지 못하면 살아남기가 힘들다.

#'자기선언'에서 '연대'로
요새는 한국의 사회와 경제를 통찰력 있게 분석한 단행본을 찾기 어렵다는 푸념을 주변에서 종종 듣는다. 생각해보니 그렇다. 90년대 초반까지만 해도 그런 책이나 논문이 많았다. 왜 사라졌을까? 그사이에 학문이 점차 분화하고 전문화한 탓도 있겠지만, 오늘 한국에서 그런 작업을 해야 할 '우리'들이 앞서 이야기한 바와 같이 살아온 탓도 있다. 그래서 반갑다. 지금 당신이 손에 들고 있을 《추월의 시대》가. 부족함도 많겠지만, 요즘 이런 책 보신 적이 있으신가?

저자들에게 한 가지 바라는 점은 있다. 이 책의 저자들은 우리 사회가 우리 자신을 어떻게 보느냐에 대해 고심을 많이 한 듯하다. '비관이냐 낙관이냐'라는 문제 틀도 그런 고민의 결과일 터이다. 저자들은 오늘 한국의 발전을 저해하는 태도로 한국의 변화한 현실을 올바로 인식하지 못한 채 현실을 비관하기만 하는 시각을 꼽고 있다. 그래서 이 책은 사람들이 파편적으로 알고는 있으나 '21세기 한국'이라는 전체 그림으로까지 종합하지 못하고 있는 다양한 사실들을 보여주는 데 주력한다. 이 과정에서 저자들이 '현명한 낙관론'이라는 입장을 택한 것은 충분히 납득할 수 있다.

납득하기에 저자들이 여기에 머물지는 않으리라 믿는다. 저자들은 《추월의 시대》를 통해 '80년대생의 선언'을 한 셈이다. '우리가 생각

372   추월의 시대

하는 대한민국을 들어보라'고 외친 셈이다. 하지만 저자들이 원하는 정치의 변화, 우리 사회의 변화를 달성하려면 전후 세대들과의 협력과 연대도 중요하지 않을까. 그래서 말인데, 우리 같이 갑시다!

이관후(경남연구원 연구위원)

우선 하나 확실하게 말할 수 있는 것은, 《추월의 시대》가 베스트셀러가 될 것이라는 점이다. 그리고 오랫동안 그 자리를 지킬 수 있을 것이다. 이유는 간단하다. 이 책은 지난 수십 년 동안 한국인들이 가진 통념을 거의 모든 부분에서 뒤집었다. 그리고 이 극적인 뒤집기는 매우 성공적이다. 이전에 이런 책은 없었고, 앞으로도 이런 책은 나오기 어렵다. 그래서 가능한 많은 독자가 읽어야 할 책이다. 그리고 이렇게 희망 어린 평가를 하지 않아도, 아마 대한민국을 금세 발칵 뒤집어놓을 것이다. 누군가 내게 이 책의 가치를 한 문장으로 압축해보라고 한다면, '대통령이 읽어야 할 책이고, 대통령이 되고자 하는 모든 사람이 읽어야 할 책'이라고 말하겠다.

이 놀라운 책의 저자들에 대해 말하라고 한다면, 염치 불고하고 잠시 개인적 일화로 시작하고자 한다. 수년 전 아직 40대 초반일 때, 한 시민단체의 발표장에서 이런 이야기를 했었다. "저는 50대가 되면 이런 곳에 나와서 입도 뻥긋하지 않겠습니다." 그때 나는 약간의 울분에 차 있었고, 사실은 여전히 조금 그러한데, 정치권과 마찬가지로 시민사회에서도 세대 정체가 분명하게 보였기 때문이었다.

내가 느꼈던 것은 인간의 육체적·정신적 노화나, 기득권의 문제가 아니었다. 시민사회에서 만난 앞선 세대의 선배들은 여전히 인격적으로나 학문적으로 괜찮은 사람들이었고, 딱히 기득권을 내세우지도 않았다. 다만 나는 시간의 흐름에 따른 불가피한 어떤 것, 시대의 변화에 대한 감각의 무뎌짐 같은 것을 느꼈다. 그런데 나 역시 그런 사람이 되지 않으리란 법이 없었기 때문에, 일종의 공개적 발언으로 되돌아갈 퇴로를 막아놓는 것이 필요하다고 생각했다. 누군가 물었다. "그렇게 빨리 공적 활동을 그만두겠다고 말하는 것은 비겁한 회피나 불만의 토로에 지나지 않으며, 무엇보다 지금도 40대의 젊은(?) 지식인들을 시민사회에서 찾기 힘든데 앞으로는 어쩌란 말이냐?"

나는 확신이 있었다. "40대를 찾기 힘들었다면 그건 그 사람들에게 자리를 내어주지 않았기 때문이 아닐까요? 나와 봐야 어차피 '어른들 시다바리'나 하다 끝나는 곳에 누가 오려고 할까요? 우리가 앞 세대보다 딱 하나라도 나은 게 있다면, 물러날 때를 안다는 겁니다. 모르겠어요? 우리가 할 일도 이미 끝났다고요. 비켜서면 그다음은 다 나오게되어 있습니다. 걱정 마세요. 30대들이 금방 이 장을 접수할 겁니다. 그다음엔 그저 그들의 말을 듣고, 그들이 시키는 대로만 하면 됩니다. 저도 그렇게 할 거고요."

그리고 그들이 왔다!

《추월의 시대》의 사고는 모든 것으로부터 자유롭다. 무엇보다 산업화나 민주화 같은 '낡은' 담론을 굳이 논쟁하려고 들지도 않는다. 그것들은 그냥 끝이 났다. 무엇을 잘했거나 못 했거나, 평가를 할 만한 가치가 있거나 없거나가 아니라, 그냥 끝이 났다. 그저 시효를 다한 것이다. 대신 그것들이 '오늘 지금의 사람들' 그리고 '앞으로의 사람들'에게 어떤 의미가 있는지를 묻는다. 질문이 올바르면 대체로 답도 유의미하다.

무엇보다 이 책은 사대주의로부터 자유롭다. 15년 전쯤에 국회에서 토론회를 기획했을 때, 장하준 교수와 나중에 경제부총리를 지낸 당시 기재부 국장 두 사람을 일대일로 붙여본 적이 있다. 처음에 고상하게 시작한 논쟁은 곧이어 한국의 경제의 미래가 유럽형이냐 미국형

이냐로 넘어가서, 마지막에는 열심히 경쟁해서 마트에 값싸고 질 좋은 물건이 많은 나라가 좋냐, 퇴근을 일찍 해서 가족들과 시간을 보내는 게 좋은 나라냐는 이야기로 끝났다. 그리고 이런 논쟁은 15년째 큰 진전이 없었다. 여전히 신문의 논설위원들은 미국의 마천루를 찬양하거나, 일본과 독일의 근면 성실을 부러워하고, 스웨덴과 핀란드에서 우리의 미래를 찾으려 한다. 좌나 우나 진보나 보수나 이 밖으로 나가지 못한다. 이 책의 저자들은 그러한 태도를 아주 진지하고 여유롭게 기각한다. 잘 기억하자. 비판이 아니라 기각이다.

누군가는 한국을 보는 '주체적' 사고의 흐름은 이미 오랫동안 있어왔다고 말할지 모르겠지만, 개인적으로는 그런 사상과 관점들 대부분 역시 '주체적이어야 한다'는 강박관념에서 억지로 끌어올린 부산물에 지나지 않는다고 생각한다. 폄하가 아니라, 그것이 가진 한계를 없다고 해서는 안 된다는 것이다. 그런 주장과 생각들은 그 시대에 매우 중요한 의미가 있었다. 그리고 솔직히 말해 지금은 별로 쓸모가 없다.

나를 포함한 지금의 40대들은 오랫동안 생각은 그렇게 해왔지만, 그렇게 말할 용기는 없었다. 이 책의 저자들은 그렇지 않다. 우리가 걸어온 길을 되돌아보고, 그것의 현재적 의미를 재조명하고, 비판할 것은 비판하고 받아들일 것은 받아들이는 저자들의 지적 사유를 보면 가슴에 묵힌 것이 쑥 내려가는 느낌이다. 이제야 우리의 지적 사고가 지난 수십 수백 년, 혹은 단군 이래 처음으로 모종의 억눌림에서 벗어나 자유로워진 것은 아닌가 하는 생각이 든다.

다음 세대 저자들이 쓴 책의 추천사를 쓴다는 것은 이제 정말 물러갈 때가 되었다는 뜻이리라. 그래서 기쁘다. 마음 편히 사라질 수 있게 되었다. 영광이다. 이런 저자들의 책을 소개하게 되어서. 즐겁다. 이 글을 읽게 되어서. 기대된다. 이 책을 읽을 사람들이 만들어갈 세상이.

김세연(전 국회의원)

시민의 입장에서 정치를 감시하러 파견 나왔다고 생각하며 국회에 몸 담았던 12년 동안 늘 무력감과 좌절감에 시달렸다. 70년대 세력과 80년대 세력이 적대적 공생 관계를 이루고는 역사의 시곗바늘을 멈춰버렸기 때문에 시대착오 증상을 보여왔던 것이다. 그런데 개인주의와 다양성을 우리 사회에 제대로 보여준 첫 번째 세대라고 평가받는 X세대에 속하는 나 역시 요즘엔 바뀐 세상에 제대로 적응하기가 벅차다는 것을 매일같이 절감하고 있다. 다음 주자에게 바통을 넘겨줘야 할 때이다.

선배 세대와 달리 냉정을 잃지 않고 과거를 돌아볼 수 있는 30대 연구자들의 고유한 관점과 탁월한 역량이 깃들어 있는《추월의 시대》는 세대교체의 신호탄을 쏘아 올리며 우리의 인식을 새로운 차원으로 끌어올릴 것이다.

김종철(전 정의당 대표)

한국 사회가 선진국들을 추월해 가고 있기 때문에 지금까지와는 다른 분석과 대책이 필요하다는 필자들의 제언은 진보주의자에게 새로운 문제를 던진다. 우리는 '평등'이란 가치를 추구하지만, 그 가치를 실현하기 위한 방책은 더 이상 과거 식의 담론만으로는 부족하기 때문이다.

《추월의 시대》후반부의 논지와 정책적 제언들은 진보 진영에 대한 다소 과한 비판이나 자본의 입장에 일정하게 포섭된 논리로 여겨질 수 있는 부분도 있다. 그러나 그러한 차이에도 불구하고, 이 책에 기술된 '한국의 현주소'를 새롭게 보는 바탕 위에서, 새로운 진보와 보수의 대결이 필요하다는 사실은 분명해 보인다. 곱씹어 읽어볼 가치가 있는 책이다.

한정애(더불어민주당 정책위의장, 제21대 국회의원)

우리는 매일 어제와 다른 한국을 경험한다. 그 매일의 누적은 지금의 대한민국을 만들었으니, 이는 하루하루를 살아냈던 모든 이들의 역사이다. 역사라 불리는 한국의 지난 100년은 한마디로 정의하기 힘든 것이 사실이다.

농업 기반의 100년 전 한국은 해방과 더불어 산업화 세대와 민주화 세대를 거치며 지금에 이르렀지만, 그 100년의 시간만큼 많은 갈등의 요소 역시 살아 숨 쉬고 있고, 그 가운데 형성된 각자의 진지에 여진은 아직 남아 여전히 때로 갈등하고 또 갈등한다. 그리고 지금의 2040은 그 갈등의 끝에 서 있고 이제 과거의 방식으로는 갈등을 해소하는 데 한계에 봉착해 있는 듯하다.

과거의 방식이란 선진국 따라잡기에 급급했던 방식이다. 우리는 이제 그 어느 나라도 아닌 우리만의 길을 걸어야 할 순간에 직면했다. 《추월의 시대》를 통해 늘 따라잡는 데 급급했던 우리가 길을 만들어 가고 있다는 사실을 읽을 수 있다.

주

1장 포퓰리즘과 피드백 사회

1. 마이클 브린, 《한국, 한국인》, 실레북스, 2018, p.415-417.
2. 이철승, 《불평등의 세대—누가 한국 사회를 불평등하게 만들었는가》, 문학과지성사, 2019, p.43-44.
3. 김주동, 〈"코로나 테러 당했다"는 전광훈…다른 나라도 황당한 주장들〉, 《머니투데이》, 2020. 8. 22.
4. 양승훈, 〈[양승훈의 공론공작소] '피드백'이 바꾸는 사회〉, 《경향신문》, 2019. 4. 15.
5. 위의 글.
6. 이승욱 강연, 김은남 기자 정리, 〈바로 그 '남들처럼'이 문제라니까〉, 《시사IN》 369호, 2014. 10. 15.
7. 박권일, 〈88만원 세대와 '먹고사니즘'〉, 《프레시안》, 2007. 12. 18.
8. 조 스터드웰, 김태훈 옮김, 《아시아의 힘》, 프롬북스, 2016, p.181-183.
9. 오원철, 《박정희는 어떻게 경제강국 만들었나—불굴의 도전 한강의 기적》, 동서문화사, 2006, p.46.
10. 위의 책, p.50-51.
11. 후자의 견해에 대해 박원익·조윤호, 《공정하지 않다—90년대생들이 정말 원하는 것》, 지와인, 2019 참조.
12. 이 조사는 《시사IN》 664호(2020. 6. 9.)에 〈한국의 청년세대는 무슨 생각을 할까〉라는 기사로 해설한 조사와 같은 것이다. 다만 여기서 소개하는 문항들은 《시사IN》 기사에서 다루지 않았다. 보고서 전문은 새로운소통연구소 홈페이지에 업로드되어 있다. https://www.nclab.co.kr/report

2장 중도파의 나라

13. 엄경영, 〈등 돌린 중도층 이번엔 돌아올까〉, 《주간경향》 1297호, 2018. 10. 15.
14. 김상조, 《종횡무진 한국경제》, 오마이북, 2012, p.82-83.
15. 주대환, 《주대환의 시민을 위한 한국 현대사》, 나무나무, 2017, p.228-229.
16. 해당 서술의 회의 풍경은 유튜브 채널 〈선대인 TV〉의 '[디지털조선통신사 4]우리는 모르는 일본 반도체 산업 몰락의 비밀. 한국의 모델이었던 일본이 이제는 한국을 모델로 삼아야 하는 이유!'(2019년 9월 18일)에 출연한 염종순 박사의 설명을 많이 참조했다. 염종순 박사의 저술로는 《일본 관찰 30년—한국이 일본을 이기는 18가지 이유》(2020)가 있다.

17. 김형아, 신명주 옮김, 《유신과 중화학공업 박정희의 양날의 선택》, 일조각, 2005 참조.

18. 유시춘, 《6월민주항쟁》, 민주화운동기념사업회, 2003, p.79 ; 민주화운동기념사업회 한국민주주의연구소 엮음, 《한국민주화운동사3—서울의 봄부터 문민정부 수립까지》, 돌베개, 2010, p.319-320, p.348 참조.

3장 뉴라이트

19. 이영훈, 《대한민국 이야기—해방전후사의 재인식 강의》, 기파랑, 2007, p.44.

20. 위의 책, p.64.

21. 위의 책, p.54.

22. 김재호, 《대체로 무해한 한국사—경제학 히치하이커를 위한 한국사 여행안내서》, 생각의힘, 2016, p.87.

23. 김동진, 《조선, 소고기 맛에 빠지다》, 위즈덤하우스, 2018, p.87.

24. 위의 책, p.119.

25. 김재호, 《대체로 무해한 한국사—경제학 히치하이커를 위한 한국사 여행안내서》, 생각의힘, 2016, p.163.

26. 위의 책, p.166.

27. 위의 책, p.166.

28. 위의 책, p.72-75.

29. 박훈, 《메이지 유신은 어떻게 가능했는가》, 민음사, 2014, p.38-41.

30. 마이클 브린, 《한국, 한국인》, 실레북스, 2018, p.252-253.

31. 이영훈 외, 《반일 종족주의》, 미래사, 2019, p.391.

4장 뉴노멀

32. 이 조사는 《시사IN》 664호(2020. 6. 9.)에 〈한국의 청년세대는 무슨 생각을 할까〉라는 기사로 해설한 조사와 같은 것이다. 보고서 전문은 새로운소통연구소 홈페이지에 업로드되어 있다. https://www.nclab.co.kr/report

33. 이하 내용은 백승호, 〈[저출산특집_5편] 출산은 '보상'으로 해결될 문제가 아니다〉, 《허프포스트코리아》, 2019. 3. 29. 내용을 보완하여 재서술한 것이다.

5장 '86'세대 전쟁

34. 진중권, 〈[진중권의 트루스 오디세이] 주류가 된 진보, 파탄 난 민주화 서사…. 새로운 이야기가 필요하다〉, 《한국일보》, 2020. 4. 30.

35. 장강명, 〈[마음읽기] 대한민국 주류 교체와 두 파산〉, 《중앙일보》, 2020. 6. 10.

36. 김누리, 〈[세상 읽기] 독일의 68세대와 한국의 86세대〉, 《한겨레》, 2019. 5. 5.

37. 우석훈·박권일, 《88만원 세대》, 레디앙, 2007, p.177-178.

38. 송평인 기자, 〈[68혁명 40주년]〈3〉佛 분석 전문가 쇼벨 교수 인터뷰〉, 《동아일보》, 2008. 1. 4.

39. 이렇게 묶기엔 박노자와 김규항은 상당히 급진적이었다고 여길 수도 있다. 그러나 김규항은 '혁명'이나 '사회주의'를 입에 담기는 했지만 그것을 과거의 혁명적 사회주의 노선과 동일한 것으로 보기는 어렵다. 2000년대 초반 대중 교양도서 시장에서 통용된 박노자의 저술은 그렇

게 급진적이지 않았다. 박노자는 2000년대 후반 이후 더욱 급진화된 것으로 봐야 한다.

40. Peter A. Hall and David W. Soskice, *Varieties of Capitalism*, Oxford University Press, 2001.

41. 캐슬린 셀렌, 신원철 옮김, 《제도는 어떻게 진화하는가》, 모티브북, 2011 참조.

42. 이 내용은 캔자스주립대학교 사회학과 김창환 교수가 2011년에 반값 등록금 관련해서 블로그(http://sovidence.tistory.com/422)에 논의한 것을 참조하여 요약했다.

43. 우석훈·박권일, 《88만원 세대》, 레디앙, 2007, p.177.

44. 송호근, 《한국, 무슨 일이 일어나고 있나—세대, 그 갈등과 조화의 미학》, 삼성경제연구소, 2003 참조.

45. 이철승, 《불평등의 세대—누가 한국 사회를 불평등하게 만들었는가》, 문학과지성사, 2019, p.81.

46. 위의 책, p.33.

47. 위의 책, p.329-346.

48. 위의 책, p.227.

7장 '선망국'의 역설

49. 조한혜정, 《선망국의 시간》, 사이행성, 2018, p.12.

50. 위의 책, p.13.

51. 위의 책, p.23~24.

52. 이하 내용은 백승호, 〈한국은 어쩌다가 로봇에 안전한 나라가 되었을까?〉, 《허프포스트코리아》, 2018. 6. 21. 내용을 보완하여 재서술한 것이다.

53. Adler, "Automation and Skill: Three generations of Research on the NC Case", Politics & Society, 1989, Vol. 17, Issue 3.

54. "Estimating the U.S. labor share", *Monthly Labor Review*, 2017. 2.

55. Arntz, M., T. Gregory and U. Zierahn, 2016, "The Risk of Automation for Jobs in OECD Countries", OECD.

56. 이대희, 〈4차 산업혁명 시대 일자리 사라질 확률, 한국 OECD 내 최하위 수준〉, 《연합뉴스》, 2017. 3. 9.

57. 조형제, 〈유연자동화와 숙련형성—현대자동차의 교육훈련제도를 중심으로〉, 《경제와 사회》 제63권(2004. 9.) ; 이은진, 〈자동화의 현 단계〉, 《경제와 사회》 제8권(1990. 12.) 참조.

58. 이에 대해서는 이종태 기자의 〈5만 4000개 기업 데이터 분석, '재벌해체론' 틀렸다〉, 《시사IN》 602호(2019. 4. 1.)에서 기사화된 부경대학교 '산업생태계 연구팀'이 연구한 〈기업 간 거래 네트워크 분석〉 참조.

59. 조형제, 《현대자동차의 기민한 생산방식—한국적 생산방식의 탐구》, 한울, 2016 참조.

60. 조한혜정, 《선망국의 시간》, 사이행성, 2018, p.27.

8장 공정의 재정의

61. 김상조, 《종횡무진 한국경제》, 오마이북, 2012, p.138-139 ; 김상조, 〈[김상조의 경제시평]경제활성화? 부실기업 구조조정부터〉, 《경향신문》, 2013. 11. 5 ; 김상조, 〈[김상조의 경제시평]구조조정에서 정치가 해야 할 역할〉, 《경향신문》, 2016. 5. 3. ; 김상조, 〈[김상조의 경제시평]

구조조정의 정치경제학〉,《경향신문》, 2016. 9. 12 참조.

62. 김대영,《성공이 뭔지 몰라도 일단 성공하고 싶다》, 생각의힘, 2019, p.16.

63. 위의 책, p.30.

64. 위의 책, p.24-25.

65. 김형모,《누가 내 국민연금을 죽였나?》, 글통, 2015 참조.

66. 박훈, 〈[역사와 현실] 소용돌이의 한국, 상자 속의 일본〉,《경향신문》, 2017. 1. 12.

67. 육성으로 듣는 경제기적 편찬위원회,《코리안 미러클 1―육성으로 듣는 경제기적》, 나남출판, 2013, p.471-473.

9장 기적의 재구성

68. 박정희,《하면 된다! 떨쳐 일어나자》, 동서문화사, 2005, p.385.《하면 된다! 떨쳐 일어나자》는 1962년과 1963년에 각각 출간된《우리 민족의 나갈 길》과《국가와 혁명과 나》를 합본해 출간한 책이다.

69. 지주형,《한국 신자유주의의 기원과 형성》, 책세상, 2011, p.113.

70. 위의 책, p.114.

71. 위의 책, p.115~116.

72. 장하준·정승일·이종태,《무엇을 선택할 것인가―장하준 정승일 이종태의 쾌도난마 한국경제》, 부키, 2012, p.181-182.

73. 육성으로 듣는 경제기적 편찬위원회,《코리안 미러클 2: 도전과 비상》, 나남출판, 2014, p.470-483.

74. 지주형,《한국 신자유주의의 기원과 형성》, 책세상, 2011, p.120.

75. 장하준·정승일, 이종태 엮음,《쾌도난마 한국경제》, 부키, 2005, p.34.

76. 이영훈,《대한민국 이야기―해방전후사의 재인식 강의》, 기파랑, 2007, p.299-301.

77. 육성으로 듣는 경제기적 편찬위원회,《코리안 미러클 3: 중화학공업, 지축을 흔들다》, 나남출판, 2015, p.20.

78. 이영훈,《대한민국 이야기―해방전후사의 재인식 강의》, 기파랑, 2007, p.301-305.

79. 위의 책, p.306-307.

80. 위의 책, p.288-290.

81. 위의 책, p.292.

82. 위의 책, p.226-228.

83. 위의 책, p.228-230.

84. 박훈, 〈[역사와 현실] 민란 없는 일본, 민심의 나라 한국〉,《경향신문》, 2017. 3. 8.

85. 주대환,《주대환의 시민을 위한 한국 현대사》, 나무나무, 2017, p.208-210.

86. 한석정,《만주 모던―60년대 한국 개발 체제의 기원》, 문학과지성사, 2016, p.6.

87. 위의 책, p.69.

88. 강상중·현무암, 이목 옮김,《기시 노부스케와 박정희―다카키 마사오, 박정희에게 만주국이란 무엇이었는가》, 책과함께, 2012, p.23.

89. 한석정,《만주 모던―60년대 한국 개발 체제의 기원》, 문학과지성사, 2016, p.275-276.

90. 와다 하루키, 이웅현 옮김,《러일전쟁―기원과 개전1》, 한길사, 2019, p.118-119.

91. 이영훈, 〈한국형 개발체제로 타오른 한민족 기업 의지…'한강의 기적' 일궜다―이영훈의 한국경제사 3000년(55) 중진국 상위권에 오르다〉, 《한국경제》, 2019. 5. 31.
92. 박훈, 《메이지 유신은 어떻게 가능했는가》, 민음사, 2014, p.5.
93. 말콤 글래드웰, 노정태 옮김, 《아웃라이어: 성공의 기회를 발견한 사람들》, 김영사, 2009, p.268-274.
94. 이철승, 《불평등의 세대―누가 한국 사회를 불평등하게 만들었는가》, 문학과지성사, 2019, p.152-154.
95. 황수경, 〈한국인의 재분배 선호와 정책 결정〉, 《KDI 정책연구 시리즈》, 2019-01, pp.2-3.
96. 이철승, 《불평등의 세대―누가 한국 사회를 불평등하게 만들었는가》, 문학과지성사, 2019, p.155-157.
97. 오항녕, 《밀양 인디언, 역사가 말할 때―오항녕 교수의 역사 시평》, 너머북스, 2014, p.109-110.

10장 한국은 아직도 약소국인가?
98. 다니엘 튜더, 〈[삶의 향기] 한국은 새우가 아니라 돌고래다〉, 《중앙일보》, 2014. 1. 30.
99. 'Myths and Truths about Premodern Korea | John Duncan', 유튜브 채널 〈USC KSI〉, 2014년 3월 29일 업로드.
100. 'An Overview of Korea―Full | David Kang', 유튜브 채널 〈USC KSI〉, 2012년 4월 27일 업로드.
101. '한국의 평화로운 역사 다섯 번째! 세계에서 가장 오래된 국경선이 우리나라 압록강?', 유튜브 채널 〈우물 밖의 개구리(The Frog Outside the Well)〉, 2020년 5월 9일 업로드.
102. 김시덕, 《그들이 본 임진왜란》, 학고재, 2012, p.25-26.
103. 박훈, 〈[역사와 현실] 한국사 감상법〉, 《경향신문》, 2017. 11. 22.
104. 유니 홍, 정미현 옮김, 《코리안 쿨―세계를 사로잡은 대중문화 강국 '코리아' 탄생기》, 원더박스, 2015, p.306
105. 마이클 브린, 《한국, 한국인》, 실레북스, 2018, p.464.
106. 오경묵, 〈"이곳엔 두려워하는 군중이 없다"…대구 취재한 美 ABC도 감동〉, 《한국경제》, 2020. 3. 4.
107. Daniel R. DePetris, "South Korea's Military Has Gone Into Beast Mode", *The National Interest*, 2019. 5. 25.
108. 유니 홍, 정미현 옮김, 《코리안 쿨―세계를 사로잡은 대중문화 강국 '코리아' 탄생기》, 원더박스, 2015, p.304.
109. 위의 책, p.163.
110. 위의 책, p.306.
111. 박훈, 〈[역사와 현실] 조선식민지화의 세계사적 특수성〉, 《경향신문》, 2017. 7. 26.
112. 유니 홍, 정미현 옮김, 《코리안 쿨―세계를 사로잡은 대중문화 강국 '코리아' 탄생기》, 원더박스, 2015, p.18-19.
113. 박훈, 《메이지 유신은 어떻게 가능했는가》, 민음사, 2014, p.5.
114. 강상중·현무암, 이목 옮김, 《기시 노부스케와 박정희―다카키 마사오, 박정희에게 만주국이

추월의 시대

란 무엇이었는가》, 책과함께, 2012, p.18-19.

115. 전영기·최준호, 〈"위안부 속여서 끌고 가는 것 직접 봤는데 꾸며낸 일이라고?"…"사설 쓴 논설위원들 다 불러라"…JP, 와타나베 사장 호통쳤다-[김종필 증언록 '소이부답'] < 28 > 위안부와 역사왜곡〉, 《중앙일보》, 2015. 5. 6.

116. 박훈, 《메이지 유신은 어떻게 가능했는가》, 민음사, 2014, p.56-60.

117. 민주화운동기념사업회 한국민주주의연구소 엮음, 《한국 민주주의 100년의 혁명 1919~2019》, 한울아카데미, 2019에 실린 김정인, 〈한국 민주주의 기원의 재구성〉 ; 이관후, 〈한국 민주주의 이념의 형성: 헌정주의, 민주공화, 국민주권〉 참조.

118. 전인권·정선태·이승원, 《1898, 문명의 전환—대한민국 기원의 시공간》, 이학사, 2011, p.72.

119. 위의 책, p.76-77.

120. 'Interview with David Kang Ph.D.', 유튜브 채널 〈uskrnews〉, 2018년 2월 18일 업로드.

에필로그

121. 마이클 브린, 《한국, 한국인》, 실레북스, 2018, p.26.

122. 유니 홍, 정미현 옮김, 《코리안 쿨—세계를 사로잡은 대중문화 강국 '코리아' 탄생기》, 원더박스, 2015, p.21.

추월의 시대

세대론과 색깔론에 가려진
한국 사회의 성장기

김시우, 백승호, 양승훈,
임경빈, 하헌기, 한윤형 지음

초판 1쇄 2020년 12월 30일 발행
초판 5쇄 2021년 09월 03일 발행

ISBN 979-11-5706-221-8 (03300)

만든 사람들

책임편집	신주식
편집도움	추지영
디자인	조주희
마케팅	김성현 최재희 김규리 맹준혁
인쇄	한영문화사

펴낸이	김현종
펴낸곳	(주)메디치미디어
경영지원	전선정 김유라
등록일	2008년 8월 20일
	제300-2008-76호
주소	서울시 종로구 사직로 9길 22 2층
전화	02-735-3308
팩스	02-735-3309
이메일	medici@medicimedia.co.kr
페이스북	facebook.com/medicimedia
인스타그램	@medicimedia
홈페이지	www.medicimedia.co.kr